U0553507

# 春秋穀梁傳集解

〔東晉〕范甯 集解
許超傑 整理

十三經漢魏古注叢書

商務印書館
创于1897 The Commercial Press

商務印書館（上海）有限公司 出品
The Commercial Press (Shanghai) Co.Ltd

十三經漢魏古注叢書

總主編：朱傑人

執行主編：徐　淵　但　誠

# 叢書序

儒學的發生和發展，是與儒家經典的確認與被詮釋、被解讀相始終的。東漢和帝永元十四年（公元102年），司空徐防“以《五經》久遠，聖意難明，宜爲章句，以悟後學。上疏曰：‘臣聞《詩》《書》《禮》《樂》，定自孔子，發明章句，始於子夏。其後諸家分析，各有異説。漢承亂秦，經典廢絶，本文略存，或無章句。收拾缺遺，建立明經，博徵儒術，開置太學。’”（〔南朝宋〕范曄撰，〔唐〕李賢等注：《後漢書》卷四十四《徐防傳》，北京：中華書局，1965年，第1500頁）於今而言，永元離孔聖時代未遠（孔子逝於公元前479年，至永元十四年，凡581年），然徐防已然謂“《五經》久遠，聖意難明”，而強調“章句”之學的重要性。所謂“章句”，即是對經典的訓釋。從徐防的奏疏看，東漢人既認同子夏是對儒家經典進行訓釋的“發明”者，也承認秦亂以後儒家的經典只有本文流傳了下來，而“章句”已經失傳。

西漢武帝即位不久，董仲舒上《天人三策》，確立了儒學作爲國家的主流意識形態。自此，對儒家經典的研究與注釋出現了百花齊放的局面，章句之學成爲一時之顯學。漢人講經，重師法和家法。皮錫瑞曰：“前漢重師法，後漢重家法。先有師法，而後能成一家之言。師法者，溯其源；家法者，衍其流也。”（〔清〕皮錫瑞著，周予同注釋：《經學歷史》，北京：中華書局，2008年，第136頁）既溯其源，則兩漢經學，幾乎一出於子夏。即其“流”，大抵也流出不遠。漢章帝建初四年（公元79年），詔群儒會講白虎觀論《五經》異同，詔曰：“蓋三代導人，教學爲本。漢承暴秦，褒顯儒術，建立《五經》，爲置博士。其後學者精進，雖曰承師，亦別名家。孝宣皇帝以爲去聖久遠，學不厭博，故遂立大、小夏侯《尚書》，後又立《京氏易》。至建武中，復置顏氏、嚴氏《春秋》，大、小戴《禮》博士。此皆所以扶進微學，尊廣道藝也。”（〔南朝宋〕范曄撰，〔唐〕李賢等注：《後漢書》卷三《肅宗孝章帝紀》，第137—138頁）漢章帝的詔書肯定了師法與家法在傳承儒家經典過程中不可或缺的作用，並認爲收羅和整理瀕臨失傳的師法、家法之遺存，可以“扶進微學，尊廣道藝”。

嚴正先生認爲兩漢經學家們“注重師法和家法是爲了證明自己學説的權威性，他們可以列出從孔子以至漢初經師的傳承譜系，這就表明自己的學説確實是孔子真傳”（姜廣輝主編：《中國經學思想史》第二卷，北京：中國社會科學出版社，2003年，第14頁）。這種風氣，客觀上爲兩漢時代經學的發展提供了一個可控而不至失範的學術環境，有利於經學的傳播和發展（當然，家法、師法的流弊是束縛了經學獲得新的生命力，那是問題的另一個方面）。漢代的這種學風，一直影響到魏、晉、唐。孔穎達奉旨修《五經正義》，馬嘉運“以穎達所撰《正義》頗多繁雜，每掎摭之，諸儒亦稱爲允當”（〔後晉〕劉昫等撰：《舊唐書》卷七十三《馬嘉運傳》，北京：中華書局，1975年，第2603頁）。所謂“頗多繁雜”，實即不謹師法。史載，孔穎達的《五經正義》編定以後，因受到馬嘉運等的批評並未立即頒行，而是“詔更令詳定”

(〔後晉〕劉昫等撰:《舊唐書》卷七十三《馬嘉運傳》,第2603頁)。直至高宗永徽四年(公元653年),才正式詔頒於天下,令每歲明經科以此考試。此時離孔穎達去世已五年之久。此可見初唐朝野對儒家經典訓釋的慎重和謹嚴。這種謹慎態度的背後,顯然是受到自漢以來經典解釋傳統的影響。

正因爲漢、魏至唐,儒家學者們對自己學術傳統的堅守和捍衛,給我們留下了一份彌足珍貴的遺產,那就是一系列關於儒家經典的訓釋。我們今天依然可以見到的如:《周易》王弼注,《詩經》毛亨傳、鄭玄箋,《尚書》僞孔安國傳,三《禮》鄭玄注,《春秋左傳》杜預注,《春秋公羊傳》何休解詁,《春秋穀梁傳》范甯集解,《論語》何晏集解,《孟子》趙岐章句,《爾雅》郭璞注,《孝經》孔安國傳、鄭玄注等。這些書,我們姑且把它們稱作"古注"。

惠棟作《九經古義序》曰:"漢人通經有家法,故有《五經》師。訓詁之學,皆師所口授,其後乃著竹帛。所以漢經師之説立於學官,與經並行。《五經》出於屋壁,多古字古音,非經師不能辯,經之義存乎訓,識字審音乃知其義,是故古訓不可改也,經師不可廢也。"(〔清〕惠棟:《九經古義》述首,王雲五編:《叢書集成初編》254—255,上海:商務印書館,1937年,第1頁)惠氏之説,點出了不能廢"古注"的根本原因,可謂中肯。

對儒家經典的解讀,到了宋代發生一個巨大的變化:"訓詁之學"被冷落,"義理之學"代之而起。由此又導出漢學、宋學之别,與漢學、宋學之爭。

王應麟説:"自漢儒至於慶曆間,説經者守訓故而不鑿。《七經小傳》出而稍尚新奇矣。至《三經義》行,視漢儒之學若土梗。”（〔宋〕王應麟著，〔清〕翁元圻輯注，孫通海點校：《困學紀聞注》卷八《經説》，北京：中華書局，2016 年，第 1192 頁）按，《七經小傳》劉敞撰，《三經義》即王安石《三經新義》。然則，王應麟認爲宋代經學風氣之變始於劉、王。清人批評宋學：“非獨科舉文字蹈空而已，説經之書，亦多空衍義理，横發議論，與漢、唐注疏全異。”（〔清〕皮錫瑞著，周予同注釋：《經學歷史》，第 274 頁）惠棟甚至引用其父惠士奇的話説：“宋人不好古而好臆説，故其解經皆燕相之説書也。”（〔清〕惠棟：《九曜齋筆記》卷二《本朝經學》，《聚學軒叢書》本）其實，宋學的這些弊端，宋代人自己就批評過。神宗熙寧二年（公元 1069 年）司馬光上《論風俗劄子》曰：“竊見近歲公卿大夫好爲高奇之論，喜誦老、莊之言，流及科場，亦相習尚。新進後生，未知臧否，口傳耳剽，翕然成風。至有讀《易》未識卦、爻，已謂《十翼》非孔子之言；讀《禮》未知篇數，已謂《周官》爲戰國之書；讀《詩》未盡《周南》《召南》，已謂毛、鄭爲章句之學。讀《春秋》未知十二公，已謂三《傳》可束之高閣。循守注疏者，謂之腐儒；穿鑿臆説者，謂之精義。”（〔宋〕司馬光撰，李文澤、霞紹暉校點：《司馬光集》卷四五，成都：四川大學出版社，2010 年，第 973—974 頁）可見，此種學風確爲當時的一種風氣。但清人的批評指向却是宋代的理學，好像宋代的理學家們都是些憑空臆説之徒。這種批評成了理學躲不開的夢魘，也成了漢學、宋學天然的劃界標準。

遺憾的是，這其實是一種被誤導了的“常識”。

理學家並不拒斥訓詁之學，更不輕視漢魏古注。恰恰相反，理學家的義理之論正是建立在對古注的充分尊重與理解之上才得以成立，即使對古注持不同意見，也必以翔實的考據和慎密的論證爲依據。而這正是漢學之精髓所在。試以理學的經典《四書章句集注》爲例，其訓詁文字基本上採自漢唐古注。據中國臺灣學者陳逢源援引日本學者大槻信良的統計："《論語集注》援取漢宋諸儒注解有九百四十九條，採用當朝儒者説法有六百八十條；《孟子集注》援取漢宋諸儒注解一千零六十九條，採用當朝儒者説法也有二百五十五條。"（陳逢源：《朱熹與四書章句集注》，臺北：里仁書局，2006年，第195—196頁）這一統計説明，朱子的注釋是"厚古"而"薄今"的。

朱子非常重視古注，推尊漢儒："古注有不可易處。"（〔宋〕黎靖德輯，鄭明等校點：《朱子語類》卷六十四，《朱子全書》[第十六册]，上海：上海古籍出版社，合肥：安徽教育出版社，2002年，第2130頁）"諸儒説多不明，却是古注是。"（〔宋〕黎靖德輯，鄭明等校點：《朱子語類》卷六十四，《朱子全書》[第十六册]，第2116頁）"東漢諸儒煞好。……康成也可謂大儒。"（〔宋〕黎靖德輯，鄭明等校點：《朱子語類》卷八十七，《朱子全書》[第十七册]，第2942頁）甚至對漢人解經之家法，朱子亦予以肯定："其治經必專家法者，天下之理固不外於人之一心，然聖賢之言則有淵奥爾雅而不可以臆斷者，其制度、名物、行事本末又非今日之見聞所能及也，故治經者必因先儒已成之説而推之。借曰未必盡是，亦當究其所以得失之故，而後可以反求諸心而正其繆。此漢之諸儒所以專門名家，各守師説，而不敢輕有變焉者也……近年以來，習俗苟偷，學無宗主，治經者不復讀其經之本文與夫先儒之傳注，但取近時科舉中選之文諷誦摹仿，擇取經中可爲題目之句以意扭捏，妄作主張，明知不是經意，但取便於行文，不假恤也……主司不惟不知其繆，乃反以爲工而置之高等。習以成風，轉相祖述，慢侮聖言，日以益盛。名爲治經而實爲經學之賊，號爲作文而實爲文字之妖。不可坐視而不之正也。”（〔宋〕朱熹撰，徐德明、王鐵校點：《學校貢舉私議》,《晦庵先生朱文公文集》卷六十九,《朱子全書》[第二十三册]，第3360頁）這段文字明白無誤地指出，漢人家法之不可無，治經必不可丢棄先儒已成之説。

這段文字還對當時治經者抛棄先儒成説而肆意臆説的學風提出了嚴厲的批評。認爲這不是治經，而是經學之賊。他對他的學生説：“傳注，惟古注不作文，却好看。只隨經句分説，不離經意最好。疏亦然。今人解書，且圖要作文，又加辨説，百般生疑。故其文雖可讀，而經意殊遠。”（〔宋〕黎靖德輯，鄭明等校點：《朱子語類》卷十一,《朱子全書》[第十四册]，第351頁）他認爲守注疏而後論道是正道：“祖宗以來，學者但守注疏，其後便論道，如二蘇直是要論道，但注疏如何棄得?”（〔宋〕黎靖德輯，鄭明等校點：《朱子語類》卷一百二十九,《朱子全書》[第十八册]，第4028頁）他提倡訓詁、經義不相離：“漢儒可謂善説經者，不過只説訓詁，使人以此訓詁玩索經文，訓詁、經文不相離異，只做一道看了，直是意味深長也。”（〔宋〕朱熹撰，徐德明、王鐵校點：《答張敬夫》,《晦庵先生朱文公文集》卷三十一，第1349頁）

錢穆先生論朱子之辨《禹貢》，論其考據功夫之深，而有一歎曰：“清儒窮經稽古，以《禹貢》專門名家者頗不乏人。惜乎漢宋門户牢不可破，先横一偏私之見，未能直承朱子，進而益求其真是之所在，而仍不脱於遷就穿鑿，所謂巧愈甚而謬愈彰，此則大可遺憾也。”（錢穆：《朱子新學案》[第五册]，《錢賓四先生全集》，臺北：聯經出版事業公司，1998 年，第 341 頁）

20 世紀 20 年代，商務印書館曾經出過一套深受學界好評的叢書《四部叢刊》。《叢刊》以精選善本爲勝，贏得口碑。經部典籍則以漢魏之著，宋元之刊爲主，一時古籍之最，幾乎被一網打盡。但《四部叢刊》以表現古籍原貌爲宗旨，故呈現方式爲影印。它的好處是使藏之深閣的元明刻本走入了普通學者和讀者的家庭，故甫一問世，便廣受好評，直至今日它依然是研究中國學術文化的學者們不可或缺的基本圖書。但是，它的缺點是曲高和寡而價格不菲，不利於普及與流通。鑒於當下持續不斷的國學熱、傳統文化熱，人們研讀經典已從一般的閱讀向深層的需求發展，商務印書館決定啓動一項與時俱進的大工程：編輯一套經過整理的儒家經典古注本。選目以《四部叢刊》所收漢魏古注爲基礎，輔以其他宋元善本。爲了適應現代人的閱讀習慣，這套叢書改直排爲橫排，但爲了保持古籍的原貌而用繁體字，並嚴格遵循古籍整理的規範，有句讀（點），用專名綫（標）。參與整理的，都是國内各高校和研究機構學有專長的中青年學者。

另外，本次整理還首次使用了剛剛開發成功的 Source Han（開源思源宋體）。這種字體也許可以使讀者們有一種更舒適的閱讀體驗。

朱傑人

二〇一九年二月

於海上桑榆匪晚齋

# 目　錄

# 整理説明

《漢書·藝文志》曰:“昔仲尼没而微言絶，七十子喪而大義乖。故《春秋》分爲五,《詩》分爲四,《易》有數家之傳。”又曰:“《春秋》所貶損大人當世君臣，有威權勢力，其事實皆形於傳，是以隱其書而不宣，所以免時難也。及末世口説流行，故有公羊、穀梁、鄒、夾之傳。四家之中，公羊、穀梁立於學官，鄒氏無師，夾氏未有書。”後世傳《春秋》者，唯公羊、穀梁、左氏三家而已。

然三家之學盛衰亦頗不同,“漢以前盛行《公羊》,漢以後盛行《左氏》”(皮錫瑞《經學歷史》),《穀梁》除漢宣帝時立於學官，烜赫一時，餘皆不爲學人所重。東晉泰興初議立博士，晉元帝徑言“《穀梁》膚淺，不足立博士”。《隋書》言:“至隋，杜氏盛行，服義及《公羊》《穀梁》浸微，今殆無師説。”陸德明編撰《經典釋文》，已謂“恐其學遂絶”。此後歷千餘年,《穀梁》亦未得到學者重視。及至清中期，阮元編纂《皇清經解》千四百餘卷，而《穀梁》學獨無專家，可見其微。

就歷代《穀梁》學而言，自以范甯最爲重要。范甯，字武子，東晉大儒。《晉書》本傳曰:“甯以《春秋穀梁氏》未有善釋，遂沈思積年，爲之集解。其義精審，爲世所重。”范甯《春秋穀梁傳序》言其注之緣起曰:

> 升平之末，歲次大梁，先君北蕃廻軫，頓駕于吴，乃帥門生故吏、我兄弟子姪研講六籍，次及三傳。《左氏》則有服、杜之注，《公羊》則有何、嚴之訓，釋《穀梁傳》者雖近十家，皆膚淺末學，不經師匠。辭理典據既無可觀，又引《左氏》《公羊》以解此《傳》，文義違反，斯害也已。於是乃商略名例，敷陳疑滯，博示諸儒同異之説。昊天不弔，大山其頹；匍匐墓次，死亡無日；日月逾邁，跂及視息。乃與二三學士及諸子弟各記所識，并言其意。業未及終，嚴霜夏墜，從弟彫落，二子泯没，天實喪予，何痛如之。今撰諸子之言，各記其姓名，名曰《春秋穀梁傳集解》。

以是言之，范甯之注《穀梁》，實起於其父范汪。范汪，字玄平，“博學多通，善談名理”，官至徐、兗二州刺史，以忤桓溫免。其率子弟及門生故吏注《穀梁》即在此時。然《穀梁注》尚未成，范汪已殁，范甯二子亦喪。就今《穀梁注》而言，其《集解》即集范甯與從弟邵及三子泰、雍、凱之論是也。而范氏所以注《穀梁》者，“《左氏》則有服、杜之注，《公羊》則有何、嚴之訓”，然“釋《穀梁傳》者雖近十家，皆膚淺末學，不經師匠”。而更甚者，“又引《左氏》《公羊》以解此《傳》，文義違反，斯害也已”。即從專門之學的角度言，前此《穀梁》注多未守《穀梁》家法。故范氏欲“商略名例，敷陳疑滯，博示諸儒同異之説”，即闡《穀梁》專門之學。

但事實上，范甯亦未恪守《穀梁》專門之學，而多有引

《左傳》《公羊》及何休、杜預以爲説者。鍾文烝《春秋穀梁經傳補注》即言“范注用杜預者最多”，由是認爲范甯注“多無可觀，又其以二傳殽亂本書者亦往往有，故知解經難，故知何、杜不可及”。實則，范甯雖爲《穀梁》作注，然要其本旨，則不在《穀梁》一傳，而要在通經。范甯《穀梁集解序》曰：

> 《春秋》之傳有三，而爲經之旨一，臧否不同，褒貶殊致。蓋九流分而微言隱，異端作而大義乖。……凡傳以通經爲主，經以必當爲理。夫至當無二而三傳殊説，庸得不棄其所滯、擇善而從乎？既不俱當，則固容俱失。若至言幽絶，擇善靡從，庸得不並舍以求宗、據理以通經乎？雖我之所是，理未全當，安可以得當之難而自絶於希通哉！

即不以《穀梁》爲必當，若以《春秋》爲鵠的，則當擇善而從。故其續言三傳優劣曰：“《左氏》艷而富，其失也巫；《穀梁》清而婉，其失也短；《公羊》辯而裁，其失也俗。”即認爲三傳各有優長，亦有其失，“若能富而不巫、清而不短、裁而不俗”，各取所長、棄其所滯，則爲深於《春秋》之道者也。故黄震《黄氏日抄》曰：“杜預注《左氏》獨主《左氏》，何休注《公羊》獨主《公羊》，惟范甯不私於《穀梁》而公言三家焉。”從非《穀梁》家的角度來説，范甯注《穀梁》能夠公言三家之得失、擇善而從，實爲可貴，故黄震以范甯不私於《穀梁》爲善。但從《穀梁》家的角度而言，卻難免有淆亂《穀梁》家法之譏。柳興恩《穀梁大義述》曰："孔穎達《毛詩疏》云：'譬如火出於山，反焚其山；蠹生於木，反蝕其木。'其范氏之謂乎？"即對范甯注《穀梁》而反言《穀梁》之失予以批判。易言之，就恪守《穀梁》專家之學者而言，范甯注實難稱《穀梁》專門之學，而更像是合會三傳之《春秋》學，故鍾文烝言范甯注"已開啖、趙先聲"。

但無論是推崇，還是批駁，范甯注作爲《十三經注疏》所收的《穀梁》注本，無疑是歷代《穀梁》學中最爲重要的著作。我們要研讀《穀梁傳》，必當以范甯注爲起點。

此次整理，以《四部叢刊》影印余仁仲刻單注附《釋文》本《春秋穀梁傳》爲底本，錄其經傳注，《釋文》略去。《四部叢刊》本前六卷以《古逸叢書》本爲底本，後六卷以鐵琴銅劍樓藏本爲底本（張麗娟《宋代經書注疏刊刻研究》）。故亦參校《古逸叢書》本。

《穀梁》單注本要以余仁仲本最爲重要，但隨著《中華再造善本》等善本叢書影印出版，越來越多的《穀梁》版本被影印出來，便於我們校勘、學習。此次整理，亦將《中華再造善本》影印宋刻《春秋穀梁》白文本、宋刻元修《穀梁注疏》本及元刻明修《穀梁注疏》本作爲校本。

宋刻《春秋穀梁》白文本，中國國家圖書館藏，《中華再造善本》影印。此本爲《公羊》《穀梁》合刻本，每半葉廿行、行二十七字。校勘記簡稱"白文本"。

宋刻元修《監本附音春秋穀梁傳注疏》，中國國家圖書館藏，《中華再造善本》影印。是本爲現存最早的《穀梁》注疏合刻本，每半葉十行，世稱"十行本"。十行本是《十三經注疏》重要的版本，故以之爲校本，校勘記簡稱“十行本”。《中華再造善本》影印北京文物局藏元刻明修本《十三經注疏》當是翻刻自宋十行本，文字略有差異，故亦列爲參校本，校勘記簡稱“元十行本”。

阮元刻《重栞宋本穀梁注疏》附《校勘記》本，即阮刻本，是目前學界最爲通行的《十三經注疏》版本，故此次點校亦以之爲校本，以見二者文字之異。校勘記簡稱“阮刻本”。阮元爲刊刻《十三經注疏》，廣校衆本，撰寫《十三經注疏校勘記》，頗有功學林。此次整理亦參考阮氏《校勘記》，擇要寫入校記。

囿於學識，本次整理難免有種種訛誤，亦請學界同好不吝賜教，是正錯謬。

許超傑

二〇一九年十二月

# 整理凡例

一、本書以《四部叢刊》影印余仁仲刻單注附《釋文》本《春秋穀梁傳》爲底本，以《中華再造善本》影印宋刻《春秋穀梁》白文本、宋刻元修《穀梁注疏》本、元刻明修《穀梁注疏》本、《古逸叢書》本及阮刻《穀梁注疏》本爲校本。

一、全書分卷悉從底本。

一、爲便於檢索，在每年之前補以某某年，每年獨立起訖，年下以《春秋》條目爲單位分節。

一、底本皆經傳大字、注文小字雙行，注附於經傳之下。現統一按叢書體例，將注文獨立列於每條經傳之下。

一、校記以腳注形式列於頁下。

# 春秋穀梁傳序〔一〕

昔周道衰陵，乾綱絶紐，禮壞樂崩，彝倫攸斁。弑逆篡盜者國有，淫縱破義者比肩。是以妖災因釁而作，民俗染化而遷。陰陽爲之愆度，七耀爲之盈縮，川岳爲之崩竭，鬼神爲之疵厲。故父子之恩缺則《小弁》之刺作，君臣之禮廢則《桑扈》之諷興，夫婦之道絶則《谷風》之篇奏，骨肉之親離則《角弓》之怨彰，君子之路塞則《白駒》之詩賦。天垂象，見吉凶；聖作訓，紀成敗。欲人君戒慎厥行，增修德政。蓋誨爾諄諄，聽我藐藐；履霜堅冰，所由者漸。四夷交侵，華戎同貫。幽王以暴虐見禍，平王以微弱東遷。征伐不由天子之命，號令出自權臣之門。故兩觀表而臣禮亡，朱干設而君權喪。下陵上替，僭逼理極；天下蕩蕩，王道盡矣。

孔子覩滄海之横流，迺喟然而嘆曰："文王既没，文不在兹乎？"言文王之道喪，興之者在己。於是就大師而正《雅》《頌》，因魯史而脩《春秋》，列《黍離》於《國風》，齊王德於邦君，所以明其不能復雅，政化不足以被群后也。於時則接乎隱公，故因兹以託始。該二儀之化育，贊人道之幽變。舉得失以彰黜陟，明成敗以著勸誡。拯頽綱以繼三五，

〔一〕春秋穀梁傳序　"穀"，底本作"榖"，文内凡"穀"皆作"榖"，白文本、十行本、元十行本、《古逸叢書》本同，阮刻本作"穀"。"榖"當爲"穀"之誤，今统一改作"穀"，後不出校説明。

鼓芳風以扇遊塵。一字之褒，寵踰華衮之贈；片言之貶，辱過市朝之撻。德之所助，雖賤必申；義之所抑，雖貴必屈。故附勢匿非者無所逃其罪，潛德獨運者無所隱其名，信不易之宏軌、百王之通典也。先王之道既弘，麟感化而來應。因事備而終篇，故絶筆於斯年。

成天下之事業，定天下之邪正，莫善於《春秋》。《春秋》之傳有三，而爲經之旨一，臧否不同，褒貶殊致。蓋九流分而微言隱，異端作而大義乖。《左氏》以鬻拳兵諫爲愛君，文公納幣爲用禮；《穀梁》以衛輒拒父爲尊祖，不納子糾爲内惡；《公羊》以祭仲廢君爲行權，妾母稱夫人爲合正。以兵諫爲愛君，是人主可得而脅也；以納幣爲用禮，是居喪可得而婚也；以拒父爲尊祖，是爲子可得而叛也；以不納子糾爲内惡，是仇讎可得而容也；以廢君爲行權，是神器可得而闚也；以妾母爲夫人，是嫡庶可得而齊也。若此之類，傷教害義，不可得強通者也。凡傳以通經爲主，經以必當爲理。夫至當無二而三傳殊説，庸得不棄其所滯、擇善而從乎？既不俱當，則固容俱失。若至言幽絶，擇善靡從，庸得不並舍以求宗、據理以通經乎？雖我之所是，理未全當，安可以得當之難而自絶於希通哉！而漢興以來，瓌望碩儒各信所習，是非紛錯，準裁靡定，故有父子異同之論、石渠分爭之説，廢興由於好惡、盛衰繼之辯訥。斯蓋非通方之至理，誠君子之所歎息也。《左氏》豔而富，其失也巫；《穀梁》清而婉，其失也短；《公羊》辯而裁，其失也俗。若能富而不巫、清而不短、裁而不俗，則深於其道者也。故君子之於《春秋》，没身而已矣。

升平之末，歲次大梁，先君北蕃廻軫，頓駕于吴，乃帥門生故吏、我兄弟子姪研講六籍，次及三傳。《左氏》則有服、杜之注，《公羊》則有何、嚴之訓，釋《穀梁傳》者雖近十家，皆膚淺末學，不經師匠。辭理典據既無可觀，又引《左氏》《公羊》以解此《傳》，文義違反，斯害也已。於是乃商略名例，敷陳疑滯，博示諸儒同異之説。昊天不弔，大山其頽；匍匐墓次，死亡無日；日月逾邁，跂及視息。乃與二三學士及諸子弟各記所識，并言其意。業未及終，嚴霜夏墜，從弟彫落，二子泯没，天實喪予，何痛如之。今撰諸子之言，各記其姓名，名曰《春秋穀梁傳集解》。

# 春秋穀梁傳集解隱公第一

# 春秋穀梁傳集解隱公第一

范　甯　集解

## 隱公元年

（隱·元·一）

**元年春王正月。**[一]

雖無事，必舉正月，謹始也。[二]公何以不言即位？[三]成公志也。[四]焉成之？言君之不取爲公也。[五]君之不取爲公，何也？將以讓桓也。讓桓正乎？曰：不正。[六]《春秋》成人之美，不成人之惡，隱不正而成之，何也？將以惡桓也。[七]其惡桓何也？隱將讓而桓弑之，則桓惡矣；桓弑而隱讓，則隱善矣。善則其不正焉，何也？[八]《春秋》貴義而不貴惠，[九]信道而不信邪。[一〇]孝子揚父之美，不揚父之惡。先君之欲與桓非正也，邪也。雖然，既勝其邪心以與隱矣，[一一]己探先君之邪志而遂以與桓，則是成父之惡也。兄弟，天倫也，[一二]爲子受之父，爲諸侯受之君，[一三]己廢天倫而忘君父，以行小惠，曰小道也。[一四]若隱者，可謂輕千乘之國，蹈道則未也。[一五]

[一] 隱公之始年，周王之正月也。杜預曰："凡人君即位，欲其體元以居正，故不言'一年一月'也。"

[二] 謹君即位之始。

［三］據文公言即位。

［四］成隱讓桓之志。

［五］言隱意不取爲魯君也。公，君也。上言君，下言公，互辭。

［六］隱長桓幼。

［七］不明讓者之善則取者之惡不顯。

［八］據善無不正。

［九］惠謂私惠。

［一〇］信，申字，古今所共用。

［一一］終歸之於隱，是以正道制邪心。

［一二］兄先弟後，天之倫次。

［一三］隱爲世子，親受命於惠公；爲魯君，已受之於天王矣。

［一四］弟先於兄，是廢天倫；私以國讓，是忘君父。

［一五］未履居正之道。

（隱·元·二）

**三月，公及邾儀父盟于眛**〔一〕。［一］

及者何？內爲志焉爾。［二］儀，字也。父猶傅也，男子之美稱也。［三］其不言邾子，何也？［四］邾之上古微，未爵命於周也。［五］不日，其盟渝也。［六］眛，地名也。

［一］邾，附庸之國。眛，魯地。

［二］內謂魯也。

［三］傅，師傅。附庸之君未王命例稱名，善其結信於魯，故以字配之。

〔一〕 公及邾儀父盟于眛　阮刻《春秋公羊傳注疏·校勘記》曰："'公及邾婁儀父盟于眛'，唐石經、監本、毛本同，閩本作'昧'。……按，《説文》'眛'从目末聲與从昧未聲之字別。眛與蔑古音同。"《左傳》作"蔑"。

［四］據莊十六年“邾子卒”稱邾子。

［五］邾自此以上是附庸國。

［六］日者，所以謹信，盟變故不日，七年“公伐邾”是也。

(隱·元·三)

**夏五月，鄭伯克段于鄢。**[一]

克者何？能也。何能也？能殺也。何以不言殺？見段之有徒衆也。[二]段，鄭伯弟也。何以知其爲弟也？殺世子、母弟目君，以其目君，知其爲弟也。[三]段弟也而弗謂弟，公子也而弗謂公子，貶之也。段失子弟之道矣，賤段而甚鄭伯也。[四]何甚乎鄭伯？甚鄭伯之處心積慮成於殺也。[五]于鄢，遠也，猶曰取之其母之懷中而殺之云爾，甚之也。[六]然則，爲鄭伯者宜奈何？緩追逸賊，親親之道也。[七]

［一］段有徒衆，攻之爲害必深，故謹而月之。鄢，鄭地。

［二］言鄭伯能殺則邦人不能殺矣，知段衆力彊盛，唯國君能殺之。

［三］母弟，同母弟也。目君，謂稱鄭伯。

［四］賤段謂不稱公子、公弟，甚鄭伯謂目君也。

［五］雍曰：“段恃寵驕恣，彊足當國，鄭伯不能防閑以禮、教訓以道，縱成其罪，終致大辟，處心積思，志欲殺弟。”

［六］段奔走乃至於鄢，去已遠矣，鄭伯猶追殺之，何以異於探其母懷中赤子而殺之乎。君殺大夫例不地，甚鄭伯之殺弟，故謹其地。

［七］君親無將，將而必誅焉，此蓋臣子之道。所犯在己，故可以申兄弟之恩。

（隱·元·四）

**秋七月，天王使宰咺來歸惠公、仲子之賵。**[一]

母以子氏。[二]仲子者何？惠公之母、孝公之妾也。禮，賵人之母則可，賵人之妾則不可，君子以其可辭受之。其志，不及事也。[三]賵者何也？乘馬曰賵，衣衾曰襚，貝玉曰含，錢財曰賻。[四]

［一］宰，官；咺，名。仲，字；子，宋姓也。婦人以姓配字，明不忘本，示不適同姓也。妾子爲君，賵當稱謚，成風是也。仲子乃孝公時卒，故不稱謚。賵例時，書月以譏其晚。

［二］妾不得體君，故以子爲氏。平王新有幽王之亂，遷于成周，欲崇禮諸侯，仲子早卒，無由追賵，故因惠公之喪而來賵之。

［三］常事不書。

［四］四馬曰乘。含，口實。

（隱·元·五）

**九月，及宋人盟于宿。**

及者何？内卑者也。宋人，外卑者也。卑者之盟不日。[一]宿，邑名也。

［一］卑者謂非卿大夫也。凡非卿大夫盟，信之與不例不日。

（隱·元·六）

**冬十有二月，祭伯來。**

來者，來朝也。其弗謂朝，何也？寰内諸侯非有天子之命不得出會諸侯，不正其外交，故弗與朝也。[一]聘弓鍭

矢不出竟場，束脩之肉不行竟中，有至尊者不貳之也。[二]

［一］天子畿内大夫有采地謂之寰内諸侯。

［二］聘、遺所以結二國之好、將彼我之意，臣當稟命於君，無私朝聘之道。

(隱·元·七)

**公子益師卒。**

大夫日卒，正也；[一] 不日卒，惡也。[二]

［一］君之卿佐，是謂股肱。股肱或虧，何痛如之。故錄其卒日以紀恩。

［二］罪故略之。

# 隱公二年

(隱·二·一)

**二年春，公會戎于潛。**[一]

會者，外爲主焉爾。知者慮，[二]義者行，[三]仁者守，[四]有此三者，然後可以出會。會戎，危公也。[五]

［一］凡年首月承於時，時承於年，文體相接。《春秋》因書“王”以配之，所以見王者上奉時承天而下統正萬國之義。然《春秋》記事有例時者，若事在時例則時而不月，月繼事末則月而不書“王”，書“王”必皆上承春而下屬於月。文表年始，事莫之先，所以致恭而不黷者，他皆放此。唯桓有月無王，以見不奉王法爾。南蠻、北狄、東夷、西戎，皆氐羌之别種。潛，魯地。會例時。

［二］察安審危。

［三］臨事能斷〔一〕。

［四］衆之所歸，守必堅固。

［五］無此三者，不可以會，而況會戎乎？

(隱·二·二)

**夏五月，莒人入向。**[一]

入者，内弗受也。[二]向，我邑也。[三]

〔一〕臨事能斷　“事”，十行本、阮刻本作“者”。

［一］入例時，惡甚則日，次惡則月。他皆放此。

［二］入無小大，苟不以罪，則義皆不可受。

［三］自魯而言，故曰我也。

（隱·二·三）

**無侅帥師入極。**[一]

入者，内弗受也。極，國也。[二]苟焉以入人爲志者，人亦入之矣。不稱氏者，滅同姓貶也。

［一］二千五百人爲師。

［二］諱滅同姓，故變滅言入。《傳》例曰："滅國有三術，中國日，卑國月，夷狄時。"極蓋卑國也。内謂所入之國，非獨魯也。

（隱·二·四）

**秋八月庚辰，公及戎盟于唐。**[一]

［一］《傳》例曰："及者，内爲志焉爾。"唐，魯地。

（隱·二·五）

**九月，紀履緰來逆女。**[一]

逆女，親者也，[二]使大夫非正也。以國氏者，爲其來交接於我，故君子進之也。[三]

［一］不親逆則例月，重錄之；親逆則例時。

［二］親者，謂自逆之也。

［三］《傳》例曰："當國以國氏，卑者以國氏，進大夫以國氏。"

國氏雖同，而義各有當。公子、公孫篡君代位，故去其氏族，國氏以表其無禮，齊無知之徒是也。若庶姓微臣，雖爲大夫，不得爵命，無代位之嫌。既不書其氏族，當知某國之臣，故國氏以別之，宋萬之倫是也。履綸以名繫國，著其奉國重命來爲君逆，得接公行禮，故以國氏重之。成九年，宋不書“逆女”，以其逆者微；今書“履綸”，亦足知其非卑者。《公羊傳》曰：“《春秋》貴賤不嫌同號，美惡不嫌同辭。”《左氏》：“舍族之例，或厭以尊君，或貶以著罪。”此《傳》隱公去即位以明讓，莊公去即位以表繼弑，文同而義異者甚衆，故不可以一方求之。

（隱·二·六）

**冬十月，伯姬歸于紀。**[一]

禮，婦人謂嫁曰歸，反曰來歸，[二]從人者也。婦人在家制於父，既嫁制於夫，夫死從長子。婦人不專行，必有從也。伯姬歸于紀，此其如專行之辭，何也？曰：非專行也，吾伯姬歸于紀，故志之也。其不言使，何也？[三]逆之道微，無足道焉爾。[四]

［一］伯姬，魯女。

［二］嫁而曰歸，明外屬也。反曰來歸，明從外至。反謂爲夫家所遣。

［三］怪不言使履綸來逆女。

［四］言君不親迎，而大夫來逆，故曰微也。既失其大，不復稍明其細，故不言使履綸也。

（隱・二・七）

**紀子伯莒子盟于密。**[一]

或曰“紀子伯莒子而與之盟”，[二]或曰“年同爵同，故紀子以伯先也”。[三]

［一］密，莒地。

［二］紀子以莒子爲伯而與之盟。伯，長也。

［三］年爵雖同，紀子自以爲伯而先。

（隱・二・八）

**十有二月乙卯，夫人子氏薨。**[一]

夫人薨不地。[二]夫人者，隱之妻也。卒而不書葬，夫人之義，從君者也。[三]

［一］夫人薨例日。夫人曰薨，從夫稱。

［二］夫人無出竟之事，薨有常處。

［三］隱弑賊不討[一]，故不書葬。

（隱・二・九）

**鄭人伐衛。**[一]

［一］《傳》例曰：“斬樹木、壞宫室曰伐。”伐例時。

〔一〕隱弑賊不討　“不”，阮刻本作“未”。

## 隱公三年

(隱·三·一)

**三年春王二月己巳，日有食之。**[一]

言日不言朔，食晦日也。其日有食之，何也？吐者外壞，食者内壞，[二]闕然不見其壞，有食之者也。[三]有，内辭也；或，外辭也。[四]有食之者，内於日也。[五]其不言食之者，何也？知其不可知，知也。

［一］杜預曰："日行遲，一歲一周天；月行疾，一月一周天。一歲凡十二交會。然日月動物，雖行度有大量，不能不小有盈縮，故有雖交會而不食者，或有頻交而食者。唯正陽之月君子忌之，故有伐鼓用幣之事。"《京房易傳》曰："日者，陽之精，人君之象。驕溢專明，爲陰所侵，則有日食之災。不救，必有篡臣之萌。其救也，君懷謙虚，下賢受諫任德，日食之災爲消也。"

［二］凡所吐出者，其壞在外；其所吞咽者，壞入於内。

［三］今日闕損而不知壞之所在，此必有物食之。

［四］邵曰："食者内壞，故曰内辭；吐者外壞，故曰外辭。《傳》無外辭之文者，蓋時無外壞也。而曰或外辭者，因事以明義例爾，猶《傳》云'三穀不升謂之饉，四穀不升謂之康'，亦無其事。"

［五］内於日，以壞不見於外。

(隱·三·二)

**三月庚戌，天王崩。**[一]

高曰崩，[二] 厚曰崩，[三] 尊曰崩，天子之崩以尊也。其崩之，何也？以其在民上，故崩之。其不名，何也？大上，故不名也。[四]

［一］平王也。

［二］梁山崩。

［三］沙鹿崩。

［四］夫名者，所以相别爾。居人之大，在民之上，故無所名。

（隱·三·三）

**夏四月辛卯，尹氏卒。**[一]

尹氏者何也？天子大夫也。外大夫不卒，此何以卒之也？於天子之崩爲魯主，故隱而卒之。[二]

［一］文三年王子虎卒不日，此日者，錄其恩深也。

［二］隱猶痛也。《周禮》“大行人職”曰：“若有大喪，則詔相諸侯之禮。”然則，尹氏時在職而詔魯人之弔者。不書官名，疑其譏世卿。

（隱·三·四）

**秋，武氏子來求賻。**[一]

武氏子者何也？天子之大夫也。天子之大夫其稱武氏子，何也？未畢喪，孤未爵，[二] 未爵使之，非正也。其不言使，何也？[三] 無君也。[四] 歸死者曰賵，歸生者曰賻。曰歸之者正也，求之者非正也。[五] 周雖不求，魯不可以不歸；魯雖不歸，周不可以求之。求之爲言得不得未可知之辭也，交譏之。

［一］天王使不正者月，今無君不稱使，故亦略而書時。

［二］平王之喪在殯。

［三］據桓十五年天王使家父來求車稱使。

［四］桓王在喪，未即位，故曰無君。

［五］喪事無求而有賵賻。

（隱·三·五）

**八月庚辰，宋公和卒。**［一］

諸侯日卒，正也。［二］

［一］天子曰崩，諸侯曰薨，大夫曰卒，周之制也。《春秋》所稱，曲存魯史之義。内稱公而書"薨"，所以自尊其君，則不得不略外諸侯書卒以自異也。至於既葬，雖邾、許子男之君皆稱謚而言公，各順臣子之辭。兩通其義。鄭君曰："《禮·雜記上》曰：'君薨赴於他國之君，曰"寡君不祿，敢告於執事"。'《曲禮下》曰：'壽考曰卒，短折曰不祿。'君薨赴而云不祿者，臣子之於君父，雖有壽考，猶若短折，痛傷之至也。若赴稱卒，是以壽終，無哀惜之心，非臣子之辭。鄰國來赴書以卒者，無老無幼皆以成人之稱，亦所以相尊敬。"

［二］正謂承嫡。

（隱·三·六）

**冬十有二月，齊侯、鄭伯盟于石門。**［一］

［一］《傳》例曰："外盟不日。"石門，齊地。

（隱·三·七）

**癸未，葬宋繆公。**

日葬故也，危不得葬也。[一]

［一］天子七月而葬，諸侯五月而葬，大夫三月而葬。《傳》例曰："諸侯時葬正也，月葬故也，日者憂危最甚，不得備禮葬也。"他皆放此。徐邈曰："文元年《傳》曰：'葬曰會。'言有天子、諸侯之使共赴會葬事。故凡書葬，皆據我而言葬。彼所以不稱宋葬繆公，而言葬宋繆公者，弔會之事、賵襚之命，此常事無所書，故但記卒記葬。録魯恩義之所及，則哀其喪而恤其終亦可知矣。若存没隔絶、情禮不交，則卒葬無文。或有書卒不書葬，蓋外雖赴卒而内不會葬，無其事則闕其文，史策之常也。《穀梁傳》稱變之不葬有三：弑君不葬，國滅不葬，失德不葬。言夫子脩《春秋》，所改舊史以示義者也。弑君之賊，天下所當同誅，而諸侯不能治，臣子不能討，雖葬事是供，義何足算。亡國之君喪事不成，則不應書葬。失德之主無以守位，故没葬文。《傳》於宋襄公著失民之咎，宋共公發非葬之問，言伯姬賢而不荅，共公不能弘家人之禮。然則，爲君者外之不足以全國，内之不足以正家，皆所謂失德而終，禮宜貶者也。于時諸國多失道，不可悉去其葬，故於二君示義而大體明矣。"

## 隱公四年

（隱·四·一）

**四年春王二月，莒人伐杞，取牟婁。**[一]

《傳》曰："言伐言取，所惡也。"[二]諸侯相伐取地於是始，故謹而志之也。[三]

［一］《傳》例曰："取，易辭也。"伐國不言圍邑，言圍邑皆有所見。伐國及取邑例時，此月者，蓋爲下"戊申，衛君完卒"日起也。凡例宜時而書月者，皆緣下事當日故也。日必繼於月，故不得不書月。事實在先，故不得後錄也。他皆放此。

［二］稱《傳》曰者，穀梁子不親受于師而聞之於《傳》者。既伐其國，又取其土，明伐不以罪而貪其利，兩書取伐以彰其惡。

［三］《春秋》之始。

（隱·四·二）

**戊申，衛祝吁弑其君完。**[一]

大夫弑其君以國氏者嫌也，弑而代之也。[二]

［一］弑君日與不日從其君正與不正之例也。祝吁，衛公子。

［二］凡非正嫡則謂之嫌。

（隱·四·三）

**夏，公及宋公遇于清。**[一]

及者，内爲志焉爾。[二] 遇者，志相得也。[三]

［一］遇例時。清，衛地。

［二］元年與宋人盟于宿，故今復尋之。

［三］八年《傳》曰“不期而會曰遇”，今曰内爲志，非不期也。然則，遇有二義。

（隱·四·四）

**宋公、陳侯、蔡人、衛人伐鄭。**

（隱·四·五）

**秋，翬帥師會宋公、陳侯、蔡人、衛人伐鄭。**

翬者何也？公子翬也。其不稱公子，何也？[一] 貶之也。[二] 何爲貶之也？與于弑公，故貶也。

［一］據莊二年公子慶父帥師伐於餘丘稱公子。

［二］杜預曰：“外大夫貶皆稱人，内大夫貶皆去族稱名。”記事之體，他國可言某人，而己之卿佐不得言魯人。

（隱·四·六）

**九月，衛人殺祝吁于濮。**[一]

稱人以殺，殺有罪也。[二] 祝吁之挈，失嫌也。[三] 其月，謹之也。[四] 于濮者，譏失賊也。[五]

［一］濮，陳地水名。

［二］有弑君之罪者，則舉國之人皆欲殺之。

［三］不書氏族，提挈其名而道之也。衆所同疾，威力不足以自固，失當國之嫌。

［四］討賊例時也，衛人不能即討祝吁，致令出入自恣，故謹其時月所在，以著臣子之緩慢也。

［五］譏其不即討，乃令至濮。

（隱·四·七）

**冬十有二月，衛人立晉。**［一］

衛人者，衆辭也。立者，不宜立者也。［二］晉之名，惡也。［三］其稱人以立之，何也？得衆也。得衆則是賢也，賢則其曰不宜立，何也？《春秋》之義，諸侯與正而不與賢也。［四］

［一］立、納、入皆篡也，大國篡例月，小國時。

［二］嗣子有常位，故不言立。

［三］惡謂不正。

［四］雍曰："正謂嫡長也。夫多賢不可以多君，無賢不可以無君。立君非以尚賢，所以明有統也；建儲非以私親，所以定名分。名分定則賢無亂長之階而自賢之禍塞矣，君無嬖幸之由而私愛之道滅矣。"

# 隱公五年

(隱·五·一)

**五年春，公觀魚于棠。**[一]

《傳》曰：“常事曰視，[二]非常曰觀。”[三]禮，尊不親小事，卑不尸大功。[四]魚，卑者之事也，[五]公觀之，非正也。

［一］《傳》例曰：“公往時，正也。”正謂無危事耳。棠，魯地。

［二］視朔之類是。

［三］觀魚之類是。

［四］尸，主。

［五］《周禮》：䱷人，中士、下士。

(隱·五·二)

**夏四月，葬衛桓公。**

月葬，故也。[一]

［一］有祝吁之難，故十五月乃葬。

(隱·五·三)

**秋，衛師入郕。**

入者，内弗受也。郕，國也。將卑師衆曰師。[一]

［一］書其重者也。將卑謂非卿。

(隱·五·四)

**九月，考仲子之宫。**[一]

考者何也？考者，成之也，成之爲夫人也。[二]禮，庶子爲君，爲其母築宫，使公子主其祭也。[三]於子祭，於孫止。[四]仲子者，惠公之母，隱孫而脩之，非隱也。[五]

[一]失禮宗廟，功重者月，功輕者時，莊二十三年“秋，丹桓宫楹”是也。

[二]立其廟世祭之，成夫人之禮。

[三]公當奉宗廟，故不得自主也。公子者，長子之弟及妾之子。

[四]貴賤之序。

[五]非，責也。三年父喪畢，不於三年考者，又有天王崩，至此服竟，乃脩之。

(隱·五·五)

**初獻六羽。**[一]

初，始也。[二]穀梁子曰：“舞夏，天子八佾，諸公六佾，諸侯四佾。[三]初獻六羽，始僭樂矣。”[四]尸子曰：“舞夏，自天子至諸侯皆用八佾。初獻六羽，始厲樂矣。”[五]

[一]羽，翟羽，舞者所執。獻者，下奉上之辭。作之於廟，故言獻。

[二]遂以爲常。

[三]言穀梁子者，非受於師，自其意也。夏，大也，大謂大雉。大雉，翟雉。佾之言列，八人爲列，又有八列，八八六十四人也，並執翟雉之羽而舞也。天子用八，象八風；諸公用六，降殺以兩也。不言六佾者，言佾則干在其中，明婦人無

武事，獨奏文樂。

［四］下犯上謂之僭。

［五］言時諸侯僭侈，皆用八佾，魯於是能自減厲而始用六。穀梁子言其始僭，尸子言其始降。

（隱·五·六）

**邾人、鄭人伐宋。**［一］

［一］邾主兵，故序鄭上。

（隱·五·七）

**螟。**

蟲災也，甚則月，不甚則時。［一］

［一］甚則即盡，不及歷月。《禮·月令》曰："仲春行夏令則蟲螟爲害。"

（隱·五·八）

**冬十有二月辛巳，公子彄卒。**［一］

隱不爵命大夫，其曰公子彄，何也？［二］先君之大夫也。［三］

［一］杜預曰："大夫書卒不書葬，葬者自其臣子事，非公家所及。"

［二］據八年無侅卒不稱公子。

［三］隱不成爲君，故不爵命大夫。公子不爲大夫，則不言公子也。

（隱·五·九）

**宋人伐鄭，圍長葛。**[一]

伐國不言圍邑，[二]此其言圍，何也？久之也。[三]伐不踰時，戰不逐奔，誅不填服。[四]苞人民、毆牛馬曰侵，斬樹木、壞宮室曰伐。[五]

［一］長葛，鄭邑。圍例時。

［二］據莊二年"公子慶父帥師伐於餘丘"不言圍也。伐國不言圍邑，書其重也。

［三］宋以此冬圍之，至六年冬乃取之。古者師出不踰時，重民之命、愛民之財。乃暴師經年，僅而後克，無仁隱之心而有貪利之行，故圍、伐兼舉以明之。

［四］來服者，不復填厭之。

［五］制其人民，毆其牛馬，賊去之後則可還反；樹木斬不復生，宮室壞不自成，故其爲害重也。

# 隱公六年

(隱·六·一)

**六年春，鄭人來輸平。**[一]

輸者，墮也。平之爲言以道成也。來輸平者，不果成也。[二]

［一］杜預曰："和而不盟曰平。"

［二］春秋前魯與鄭平，四年翬與宋伐鄭，故來絶魯，壞前平也。

(隱·六·二)

**夏五月辛酉，公會齊侯盟于艾。**[一]

［一］艾，魯地。隱行皆不致者，明其當讓也。

(隱·六·三)

**秋七月。**[一]

［一］無事書首月，不遺時也。他皆放此。

(隱·六·四)

**冬，宋人取長葛。**[一]

外取邑不志，此其志，何也？久之也。

［一］前年冬圍，至今乃得之。上有伐鄭圍長葛，言長葛則鄭邑可知，故不繫之鄭。

# 隱公七年

（隱·七·一）

**七年春王三月，叔姬歸于紀。**[一]

其不言逆，何也？[二]逆之道微，無足道焉爾。[三]

［一］叔姬，伯姬之娣。至此歸者，待年於父母之國，六年乃歸。媵之爲言送也、從也，不與嫡俱行非禮也。親逆例時，不親逆例月。許慎曰："姪娣年十五以上能共事君子可以往，二十而御。"《易》曰："歸妹愆期，遲歸有待。"《詩》云："韓侯娶妻，諸娣從之，祁祁如雲。"娣必少於嫡，知未二十而往也。

［二］據莊二十七年莒慶來逆叔姬言逆。

［三］逆者非卿。

（隱·七·二）

**滕侯卒。**

滕侯無名，[一]少曰世子，長曰君，狄道也，其不正者名也。[二]

［一］自無名，非貶之。

［二］戎狄之道，年少之時稱曰世子，長立之號曰君，其非正長嫡然後有名爾，責滕侯用狄道也。

（隱·七·三）

**夏，城中丘。**[一]

城爲保民爲之也，[二]民衆城小則益城，益城無極。凡城之志皆譏也。[三]

［一］城例時。中丘，魯地。

［二］建國立城邑有定所，高下大小存乎《王制》。刺公不脩勤德政，更造城以安民。

［三］夫保民以德不以城也。如民衆而城小輒益城，是無限極也。此發凡例，施之於城内邑。

（隱·七·四）

**齊侯使其弟年來聘。**[一]

諸侯之尊，弟兄不得以屬通，[二]其弟云者，以其來接於我，舉其貴者也。[三]

［一］聘例時。凡聘皆使卿執玉帛以相存問。

［二］禮，非始封之君則臣諸父。昆弟，匹敵之稱，人臣不可以敵君，故不得以屬通，所以遠别貴賤、尊君卑臣之義。

［三］弟是臣之親貴者，殊别於凡庶。

（隱·七·五）

**秋，公伐邾。**

（隱·七·六）

**冬，天王使凡伯來聘，**[一]**戎伐凡伯于楚丘以歸。**

凡伯者何也？天子之大夫也。國而曰伐，此一人而曰伐，何也？大天子之命也。[二]戎者，衛也。戎衛者，爲其

伐天子之使，貶而戎之也。楚丘，衛之邑也。以歸，猶愈乎執也。[三]

［一］凡，氏；伯，字。上大夫也。

［二］伐一人而同一國，尊天子之命。

［三］夫天子之使過諸侯[一]，諸侯當候在疆場，膳宰致餼，司里授館，猶懼不敬。今乃執天子之使，無禮莫大焉。昭十二年晉伐鮮虞，《傳》曰："晉，狄之也。"今不曰衛伐凡伯，乃變衛爲戎者，伐中國之罪輕，故稱國以狄晉；執天子之使罪重，故變衛以戎之。以一人當一國，諱執言以歸，皆尊尊之正義、《春秋》之微旨。

〔一〕夫天子之使過諸侯　"夫"，阮刻本作"大"，《校勘記》曰："閩、監、毛本'大'作'夫'，是也。"

## 隱公八年

（隱·八·一）

**八年春，宋公、衛侯遇于垂。**[一]

不期而會曰遇。遇者，志相得也。

［一］垂，衛地。

（隱·八·二）

**三月，鄭伯使宛來歸邴。**[一]

名宛，所以貶鄭伯，惡與地也。[二]

［一］凡有所歸例時。邴，鄭邑。

［二］去其族，惡擅易天子之邑。

（隱·八·三）

**庚寅，我入邴。**[一]

入者，内弗受也。日入，惡入者也。邴者，鄭伯所受命於天子而祭泰山之邑也。[二]

［一］徐邈曰："入承鄭歸邴下，嫌内外文不别，故著我以明之。"

［二］王室微弱，無復方岳之會。諸侯驕慢，亦廢朝覲之事。故鄭以湯沐之邑易魯朝宿之田也。諸侯有大功盛德於王室者，京師有朝宿之邑，泰山有沐浴之邑，所以供祭祀也。魯，周公之後；鄭，宣王母弟。若此有賜邑，其餘則否。許慎曰：

"若令諸侯京師之地皆有朝宿之邑〔一〕，周有千八百諸侯，盡京師之地不足以容，不合事理。"

（隱·八·四）

**夏六月己亥，蔡侯考父卒。**

諸侯日卒，正也。

（隱·八·五）

**辛亥，宿男卒。**

宿，微國也，未能同盟，故男卒也。

（隱·八·六）

**秋七月庚午，宋公、齊侯、衛侯盟于瓦屋。**[一]

外盟不日，此其日，何也？[二]諸侯之參盟於是始，故謹而日之也。[三]誥誓不及五帝，[四]盟詛不及三王，[五]交質子不及二伯。[六]

[一] 宋序齊上，王爵也。瓦屋，周地。

[二] 據僖十九年"夏六月宋公、曹人、邾人盟於曹南"不日。

[三] 世道交喪，盟詛滋彰，非可以經世軌訓，故存日以記惡，蓋《春秋》之始也。

[四] 五帝謂黃帝、顓頊、帝嚳、帝堯、帝舜也。誥誓，《尚書》六誓七誥是其遺文。五帝之世道化淳備，不須誥誓而信自著。

〔一〕 若令諸侯……之邑 "令"，十行本、阮刻本作"今"，《校勘記》曰："閩、監、毛本同，《釋文》出'令，力呈反'。案：'令'是。"

［五］三王謂夏、殷、周也。夏后有鈞臺之享，商湯有景亳之命，周武有盟津之會，衆所歸信，不盟詛也。

［六］二伯謂齊桓、晉文。齊桓有召陵之師，晉文有踐土之盟，諸侯率服，不質任也。

（隱·八·七）

**八月，葬蔡宣公。**

月葬，故也。

（隱·八·八）

**九月辛卯，公及莒人盟于包來。**［一］

可言公及人，不可言公及大夫。［二］

［一］包來，宋邑。

［二］稱人，衆辭。可言公及人，若舉國之人皆盟也。不可言公及大夫，如以大夫敵公故也。

（隱·八·九）

**螟。**

（隱·八·十）

**冬十有二月，無侅卒。**

無侅之名，未有聞焉。［一］或曰“隱不爵大夫也”，［二］或說曰“故貶之也”。［三］

［一］未聞者，不知爲是隱之不爵大夫，爲是有罪貶去氏族。穀梁子不受之於師，故曰未有聞焉。

［二］若"俠卒"是。

［三］若"無侅帥師入極"是。

## 隱公九年

(隱·九·一)

**九年春，天王使南季來聘。**

南，氏姓也；季，字也。[一]聘，問也，聘諸侯非正也。[二]

[一] 南季，天子之上大夫，氏以爲姓也。所以别姓者，經有王季子來聘、祭伯來，王、祭皆非姓也，嫌與同，故别之也。季云字者，明命爲大夫，不以名通也。

[二]《周禮》："天子時聘以結諸侯之好，殷覜以除邦國之慝，間問以諭諸侯之志，歸脤以交諸侯之福，賀慶以贊諸侯之喜，致禬以補諸侯之災。"許慎曰："禮，臣病君親問之，天子有下聘之義。"《傳》曰"聘諸侯非正"，甯所未詳。

(隱·九·二)

**三月癸酉，大雨震電。**

震，雷也。電，霆也。

(隱·九·三)

**庚辰，大雨雪。**

志疏數也。八日之間再有大變，陰陽錯行，故謹而日之也。[一]雨月，志正也。[二]

[一] 劉向云："雷未可以出，電未可以見，雷電既以出見，則雪不當復降，皆失節也。雷電陽也，雨雪陰也，雷出非其時者，是陽不能閉陰，陰氣縱逸而將爲害也。"

［二］雨得其時則月。

（隱・九・四）

**俠卒。**

俠者，所俠也。[一] 弗大夫者，隱不爵大夫也。[二] 隱之不爵大夫，何也？曰：不成爲君也。[三]

［一］俠，名也；所，其氏。

［二］俠不命爲大夫，故不氏。

［三］明將立桓。

（隱・九・五）

**夏，城郎。**[一]

［一］郎，魯邑。

（隱・九・六）

**秋七月。**

無事焉，何以書？不遺時也。[一]

［一］四時不具不成年也。

（隱・九・七）

**冬，公會齊侯于防。**[一]

會者，外爲主焉爾。

［一］防，魯地也。

## 隱公十年

（隱·十·一）

**十年春王二月，公會齊侯、鄭伯于中丘。**[一]

［一］隱行自此皆月者，天告雷雨之異以見篡弒之禍，而不知戒懼，反更數會，故危之。

（隱·十·二）

**夏，翬帥師會齊人、鄭人伐宋。**[一]

［一］翬，隱之罪人也，故終隱之世貶之。

（隱·十·三）

**六月壬戌，公敗宋師于菅。**[一]

內不言戰，舉其大者也。[二]

［一］敗例日與不日皆與戰同。菅，宋地。

［二］戰然後敗，故敗大於戰。

（隱·十·四）

**辛未，取郜。**

（隱·十·五）

**辛巳，取防。**

取邑不日，此其日，何也？[一]不正其乘敗人而深爲利，取二邑〔一〕，故謹而日之也。[二]

[一] 據僖三十三年伐邾取訾婁不日。

[二] 禮不重傷，戰不逐北，公敗宋師于菅，復取其二邑，貪利不仁，故謹其日。

(隱·十·六)

**秋，宋人、衛人入鄭。**

(隱·十·七)

**宋人、蔡人、衛人伐載，鄭伯伐取之。**[一]

不正其因人之力而易取之，故主其事也。[二]

[一] 凡書取國皆滅也，變滅言取，明其易。

[二] 三國伐載自足以制之，鄭伯不能矜人之危，而反與共伐，故獨書"鄭伯伐取之"，以首其惡，其實四國共取之。

(隱·十·八)

**冬十月壬午，齊人、鄭人入郕。**

入者，内弗受也。日入，惡入者也。郕，國也。

〔一〕取二邑《校勘記》："'取二邑'，閩、監、毛本同，石經多一'取'字，改刻作'又取'，故此行十一字。"

# 隱公十一年

(隱·十一·一)

**十有一年春，滕侯、薛侯來朝。**

天子無事，諸侯相朝，正也。[一] 考禮脩德，所以尊天子也。諸侯來朝時，正也。[二] 犆言，同時也；[三] 累數，皆至也。[四]

［一］事謂巡守、崩葬、兵革之事。

［二］朝宜以時，故書時則正也。

［三］犆言謂別言也。若穀伯綏來朝、鄧侯吾離來朝，同時來，不俱至。

［四］累數，摠言之也。若滕侯、薛侯來朝，同時俱至。

(隱·十一·二)

**夏五月，公會鄭伯于時來。**[一]

［一］時來，鄭地。

(隱·十一·三)

**秋七月壬午，公及齊侯、鄭伯入許。**

(隱·十一·四)

**冬十有一月壬辰，公薨。**

公薨不地，故也，[一] 隱之不忍地也。[二] 其不言葬，

何也？君弑賊不討不書葬，以罪下也。[三] 隱十年無正，隱不自正也；[四] 元年有正，所以正隱也。[五]

［一］不地，不書路寢之比。

［二］隱猶痛也。

［三］責臣子也。

［四］無正謂不書正月。

［五］明隱宜立。

# 春秋穀梁傳集解桓公第二

# 春秋穀梁傳集解桓公第二

范甯　集解

## 桓公元年

（桓·元·一）

**元年春王，**

桓無王，其曰王，何也？謹始也。[一]其曰無王，何也？桓弟弑兄、臣弑君，天子不能定，諸侯不能救，百姓不能去，以爲無王之道，遂可以至焉爾。元年有王，所以治桓也。

**正月，公即位。**[二]

繼故不言即位，正也。[三]繼故不言即位之爲正，何也？曰：先君不以其道終，則子弟不忍即位也。[四]繼故而言即位，則是與聞乎弑也。繼故而言即位，是爲與聞乎弑，何也？曰：先君不以其道終，己正即位之道而即位，是無恩於先君也。[五]

［一］諸侯無專立之道，必受國於王。若桓初立便以見治，故詳其即位之始以明王者之義。

［二］杜預曰："嗣子位定於初喪，而改元必須踰年者，繼父之業，成父之志，不忍有變於中年也。諸侯每首歲必有禮於廟，諸

遭喪繼位者因此而改元即位，百官以序，故國史亦書即位之事於策。”

［三］故謂弑也。

［四］哀痛之至，故不忍行即位之禮。

［五］推其無恩則知與弑也，此明統例耳。與弑尚然，況親弑者？

（桓·元·二）

**三月，公會鄭伯于垂。**[一]

會者，外爲主焉爾。[二]

［一］垂，衛地也。《傳》例曰：“往月，危往也。”桓大惡之人，故會皆月以危之。

［二］鄭伯所以欲爲此會者，爲易田故。

（桓·元·三）

**鄭伯以璧假許田。**

假不言以，言以非假也。[一]非假而曰假，諱易地也。禮，天子在上，諸侯不得以地相與也。[二]無田則無許可知矣。不言許，不與許也。[三]許田者，魯朝宿之邑也；邴者，鄭伯之所受命而祭泰山之邑也。用見魯之不朝於周，而鄭之不祭泰山也。[四]

［一］實假則不應言以璧。

［二］諸侯受地於天子，不得自專。

［三］但言以璧假許而不繼田，則許屬鄭也。今言許田，明以許之田與鄭，不與許邑也。諸侯有功則賜田以祿之，若可以借

人，此蓋不欲以實言。

［四］朝天子所宿之邑謂之朝宿。泰山非鄭竟内，從天王巡守，受命而祭也。擅相換易，則知朝祭並廢。

（桓・元・四）

**夏四月丁未，公及鄭伯盟于越。**[一]

及者，内爲志焉爾。越，盟地之名也。

［一］越，衛地也。

（桓・元・五）

**秋，大水。**[一]

高下有水災曰大水。

［一］《禮・月令》曰："季秋行夏令，則其國大水。"大水例時。

（桓・元・六）

**冬十月。**

無事焉，何以書？不遺時也。《春秋》編年，四時具而後爲年。[一]

［一］編，錄。

# 桓公二年

(桓·二·一)

**二年春王正月戊申，宋督弑其君與夷，**[一]

桓無王，其曰王，何也？正與夷之卒也。[二]

**及其大夫孔父。**

孔父先死，其曰及，何也？書尊及卑，《春秋》之義也。[三]孔父之先死，何也？督欲弑君而恐不立，於是乎先殺孔父，孔父閑也。[四]何以知其先殺孔父也？曰：子既死，父不忍稱其名；臣既死，君不忍稱其名。以是知君之累之也。[五]孔，氏；父，字謚也〔一〕。[六]或曰：其不稱名，蓋爲祖諱也，孔子故宋也。[七]

[一] 宋督，宋之卑者，卑者以國氏。

[二] 諸侯之卒，天子所隱痛，姦逆之人王法所宜誅，故書“王”以正之。

[三] 邵曰：“會盟言及，别内外也；尊卑言及，上下序也。”

[四] 閑謂扞禦。

[五] 累謂從也。

[六] 孔父有死難之勳，故其君以字爲謚。

[七] 孔子舊是宋人，孔父之玄孫。

〔一〕 孔氏父字謚也 《校勘記》：“‘孔氏父字謚也’，段玉裁云：‘氏’字衍，‘孔父者，字謚也’。字謚者，以字爲謚也。《左傳》曰：‘諸侯之制，以字爲謚。’亦見《儀禮》鄭注。”

(桓·二·二)

**滕子來朝。**[一]

[一]隱十一年稱侯，今稱子，蓋時王所黜。

(桓·二·三)

**三月，公會齊侯、陳侯、鄭伯于稷，以成宋亂。**[一]

以者，内爲志焉爾，公爲志乎成是亂也。[二]此成矣，取不成事之辭而加之焉，於内之惡而君子無遺焉爾。[三]

[一]稷，宋地也。

[二]欲會者外也，欲受賂者公也。

[三]取不成事之辭，謂以成宋亂也。桓弑逆之人，故極言其惡，無所遺漏也。江熙曰："《春秋》親尊皆諱，蓋患惡之不可掩，豈當取不成事之辭以加君父之惡乎？案宣四年公及齊侯平莒及郯，《傳》曰'平者，成也'，然則成亦平也。公與齊、陳、鄭欲平宋亂，而取其賂鼎，不能平亂，故書'成宋亂'。取郜大鼎納于大廟，微旨見矣。尋理推經，傳似失之。"徐邈曰："宋雖已亂，治之則治，治亂成不繫此一會。若諸侯討之則有撥亂之功，不討則受成亂之責，辭豈虛加也哉？《春秋》雖爲親尊者諱，然亦不没其實，故納鼎于廟、躋僖逆祀及王室之亂、昭公之孫皆指事而書，哀七年《傳》所謂'有一國之道者，有天下之道者'也。君失社稷猶書而不隱，況今四國群會，非一人之過，以義致譏，輕於自己兆亂。以此方彼，無所多怪。"

(桓·二·四)

**夏四月，取郜大鼎于宋。戊申，納于大廟。**[一]

桓内弑其君，外成人之亂，受賂而退，以事其祖，非禮也。其道，以周公爲弗受也。郜鼎者，郜之所爲也。曰宋，取之宋也。[二]以是爲討之鼎也。[三]孔子曰“名從主人，物從中國”，故曰“郜大鼎”也。[四]

[一]《傳》例曰：“納者，内不受也。”日之，明惡甚也。太廟，周公廟。

[二]此鼎本郜國所作，宋後得之。

[三]討宋亂而更受其賂鼎。

[四]主人謂作鼎之主人也，故繫之郜。物從中國，謂是大鼎。

(桓·二·五)

**秋七月，紀侯來朝。**[一]

朝時，此其月，何也？[二]桓内弑其君，外成人之亂，於是爲齊侯、陳侯、鄭伯計數日以賂〔一〕。[三]己即是事而朝之，惡之故謹而月之也。[四]

[一]隱二年稱子，今稱侯，蓋時王所進。

[二]據隱十一年春滕侯、薛侯來朝稱時。

[三]桓既罪深責大，乃復爲三國計數至日以責宋賂。

[四]己，紀也。桓與諸侯校數功勞以取宋賂，不知非之爲非，貪

〔一〕計數日以賂　“計”，白文本、十行本、《古逸叢書》本同，元十行本、阮刻本作“討”，《校勘記》曰：“閩、監、毛本同，石經‘討’作‘計’。”

愚之甚，紀不擇其不肖而就朝之。

(桓·二·六)

**蔡侯、鄭伯會于鄧。**[一]

［一］鄧，某地。

(桓·二·七)

**九月，入杞。**

我入之也。[一]

［一］不稱主名，内之卑者。

(桓·二·八)

**公及戎盟于唐。**

(桓·二·九)

**冬，公至自唐。**[一]

桓無會而其致，何也？遠之也。[二]

［一］告廟曰至。《傳》例曰："致君者，殆其往而喜其反。"此致君之意義也。離不言會，故以地致。

［二］桓會甚衆而曰無會，蓋無致會也。弑逆之罪非可以致宗廟，而今致者，危其遠會戎狄，喜其得反。

## 桓公三年

(桓·三·一)

**三年春正月，公會齊侯于嬴。**[一]

[一] 嬴，齊地。

(桓·三·二)

**夏，齊侯、衛侯胥命于蒲。**[一]

胥之爲言猶相也，相命而信諭，謹言而退，以是爲近古也。[二]是必一人先，其以相言之，何也？不以齊侯命衛侯也。[三]

[一] 蒲，衛地。

[二] 申約言以相達，不歃血而誓盟。古謂五帝時。

[三] 江熙曰："夫相與親比，非一人之德，是以同聲相應、同氣相求。齊、衛胥盟，雖有先倡，倡和理均。若以齊命衛則功歸于齊，以衛命齊則齊僅隨從，言其相命則泯然無際矣。"

(桓·三·三)

**六月，公會杞侯于郕。**[一]

[一] 郕，魯地。

(桓·三·四)

**秋七月壬辰朔，日有食之既。**

言日言朔，食正朔也。[一]既者，盡也，有繼之辭也。[二]

［一］朔日食也。

［二］盡而復生謂之既。

（桓·三·五）

**公子翬如齊逆女。**[一]

逆女，親者也，使大夫非正也。

［一］翬稱公子者，桓不以爲罪人也。

（桓·三·六）

**九月，齊侯送姜氏于讙。**[一]

禮：送女，父不下堂，母不出祭門，諸母、兄弟不出闕門。[二]父戒之曰："謹慎從爾舅之言。"母戒之曰："謹慎從爾姑之言。"諸母般申之曰："謹慎從爾父母之言。"[三]送女踰竟，非禮也。

［一］已去齊國，故不言女；未至于魯，故不稱夫人。讙，魯地。月者，重錄之。

［二］祭門，廟門也。闕，兩觀也，在祭門之外。

［三］般，囊也，所以盛朝夕所須，以備舅姑之用。

（桓·三·七）

**公會齊侯于讙。**

無譏乎？[一]曰：爲禮也。齊侯來也，公之逆而會之，

可也。[二]

［一］齊侯送女踰竟，遠至于讙，嫌會非禮之人，當有譏。

［二］爲親逆之禮。

（桓·三·八）

**夫人姜氏至自齊。**

其不言翬之以來，何也？[一]公親受之于齊侯也。[二]子貢曰："冕而親迎，不已重乎？"[三]孔子曰："合二姓之好，以繼萬世之後，何謂已重乎？"

［一］據宣元年"遂以夫人婦姜至自齊"。

［二］重在公。

［三］冕，祭服。

（桓·三·九）

**冬，齊侯使其弟年來聘。**

（桓·三·十）

**有年。**[一]

五穀皆熟爲有年也。

［一］有年例時。

## 桓公四年

(桓·四·一)

**四年春正月，公狩于郎。**[一]

四時之田皆爲宗廟之事也，春曰田，[二]夏曰苗，[三]秋曰蒐，[四]冬曰狩，[五]四時之田用三焉。唯其所先得，一爲乾豆，[六]二爲賓客，[七]三爲充君之庖。[八]

[一] 春而言狩，蓋用冬狩之禮。蒐、狩例時，而此月者，重公失禮也。莊四年冬公及齊人狩于郜，《傳》曰："齊人者，齊侯也，其曰人，何也？卑公之敵，所以卑公也。"然則，言齊人者所以人公，則譏已明矣。狩得其時，故不月。

[二] 取獸於田。

[三] 因爲苗除害，故曰苗。

[四] 蒐擇之，舍小取大。

[五] 狩，圍狩也。冬物畢成，獲則取之，無所擇。

[六] 上殺中心，死速，乾之以爲豆實，可以祭祀。

[七] 次殺射髀骼，死差遲。

[八] 下殺中腸污泡，死最遲。先宗廟，次賓客，後庖廚，尊神敬客之義。

(桓·四·二)

**夏，天王使宰渠伯糾來聘。**[一]

[一] 宰，官也；渠，氏也。天子下大夫，老故稱字。下無秋、冬二時，甯所未詳。

## 桓公五年

（桓·五·一）

**五年春正月甲戌、己丑，陳侯鮑卒。**

鮑卒何爲以二日卒之？《春秋》之義，信以傳信，疑以傳疑。[一]陳侯以甲戌之日出、己丑之日得，不知死之日，故舉二日以包也。[二]

［一］明實録也。

［二］國君獨出必辟病潛行。

（桓·五·二）

**夏，齊侯、鄭伯如紀。**[一]

［一］外相如不書，過我則書，例時。

（桓·五·三）

**天王使任叔之子來聘。**[一]

任叔之子者，録父以使子也，故微其君臣而著其父子，不正父在子代仕之辭也。[二]

［一］任叔，天子之大夫。

［二］録父使子，謂不氏名其人，稱父言子也。君闇劣於上，臣苟進於下，蓋参譏之。

(桓·五·四)

**葬陳桓公。**

(桓·五·五)

**城祝丘。**[一]

[一] 譏公不脩德政，恃城以安民。

(桓·五·六)

**秋，蔡人、衛人、陳人從王伐鄭。**[一]

舉從者之辭也。[二]其舉從者之辭，何也？爲天王諱伐鄭也。[三]鄭同姓之國也，在乎冀州，於是不服，爲天子病矣。[四]

[一] 王親自伐鄭。

[二] 使若王命諸侯伐鄭，書從王命者三國也。

[三] 諱自伐鄭。

[四] 鄭，姬姓之國，冀州則近京師，親近猶不能服，則疏遠者可知。

(桓·五·七)

**大雩。**[一]

[一] 雩者，旱祭請雨之名。《傳》例曰："雩得雨曰雩，不得雨曰旱。月雩，正也；時雩，不正也。"《禮·月令》曰："仲冬行夏令，則其國乃旱。"

（桓·五·八）

**螽。**[一]

螽，蟲災也，甚則月，不甚則時。

［一］蚣蝑之屬。《禮·月令》曰："仲冬行春令，則蟲螟爲敗。"

（桓·五·九）

**冬，州公如曹。**

外相如不書，此其書，何也？過我也。[一]

［一］過我，六年"寔來"是也。將有其末，故先錄其本。

# 桓公六年

（桓·六·一）

**六年春正月，寔來。**[一]

寔來者，是來也。何謂是來？謂州公也。其謂之是來，何也？以其畫我，故簡言之也，諸侯不以過相朝也。[二]

［一］來朝例時，月者，謹其無禮。

［二］畫是相過去朝遠。

（桓·六·二）

**夏四月，公會紀侯于郕。**

（桓·六·三）

**秋八月壬午，大閱。**[一]

大閱者何？閱兵車也。[二]脩教明諭，國道也；[三]平而脩戎事，非正也。[四]其日，以爲崇武，故謹而日之。蓋以觀婦人也。

［一］蒐、閱例時。

［二］閱爲簡練。

［三］脩先王之教，以明達於民，治國之道。

［四］邵曰："禮因四時田獵以習用戎事，存不忘亡、安不忘危之道。平謂不因田獵，無事而脩之。"

（桓·六·四）

**蔡人殺陳佗。**

陳佗者，陳君也。其曰陳佗，何也？匹夫行，故匹夫稱之也。其匹夫行奈何？陳侯憙獵，淫獵于蔡，與蔡人爭禽，蔡人不知其是陳君也而殺之。[一]何以知其是陳君也？兩下相殺不道。[二]其不地，於蔡也。

[一] 淫獵謂自放恣，遺失徒衆。

[二] 兩大夫相殺不書《春秋》。

（桓·六·五）

**九月丁卯，子同生。**[一]

疑故志之，[二]時曰同乎人也。[三]

[一] 子同，桓公嫡子莊公。

[二] 莊公母文姜淫于齊襄，疑非公之子。

[三] 時人僉曰齊侯之子，同於他人。

（桓·六·六）

**冬，紀侯來朝。**

# 桓公七年

（桓·七·一）

**七年春二月己亥，焚咸丘。**[一]

其不言邾咸丘，何也？[二]疾其以火攻也。[三]

［一］日之謹其惡。

［二］據襄元年圍宋彭城言宋。

［三］不繫於國者，欲使焚邑之罪與焚國同。

（桓·七·二）

**夏，穀伯綏來朝。**

（桓·七·三）

**鄧侯吾離來朝。**

其名何也？[一]失國也。[二]失國則其以朝言之，何也？[三]嘗以諸侯與之接矣，雖失國，弗損吾異日也。[四]

［一］據隱十一年滕、薛來朝不名。

［二］禮，諸侯不生名，失地則名。

［三］據文十二年郕伯來奔不言朝。

［四］待之以初也。下無秋冬二時，甯所未詳。

# 桓公八年

（桓·八·一）

**八年春正月己卯，烝。**[一]

烝，冬事也，春興之，志不時也。

［一］春祭曰祠，薦尚韭、卵；夏祭曰禴，薦尚麥、魚；秋祭曰嘗，薦尚黍、肫；冬祭曰烝，薦尚稻、鴈。無牲而祭曰薦，薦而加牲曰祭，禮各異也。失禮祭祀例日，得禮者時，定八年冬從祀先公是也。僖八年“秋七月，禘于大廟”月者，謹用致夫人耳，禘無違禮。

（桓·八·二）

**天王使家父來聘。**[一]

［一］家父[一]，天子大夫。家，氏；父，字。

（桓·八·三）

**夏五月丁丑，烝。**

烝，冬事也，春夏興之，黷祀也，志不敬也。

〔一〕家父　“父”，底本作“夫”，十行本、《古逸叢書》本同，元十行本、阮刻本作“父”，據改。

(桓·八·四)

**秋，伐邾。**

(桓·八·五)

**冬十月，雨雪。**[一]

[一]《禮·月令》曰："孟冬行秋令，則霜雪不時。"

(桓·八·六)

**祭公來，遂逆王后于紀。**[一]

其不言使焉，何也？[二]不正其以宗廟之大事即謀於我，故弗與使也。[三]遂，繼事之辭也，其曰遂逆王后，故略之也。[四]或曰：天子無外，王命之則成矣。[五]

[一]祭公，寰内諸侯，爲天子三公者。親逆例時，不親逆例月。故《春秋左氏》説曰："王者至尊無敵，無親逆之禮。祭公逆王后，未到京師而稱后，知天子不行而禮成也。"鄭君釋之曰："大姒之家在郃之陽、在渭之涘，文王親迎于渭，即天子親迎之明文矣。天子雖尊，其于后猶夫婦，夫婦判合，禮同一體，所謂無敵，豈施此哉！《禮記》：'哀公問曰："冕而親迎，不已重乎？"孔子愀然作色而對曰："合二姓之好，以繼先聖之後，以爲天地宗廟社稷之主，君何謂已重焉？"'此言親迎繼先聖之後，爲天地宗廟社稷之主，非天子則誰乎？"

[二]據四年天王使宰渠伯糾稱使。

[三]時天子命祭公就魯共卜，擇紀女可中后者便逆之，不復反命。

［四］以其遂逆無禮，故不書“逆女”而曰“王后”。略謂不以禮稱之。

［五］四海之濱莫非王臣，王命紀女爲后，則已成王后，不如諸侯入國乃稱夫人。或説是。

# 桓公九年

（桓·九·一）

**九年春，紀季姜歸于京師。**[一]

爲之中者，歸之也。[二]

［一］季姜，桓王后。書字者，申父母之尊。姜，紀姓。

［二］中謂關與婚事。

（桓·九·二）

**夏四月。**

（桓·九·三）

**秋七月。**

（桓·九·四）

**冬，曹伯使其世子射姑來朝。**

朝不言使，言使非正也。使世子伉諸侯之禮而來朝，曹伯失正矣。諸侯相見曰朝，以待人父之道待人之子，以内爲失正矣。内失正，曹伯失正，世子可以已矣，則是放命也〔一〕。[一]尸子曰："夫已多乎道。"[二]

〔一〕則是放命也 "放"，阮刻本作"故"，《校勘記》曰："閩、監、毛本同，石經引作'放'。段玉裁云：'《太平御覽》引同。'"

［一］父有爭子則身不陷於不義，射姑廢曹伯之命可。

［二］邵曰："已，止也。止曹伯使朝之命，則曹伯不陷非禮之愆，世子無苟從之咎，魯無失正之譏，三者正則合道多矣。"

# 桓公十年

(桓·十·一)

**十年春王正月庚申，曹伯終生卒。**

桓無王，其曰王，何也？正終生之卒也。[一]

[一] 徐乾曰："與夷見弑，恐正卒不明，故復明之。"

(桓·十·二)

**夏五月，葬曹桓公。**

(桓·十·三)

**秋，公會衛侯于桃丘，弗遇。**[一]

弗遇者，志不相得也。弗，内辭也。[二]

[一] 桃丘，衛地。桓弑逆之人，出則有危，故會皆月之。衛侯不來，無危，故時。

[二] 倡會者衛，魯至桃丘而衛不來，故書"弗遇"以殺恥。

(桓·十·四)

**冬十有二月丙午，齊侯、衛侯、鄭伯來戰于郎。**[一]

來戰者，前定之戰也。[二]内不言戰，言戰則敗也。[三]不言其人，以吾敗也。不言及者，爲内諱也。

[一] 結日列陳則日。《傳》例曰："不日，疑戰也。"

[二] 先已結期戰。

[三] 兩敵故言戰，《春秋》不以外敵内，書"戰"則敗。

# 桓公十一年

(桓·十一·一)

**十有一年春正月，齊人、衛人、鄭人盟于惡曹。**[一]

[一] 惡曹，地闕。

(桓·十一·二)

**夏五月癸未，鄭伯寤生卒。**

(桓·十一·三)

**秋七月，葬鄭莊公。**[一]

[一] 莊公殺段，失德不葬，而書葬者，段不弟，於王法當討，故不以殺親親貶之。

(桓·十一·四)

**九月，宋人執鄭祭仲。**[一]

宋人者，宋公也。其曰人，何也？貶之也。[二]

[一] 祭，氏；仲，名。執大夫有罪者例時，無罪者月。此月者，爲下盟。

[二] 惡其執人權臣，廢嫡立庶。

(桓·十一·五)

**突歸于鄭。**[一]

曰突，賤之也。曰歸，易辭也。[二] 祭仲易其事，權在祭仲也。死君難，臣道也。今立惡而黜正，惡祭仲也。[三]

［一］突，鄭厲公，昭公之弟、莊公之子。

［二］《傳》例曰："歸爲善自某歸次之。"此《傳》曰："歸，易辭也。"然則歸有二義，不皆善矣。突篡兄之位，制命權臣，則歸無善。

［三］易辭言廢立在己。

(桓 · 十一 · 六)

**鄭忽出奔衛。**[一]

鄭忽者，世子忽也；其名，失國也。[二]

［一］忽，鄭昭公。

［二］其名謂去世子而但稱忽。

(桓 · 十一 · 七)

**柔會宋公、陳侯、蔡叔盟于折。**[一]

柔者何？吾大夫之未命者也。

［一］蔡叔，蔡大夫名，未命故不氏。折，某地。

(桓 · 十一 · 八)

**公會宋公于夫鍾。**[一]

［一］夫鍾，郕地。

(桓·十一·九)

**冬十有二月，公會宋公于闞。**[一]

[一]闞，魯地。

# 桓公十二年

（桓·十二·一）

**十有二年春正月。**

（桓·十二·二）

**夏六月壬寅，公會紀侯、莒子盟于曲池。**[一]

［一］曲池，魯地。

（桓·十二·三）

**秋七月丁亥，公會宋公、燕人盟于穀丘。**[一]

［一］穀丘，宋地。

（桓·十二·四）

**八月壬辰，陳侯躍卒。**[一]

［一］陳厲公也。

（桓·十二·五）

**公會宋公于虛。**[一]

［一］虛，宋地。

（桓·十二·六）

**冬十有一月，公會宋公于龜。**[一]

[一]龜，宋地。

（桓·十二·七）

**丙戌，公會鄭伯盟于武父。**[一]

[一]武父，鄭地。

（桓·十二·八）

**丙戌，衛侯晉卒。**

再稱日，決日義也。[一]

[一]明二事皆當日也。晉不正，非日卒者也。不正前見矣，隱四年"衛人立晉"是也，與齊小白義同。

（桓·十二·九）

**十有二月，及鄭師伐宋。丁未，戰于宋。**

非與所與伐戰也，[一]不言與鄭戰，恥不和也。於伐與戰，敗也。内諱敗，舉其可道者也。[二]

[一]非，責。

[二]於伐宋而與鄭戰。内敗也，戰輕於敗，戰可道而敗不可道。

# 桓公十三年

（桓·十三·一）

**十有三年春二月，公會紀侯、鄭伯。**

（桓·十三·二）

**己巳，及齊侯、宋公、衛侯、燕人戰，齊師、宋師、衛師、燕師敗績。**[一]

其言及者，由内及之也；其曰戰者，由外言之也。[二]戰稱人，敗稱師，重衆也。其不地，於紀也。[三]

［一］徐邈曰："僖九年《傳》曰：'禮，柩在堂上，孤無外事。'今衛宣未葬而嗣子稱侯以出，其失禮明矣。宋、陳稱子而衛稱侯，隨其所以自稱者而書之，得失自見矣。"

［二］内不言戰，言戰則敗。今魯與紀、鄭同討，以有紀、鄭，故可得言戰。

［三］《春秋》戰無不地，即於紀戰，無爲不地也。鄭君曰："紀當爲己，謂在魯也，字之誤耳。時在龍門[一]，城下之戰，迫近，故不地。"

（桓·十三·三）

**三月，葬衛宣公。**

（桓·十三·四）

**夏，大水。**

---

〔一〕時在龍門　"時"，十行本、阮刻本作"得"。

（桓·十三·五）

**秋七月。**

（桓·十三·六）

**冬十月。**

# 桓公十四年

(桓·十四·一)

**十有四年春正月，公會鄭伯于曹。**

(桓·十四·二)

**無冰。**[一]

無冰，時燠也。

[一] 皆君不明去就、政治紓緩之所置[一]。《五行傳》曰："視之不明，是謂不哲，厥咎舒，厥罰常燠。"

(桓·十四·三)

**夏五，鄭伯使其弟禦來盟。**

諸侯之尊，弟兄不得以屬通，其弟云者，以其來我，舉其貴者也。來盟，前定也。不日，前定之盟不日。[一]孔子曰："聽遠音者聞其疾而不聞其舒，[二]望遠者察其貌而不察其形。"[三]立乎定、哀以指隱、桓，隱、桓之日遠矣。夏五，傳疑也。[四]

[一] 言信在前，非結於今。

[二] 疾謂激揚之聲，舒謂徐緩。

〔一〕 政治紓緩之所置　此七字十行本、阮刻本作"政治紀緩之所致"，《校勘記》曰："閩、監、毛本'紀'作'紓'、'置'作'致'，是也。疏引同。"

［三］貌，姿躰；形，容色。

［四］孔子在於定、哀之世而錄隱、桓之事，故承闕文之疑。不書月，明皆實錄。

（桓·十四·四）

**秋八月壬申，御廩災。**[一] **乙亥，嘗。**

御廩之災不志，[二] 此其志，何也？以爲唯未易災之餘而嘗可也，志不敬也。[三] 天子親耕以共粢盛，[四] 王后親蠶以共祭服，[五] 國非無良農工女也，以爲人之所盡事其祖禰，不若己所自親者也。[六] 何用見其未易災之餘而嘗也？曰：甸粟而内之三宫，三宫米而藏之御廩，[七] 夫嘗必有兼甸之事焉。[八] 壬申御廩災，乙亥嘗，以爲未易災之餘而嘗也。[九]

［一］御廩藏公所親耕以奉粢盛之倉也。内災例日。

［二］以其微。

［三］鄭嗣曰："唯以未易災之餘而嘗，然後可志也。用火焚之餘以祭宗廟，非人子所以盡其心力，不敬之大也。"

［四］天子親耕，其禮三推。黍稷曰粢，在器曰盛。

［五］王后親蠶，齊戒躬桑，夫人三繅，遂班三宫，朱緑玄黄以爲黼黻文章。服既成，君服以祀之。

［六］凱曰："夫治人之道莫急於禮，禮有五經，莫重於祭。祭者，非物自外至者也，由中出者，身致其誠信，然後可以交於神明，祭之道也。"

［七］甸，甸師，掌田之官也。三宫，三夫人也。宗廟之禮，君親割，夫人親舂。

［八］夫人親舂，是兼甸之事。

［九］鄭嗣曰："壬申、乙亥相去四日，言用日至少而功多，明未足及易而嘗。"

（桓·十四·五）

**冬十有二月丁巳，齊侯祿父卒。**

（桓·十四·六）

**宋人以齊人、蔡人、衛人、陳人伐鄭。**

以者，不以者也。民者，君之本也，使人以其死，非正也。[一]

［一］不以者謂本非所得制，今得以之也，刺四國使宋專用其師，輕民命也。

## 桓公十五年

（桓·十五·一）

**十有五年春二月，天王使家父來求車。**

古者，諸侯時獻于天子，以其國之所有，故有辭讓而無徵求。求車非禮也，求金甚矣。[一]

［一］文九年毛伯來求金。

（桓·十五·二）

**三月乙未，天王崩。**[一]

［一］桓王。

（桓·十五·三）

**夏四月己巳，葬齊僖公。**

（桓·十五·四）

**五月，鄭伯突出奔蔡。**

譏奪正也。[一]

［一］禮，諸侯不生名，今名突以譏之。

（桓·十五·五）

**鄭世子忽復歸于鄭。**

反正也。

(桓·十五·六)

**許叔入于許。**[一]

許叔，許之貴者也。莫宜乎許叔，其曰入，何也？其歸之道，非所以歸也。[二]

［一］《傳》例曰："大夫出奔反〔一〕，以好曰歸，以惡曰入。"

［二］泰曰："許國之貴莫過許叔，叔之宜立又無與二。而進無王命，退非父授，故不書曰'歸'，同之惡入。"

(桓·十五·七)

**公會齊侯于蒿。**

(桓·十五·八)

**邾人、牟人、葛人來朝。**[一]

［一］何休曰："桓公行惡而三人俱朝事之，三人爲衆，衆足責，故夷狄之。"

(桓·十五·九)

**秋九月，鄭伯突入于櫟。**[一]

［一］櫟，鄭邑也。突不正，書"入"明不當受。

〔一〕大夫出奔反　"大"，底本作"太"，《古逸叢書》本同，十行本、元十行本、阮刻本作"大"，形近而誤，據改。

(桓·十五·十)

**冬十有一月，公會宋公、衛侯、陳侯于袲，伐鄭。**[一]

地而後伐，疑辭也，非其疑也。[二]

[一]袲，宋地。

[二]鄭突欲篡國，伐而正之，義也。不應疑，故責之。

# 桓公十六年

(桓 · 十六 · 一)

**十有六年春正月，公會宋公、蔡侯、衛侯于曹。**

(桓 · 十六 · 二)

**夏四月，公會宋公、衛侯、陳侯、蔡侯伐鄭。**[一]

[一] 蔡常在衛上，今序陳下，蓋後至。

(桓 · 十六 · 三)

**秋七月，公至自伐鄭。**

桓無會，其致，何也？危之也。[一]

[一] 桓公再助篡伐正，危殆之甚，喜得全歸，故致之。

(桓 · 十六 · 四)

**冬，城向。**

(桓 · 十六 · 五)

**十有一月，衛侯朔出奔齊。**[一]

朔之名，惡也，天子召而不往也。

[一] 朔，惠公名。

## 桓公十七年

（桓 · 十七 · 一）

**十有七年春正月丙辰，公會齊侯、紀侯盟于黃。**[一]

[一] 黃，齊地。

（桓 · 十七 · 二）

**二月丙午，公及邾儀父盟于趡。**[一]

[一] 趡，魯地。

（桓 · 十七 · 三）

**夏五月丙午，及齊師戰于郎。**

内諱敗，舉其可道者也。[一]不言其人，以吾敗也。[二]不言及之者，爲内諱也。[三]

[一] 敗恥大，戰恥小。

[二] 言人則微者，敗於微者其恥又甚，故言師。

[三] 及當有人，公親帥之，恥大，不可言。

（桓 · 十七 · 四）

**六月丁丑，蔡侯封人卒。**

（桓 · 十七 · 五）

**秋八月，蔡季自陳歸于蔡。**

蔡季，蔡之貴者也。自陳，陳有奉焉耳。[一]

［一］陳以力助。

（桓・十七・六）

**癸巳，葬蔡桓侯。**[一]

［一］徐邈曰："葬者，臣子之事，故書葬皆以公配謚。此稱侯，蓋蔡臣子失禮，故即其所稱以示過。"

（桓・十七・七）

**及宋人、衛人伐邾。**

（桓・十七・八）

**冬十月朔，日有食之。**

言朔不言日，食既朔也。[一]

［一］既，盡也。盡朔一日，至明日乃食，是月二日食也。

# 桓公十八年

（桓·十八·一）

**十有八年春王正月，公會齊侯于濼，**[一] **公與夫人姜氏遂如齊。**[二]

濼之會不言及夫人，何也？[三] 以夫人之伉，弗稱數也。[四]

［一］此年書“王”，以王法終治桓之事。

［二］公本與夫人俱行，至濼公與齊侯行會禮，故先書會濼。既會而相隨至齊，故曰遂。遂，繼事之辭，他皆放此。

［三］據夫人實在，當言“公及夫人姜氏會齊侯於濼”。

［四］濼之會，夫人驕伉，不可言及，故舍而弗數。今書“遂如齊”，欲錄其致變之由，故不可以不書。實驕伉而不制，故不言及。

（桓·十八·二）

**夏四月丙子，公薨于齊。**[一]

其地，於外也。薨稱公，舉上也。[二]

［一］夫人與齊謀殺之，不書，諱也。魯公薨，正與不正皆日，所以別內外也。

［二］公，五等之上。

（桓·十八·三）

**丁酉，公之喪至自齊。**

（桓·十八·四）

**秋七月。**

（桓·十八·五）

**冬十有二月己丑，葬我君桓公。**

葬我君，接上下也。[一]君弒賊不討不書葬，此其言葬，何也？[二]不責踰國而討于是也。[三]桓公葬而後舉謚，謚所以成德也，於卒事乎加之矣。[四]智者慮，義者行，仁者守，有此三者備，然後可以會矣。[五]

［一］言我君，舉國上下之辭。

［二］據隱公不書葬。

［三］禮，君父之讎不與共戴天，而曰不責踰國而討于是者，時齊強大，非己所討，君子即而恕之，以申臣子之恩。

［四］謚者行之迹，所以表德。人之終，卒事畢於葬，故於葬定稱號也。昔武王崩，周公制謚法，大行受大名，小行受小名，所以勸善而懲惡〔一〕。禮，天子崩，稱天命以謚之；諸侯薨，天子謚之；卿、大夫卒，受謚於其君。

［五］桓無此三者而出會大國，所以見殺。

〔一〕所以勸善而懲惡　“勸”，底本作“勤”，《古逸叢書》本同，據十行本、元十行本、阮刻本改。

# 春秋穀梁傳集解莊公第三

# 春秋穀梁傳集解莊公第三

范　甯　集解

## 莊公元年

(莊 · 元 · 一)

**元年春王正月。**

繼弒君不言即位，正也。繼弒君不言即位之爲正，何也？[一]曰：先君不以其道終，則子不忍即位也。

［一］據君不絶。

(莊 · 元 · 二)

**三月，夫人孫于齊。**[一]

孫之爲言猶孫也，[二]諱奔也。接練時，録母之變，始人之也。[三]不言氏姓，貶之也。人之於天也，以道受命；於人也，以言受命。[四]不若於道者，天絶之也；[五]不若於言者，人絶之也。臣子大受命。[六]

［一］桓公夫人文姜也。哀姜有殺子之罪，輕，故僖元年曰“夫人氏之喪至自齊”，去“姜”以貶之；文姜有殺夫之罪，重，故去“姜氏”以貶之。此輕重之差。

［二］孫，孫遁而去。

［三］夫人初與桓俱如齊，今又書者，於練時感夫人不與祭，故始以人道錄之。

［四］臣子則受君父之命，婦受夫之命。

［五］若，順。

［六］言義得貶夫人。

(莊·元·三)

**夏，單伯逆王姬。**［一］

單伯者何？吾大夫之命乎天子者也，命大夫故不名也。［二］其不言如，何也？［三］其義不可受於京師也。其義不可受於京師，何也？曰：躬君弑於齊，使之主婚姻，與齊爲禮，其義固不可受也。［四］

［一］單，姓也；伯，字。

［二］諸侯歲貢士于天子，天子親命之，使還其國爲大夫者不名，天子就其國命之者以名氏通也。

［三］據"僖二十九年公子遂如京師"言如〔一〕。

［四］禮，尊卑不敵，天子嫁女于諸侯，必使同姓諸侯主之。魯桓親見殺于齊，若天子命使爲主，則非禮大矣。《春秋》爲尊者諱，故不可受之于京師。

(莊·元·四)

**秋，築王姬之館于外。**

〔一〕據僖二十九年公子遂如京師言如 《校勘記》曰："'據僖二十九年'，閩本同，監本'二'字模糊，毛本'二'作'三'。案：當作三十年。"案：公子遂如京師在僖公三十年，阮校是。

築，禮也；于外，非禮也。[一]築之爲禮，何也？主王姬者，必自公門出，[二]於廟則已尊，於寢則已卑。爲之築，節矣；築之外，變之正也。築之外，變之爲正，何也？仇讎之人，非所以接婚姻也，衰麻非所以接弁冕也。[三]其不言齊侯之來逆，何也？不使齊侯得與吾爲禮也。

［一］外，城外也。

［二］公門，朝之外門。主王姬者當設几筵于宗廟以俟迎者，故在公門之内築王姬之館。

［三］親迎服祭服者，重婚姻也，公時有桓之喪。

(莊·元·五)

**冬十月乙亥，陳侯林卒。**

諸侯日卒，正也。

(莊·元·六)

**王使榮叔來錫桓公命。**[一]

禮有受命，無來錫命，錫命非正也。[二]生服之，死行之，禮也；生不服，死追錫之，不正甚矣。

［一］榮、氏，叔、字，天子之上大夫也。禮有九錫，一曰輿馬，二曰衣服，三曰樂則，四曰朱户，五曰納陛，六曰虎賁，七曰弓矢，八曰鈇鉞，九曰秬鬯，皆所以褒德賞功也。德有厚薄，功有輕重，故命有多少。何休曰："桓弑逆之人，王法所宜誅絶而反錫命，悖亂天道，故不言天王也。文五年王使榮叔歸含且賵，則曰'含者，臣子之職也'，以至尊行卑事，

故不言天王也。三月王使毛伯來會葬，又曰‘刺比失禮’，故亦不言天王也。”甯案：僖二十四年天王出居于鄭，不可最大矣。禮，天子既有賵含之制，《傳》但譏二事共一使耳，言且所以示譏，一事無再貶之道也。以天王之尊，會人妾祖母之葬，誠失禮矣，孰若使任叔之子來聘、使家父來求車之不可乎？此三者皆言天王，明非義之所存。舊史有詳略，夫子因而弗革。故知曲說雖巧，致遠則滯矣。

［二］賞人於朝，與士共之，當召而錫之。《周禮》“大宗伯職”曰：“王命諸侯則儐之。”是來受命。

（莊·元·七）

**王姬歸于齊。**

爲之中者，歸之也。

（莊·元·八）

**齊師遷紀、郱鄑郚。**

紀，國也；郱鄑郚，國也。[一]或曰：遷紀于郱鄑郚。[二]

［一］此國以三言爲名。

［二］十年宋人遷宿，《傳》曰：“遷，亡辭也。其不地，宿不復見矣。”齊師遷紀，四年復書“紀侯大去其國”者，紀侯賢，不與齊師之亡紀，故變文以見義。郱鄑郚之君無紀侯之賢，故不復見，從常例也。若齊師遷紀于郱鄑郚，當言“于”以明之。又不應復書地，當如宋人遷宿、齊人遷陽。或曰之說，甯所未詳。

# 莊公二年

(莊·二·一)

**二年春王二月，葬陳莊公。**

(莊·二·二)

**夏，公子慶父帥師伐於餘丘。**[一]

國而曰伐，於餘丘，邾之邑也，其曰伐，何也？公子貴矣，師重矣，而敵人之邑，公子病矣。病公子，所以譏乎公也。其一曰：君在而重之也。[二]

［一］慶父名，字仲父。

［二］邾君在此邑，故不繼于邾，使若國。

(莊·二·三)

**秋七月，齊王姬卒。**

爲之主者，卒之也。[一]

［一］主其嫁則有兄弟之恩，死則服之，服之故書卒。《禮記》曰：“齊告王姬之喪，魯莊公爲之大功。”

(莊·二·四)

**冬十有二月，夫人姜氏會齊侯于禚。**[一]

婦人既嫁不踰竟，踰竟非正也。婦人不言會，言會非正也。饗，甚矣。[二]

［一］禚，齊地。

［二］饗在四年。

（莊·二·五）

**乙酉，宋公馮卒。**

# 莊公三年

(莊·三·一)

**三年春王正月，溺會齊侯伐衛。**[一]

溺者何也？公子溺也。其不稱公子，何也？[二]惡其會仇讎而伐同姓，故貶而名之也。

[一] 徐邈曰："《傳》例曰：'往月，危往也。'齊受天子罪人，爲之興師，而魯與同，其理危也。"

[二] 據二年公子慶父帥師伐於餘丘稱公子。

(莊·三·二)

**夏四月，葬宋莊公。**

月葬，故也。

(莊·三·三)

**五月，葬桓王。**

《傳》曰："改葬也。"[一]改葬之禮緦，舉下，緬也。[二]或曰："卻尸以求諸侯。"[三]天子志崩不志葬，必其時也。何必焉？舉天下而葬一人，其義不疑也。志葬故也，危不得葬也。曰：近不失崩，不志崩，失天下也。[四]獨陰不生，獨陽不生，獨天不生，三合然後生。[五]故曰母之子也可，天之子也可。尊者取尊稱焉，卑者取卑稱焉。[六]其曰王者，民之所歸往也。

［一］若實改葬當言改以明之，“郊牛之口傷，改卜牛”是也。《傳》當以七年乃葬，故謂之改葬。

［二］緦者，五服最下，言舉下緬上，從緦，皆反其故服。因葬桓王記改葬之禮，不謂改葬桓王當服緦也。猶晦震夷伯之廟，因明天子、諸侯之制，不謂夷伯非魯之大夫也。甯之先君與蔡司徒論之詳矣。江熙曰：“葬稱公，舉五等之上；改葬禮緦，舉五服之下。以喪緬藐遠也。天子、諸侯易服而葬，以爲交於神明者不可以純凶，況其緬者乎？是故改葬之禮其服唯輕。言緬，釋所以緦也。”

［三］停尸七年以求諸侯會葬，非人情也。

［四］京師去魯不遠，赴告之命可不踰旬而至，史不志崩則亂可知。

［五］徐邈曰：“古人稱萬物負陰而抱陽，冲氣以爲和，然則《傳》所謂天，蓋名其冲和之功而神理所由也。會二氣之和、極發揮之美者，不可以柔剛滯其用，不得以陰陽分其名，故歸於冥極而謂之天。凡生類禀靈知於天，資形於二氣，故又曰獨天不生，必三合而形神生理具矣。”

［六］王者尊，故稱天子；衆人卑，故稱母子。

（莊·三·四）

**秋，紀季以酅入于齊。**［一］

酅，紀之邑也。入于齊者，以酅事齊也。入者，内弗受也。［二］

［一］季，紀侯弟。

［二］雍曰：“紀國微弱，齊將吞并，紀季深覩存亡之機，大懼社

稷之傾，故超然遐舉，以酅事齊，庶徹嗣不泯、宗廟永存。《春秋》賢之，故褒之以字。齊受人之邑而滅人之國，故於義不可受也。”

（莊·三·五）

**冬，公次于郎。**

次，止也，有畏也，欲救紀而不能也。[一]

［一］畏齊。

## 莊公四年

（莊・四・一）

**四年春王二月，夫人姜氏饗齊侯于祝丘。**[一]

饗，甚矣，[二]饗齊侯所以病齊侯也。

［一］饗，食也。兩君相見之禮，凡會書月，著時事有危。雖於公發例，亦無所不關。祝丘，魯地。

［二］以非禮尤甚，故謹而月之。

（莊・四・二）

**三月，紀伯姬卒。**[一]

外夫人不卒，此其言卒，何也？吾女也。適諸侯則尊同，以吾爲之變卒之也。[二]

［一］隱二年履緰所逆者。内女卒例日，伯姬失國，略之故月也。

［二］禮，諸侯絶旁朞，姑姊妹女子子嫁於國君者尊與己同，則爲之服大功九月，變不服之例。然則，適大夫者不書卒。

（莊・四・三）

**夏，齊侯、陳侯、鄭伯遇于垂。**[一]

［一］《傳》例曰："不期而會曰遇，遇者志相得也。"

（莊・四・四）

**紀侯大去其國。**

大去者，不遺一人之辭也，言民之從者四年而後畢也。紀侯賢而齊侯滅之，不言滅而曰大去其國者，不使小人加乎君子。[一]

［一］不曰滅而曰大去其國，蓋抑無道之強以優有道之弱，若進止在己，非齊所得滅也。何休曰："《春秋》楚世子商臣弑其君，其後滅江、六，不言大去。又大去者，於齊滅之不明，但知不使小人加乎君子，而不言滅縱失襄公之惡，反爲大去也。"鄭君釋之曰："商臣弑其父，大惡也，不得但爲小人。江、六之君又無紀侯得民之賢，不得變滅言大去也。元年冬齊師遷紀，三年紀季以酅入于齊，今紀侯大去其國，是足起齊滅之矣。即以變滅言大去爲縱失襄公之惡，是乃經也，非傳也。且《春秋》因事見義，舍此以滅人爲罪者自多矣。"

（莊·四·五）

**六月乙丑，齊侯葬紀伯姬。**

外夫人不書葬，此其書葬，何也？吾女也，失國故隱而葬之。[一]

［一］隱，痛也。不曰卒而曰葬〔一〕，閔紀之亡也。

（莊·四·六）

**秋七月。**

---

〔一〕不曰卒而曰葬　此六字十行本、阮刻本同。據經文"三月，紀伯姬卒""六月乙丑，齊侯葬紀伯姬"，疑當以"不日卒而日葬"爲是。各本形近而誤。

(莊·四·七)

**冬，公及齊人狩于郜。**[一]

齊人者，齊侯也。其曰人，何也？卑公之敵，所以卑公也。[二]何爲卑公也？不復讎而怨不釋，刺釋怨也。

[一]郜，齊地。

[二]内無貶公之道。

# 莊公五年

（莊·五·一）

**五年春王正月。**

（莊·五·二）

**夏，夫人姜氏如齊師。**

師而曰如，衆也。[一]婦人既嫁不踰竟，踰竟非禮也。

［一］言師衆大如國，故可以言如，若言如齊侯則不可。

（莊·五·三）

**秋，郳黎來來朝。**[一]

郳，國也。黎來，微國之君未爵命者也。

［一］黎來，名也。

（莊·五·四）

**冬，公會齊人、宋人、陳人、蔡人伐衛。**[一]

是齊侯、宋公也，其曰人，何也？人諸侯，所以人公也。其人公，何也？逆天王之命也。[二]

［一］納惠公朔。

［二］王不欲立朔也。

# 莊公六年

(莊·六·一)

**六年春王三月，王人子突救衛。**[一]

王人，卑者也；稱名，貴之也，[二]善救衛也。救者善，則伐者不正矣。

［一］徐邈曰："諸侯不奉王命，朔遂得簒，王威屈辱，有危故月也。救衛於義善，故重子突。功不立，故著其危。"

［二］何休以爲稱子則非名也，鄭君釋之曰："王人賤者，録則名可。今以其銜命救衛故貴之，貴之則子突爲字可知，明矣。此名當爲字誤爾。"徐乾曰："王人者，卑者之稱也，當直稱王人而已。今以其能奉天子之命救衛而拒諸侯，故加名以貴之。僖八年公會王人、齊侯，是卑者之常稱。"

(莊·六·二)

**夏六月，衛侯朔入于衛。**

其不言伐衛納朔，何也？[一]不逆天王之命也。[二]入者，内弗受也。何用弗受也？爲以王命絶之也。朔之名惡也，朔入逆則出順矣。朔出入名，以王命絶之也。

［一］據九年"伐齊納糾"言納。

［二］不與諸侯得納王之所絶。

(莊·六·三)

**秋，公至自伐衛。**

惡事不致，此其致，何也？[一]不致則無用見公之惡事之成也。

［一］據襄九年時有穆姜之喪，會諸侯伐鄭不致。

（莊·六·四）

**螟。**

（莊·六·五）

**冬，齊人來歸衛寶。**

以齊首之，分惡於齊也，使之如下齊而來我然。惡戰則殺矣。[一]

［一］若衛自歸寶於齊，過齊然後與我。齊首其事，則我與王人戰罪差減。

## 莊公七年

（莊·七·一）

**七年春，夫人姜氏會齊侯于防。**[一]

婦人不會，會非正也。

［一］防，魯地。

（莊·七·二）

**夏四月辛卯昔，恒星不見。**

恒星者，經星也。[一]日入至於星出謂之昔。不見者，可以見也。

［一］經，常也，謂常列宿。

（莊·七·三）

**夜中，星隕如雨。**[一]

其隕也如雨。是夜中與？[二]《春秋》著以傳著，疑以傳疑。[三]中之幾也，而曰夜中，著焉爾。[四]何用見其中也？失變而錄其時則夜中矣。[五]其不曰恒星之隕，何也？我知恒星之不見，而不知其隕也。我見其隕而接於地者，則是雨說也。[六]著於上見於下謂之雨，著於下不見於上謂之隕，豈雨說哉。[七]

［一］如，而也，星既隕而復雨。

［二］星既隕而雨，必晦暝，安知夜中乎？

［三］明實錄也。

［四］幾，微也。星既隕而雨，中微難知，而曰夜中，自以實著爾，非億度而知。

［五］失星變之始而錄其已隕之時，檢錄漏刻以知夜中。

［六］言我見從上來接於下，然後可言雨星。今唯見在下，故曰隕星。

［七］解經不得言雨星而言隕星也。鄭君曰："衆星列宿，諸侯之象。不見者，是諸侯棄天子禮義法度也。"劉向曰："隕者，象諸侯隕隊，失其所也。又中夜而隕者，象不終其性命，中道而落。"

(莊·七·四)

**秋，大水。**

高下有水災曰大水。

(莊·七·五)

**無麥、苗。**

麥、苗同時也。[一]

［一］麥與黍、稷之苗同時死。

(莊·七·六)

**冬，夫人姜氏會齊侯于穀。**[一]

婦人不會，會非正也。

［一］穀，齊地。

## 莊公八年

（莊·八·一）

**八年春王正月，師次于郎，以俟陳人、蔡人。**[一]

次，止也；俟，待也。

［一］時陳、蔡欲伐魯，故出師以待之。

（莊·八·二）

**甲午，治兵。**

出曰治兵，習戰也；入曰振旅，習戰也。[一]治兵而陳、蔡不至矣，兵事以嚴終。[二]故曰善陳者不戰，此之謂也。善爲國者不師，[三]善師者不陳，[四]善陳者不戰，[五]善戰者不死，[六]善死者不亡。[七]

［一］振，整也；旅，衆也。

［二］以嚴整終事，故敵人不至。

［三］導之以德，齊之以禮。江熙曰："鄰國望我歡若親戚，何師之爲。"

［四］師衆素嚴，不須耀軍列陳。江熙曰："上兵伐謀，何乃至陳。"

［五］軍陳嚴整，敵望而畏之，莫敢戰。

［六］投兵勝地，故無死者。江熙曰："辟實攻虛則不死。"

［七］民盡其命，無奔背散亡者也。江熙曰："見危授命，義存君親，雖没猶存。"

（莊·八·三）

**夏，師及齊師圍郕，郕降于齊師。**

其曰降于齊師何？不使齊師加威於郕也。[一]

［一］郕，同姓之國，而與齊伐之，是用師之過也，故使若齊無武功而郕自降。

（莊·八·四）

**秋，師還。**

還者，事未畢也，遯也。[一]

［一］郕已降而以未畢爲文者，蓋辟滅同姓之國，示不卒其事。

（莊·八·五）

**冬十有一月癸未，齊無知弑其君諸兒。**

大夫弑其君以國氏者，嫌也，弑而代之也。

# 莊公九年

（莊·九·一）

**九年春，齊人殺無知。**

無知之挈，失嫌也。稱人以殺大夫，殺有罪也。

（莊·九·二）

**公及齊大夫盟于暨。**[一]

公不及大夫。[二]大夫不名，無君也，[三]盟納子糾也。不日，其盟渝也。[四]當齊無君，制在公矣。當可納而不納，故惡内也。

［一］暨，魯地。

［二］《春秋》之義，内大夫可以會諸侯，公不可以盟外大夫，所以明尊卑、定内外也。今齊國無君，要當有任其盟者，故不得不以權通。

［三］禮，君前臣名，齊無君，故大夫不名。

［四］變盟立小白。

（莊·九·三）

**夏，公伐齊納糾。**[一]

當可納而不納，齊變而後伐，故乾時之戰不諱敗，惡内也。[二]

［一］不言子糾而直云糾者，盟繫在於魯，故挈之也。《春秋》於

内公子爲大夫者乃記其奔，子糾不爲大夫，故不書其奔。鄭忽既受命嗣位，是以書其出。然則，重非嫡嗣，官非大夫，皆事例所略，故許叔、蔡季、小白、重耳通亦不書出。

［二］何休曰："三年溺會齊師伐衛，故貶而名之。四年公及齊人狩于郜，故卑之曰人。今親納讎子反惡其晚，恩義相違莫此之甚。"鄭君釋之曰："於讎不復則怨不釋，而魯釋怨，屢會仇讎，一貶其臣，一卑其君，亦足以責魯臣子，其餘則同，不復譏也。至於伐齊納糾，譏當可納而不納爾，此自正義，不相反也。"甯謂讎者無時而可與通，縱納之遲晚，又不能全保讎子，何足以惡内乎？然則，乾時之戰不諱敗，齊人取子糾殺之，皆不迂其文，正書其事。内之大惡不待貶絶，居然顯矣。二十四年公如齊親迎亦其類也。惡内之言，《傳》或失之。

(莊·九·四)

**齊小白入于齊。**

大夫出奔反，以好曰歸，[一] 以惡曰入。齊公孫無知弑襄公，公子糾、公子小白不能存，出亡。[二] 齊人殺無知而迎公子糾於魯，公子小白不讓公子糾，先入，又殺之于魯。故曰小白入于齊，惡之也。

［一］成十四年"衛孫林父自晉歸于衛"是也。

［二］子糾奔魯，小白奔莒。

(莊·九·五)

**秋七月丁酉，葬齊襄公。**[一]

［一］諸公子爭立，國亂，故危之。

（莊·九·六）

**八月庚申，及齊師戰于乾時，我師敗績。**［一］

［一］不言及者主名，内之卑者。乾時，齊地。

（莊·九·七）

**九月，齊人取子糾殺之。**［一］

外不言取，言取病内也。取，易辭也，猶曰取其子糾而殺之云爾。［二］十室之邑可以逃難，百室之邑可以隱死，以千乘之魯而不能存子糾，以公爲病矣。

［一］言子糾者，明其貴，宜爲君。

［二］猶言自齊之子糾，今取而殺之，言魯不能救護也。

（莊·九·八）

**冬，浚洙。**

浚洙者，深洙也，著力不足也。［一］

［一］畏齊難。

# 莊公十年

（莊·十·一）

**十年春王正月，公敗齊師于長勺。**[一]

不日，疑戰也。[二]疑戰而曰敗，勝内也。[三]

［一］長勺，魯地。

［二］疑戰者，言不尅日而戰，以詐相襲。

［三］勝内謂勝在内。

（莊·十·二）

**二月，公侵宋。**

侵時，此其月，何也？乃深其怨於齊，又退侵宋，以衆其敵，惡之故謹而月之。

（莊·十·三）

**三月，宋人遷宿。**

遷，亡辭也。[一]其不地，宿不復見也。[二]遷者，猶未失其國家以往者也。[三]

［一］爲人所遷則無復國家，故曰亡辭，閔二年齊人遷陽亦是也。

［二］國亡不復見，經不言滅者，言滅則弑其君、滅其宗廟社稷，就而有之，不遷其民。

［三］謂自遷者，僖元年邢遷于夷儀、成十五年許遷于葉之類是也。彼二《傳》曰"遷者，猶得其國家以往者也"，此《傳》

云“還者，猶未失其國家以往”，互文也。

（莊·十·四）

**夏六月，齊師、宋師次于郎。**

次，止也，畏我也。

（莊·十·五）

**公敗宋師于乘丘。**[一]

不日，疑戰也。疑戰而曰敗，勝内也。

［一］乘丘，魯地。

（莊·十·六）

**秋九月，荆敗蔡師于莘，**[一] **以蔡侯獻武歸。**

荆者，楚也。何爲謂之荆？狄之也。何爲狄之？聖人立必後至，天子弱必先叛，故曰荆，狄之也。蔡侯何以名也？[二] 絶之也。何爲絶之？獲也。中國不言敗，[三] 此其言敗，何也？中國不言敗，蔡侯其見獲乎？其言敗，何也？釋蔡侯之獲也，以歸猶愈乎執也。[四]

［一］莘，蔡地。

［二］據僖十五年秦獲晉侯不名。

［三］據宣十二年“晉荀林父帥師及楚子戰于邲，晉師敗績”，不言敗晉師。

［四］爲中國諱見執，故言以歸。

（莊·十·七）

**冬十月，齊師滅譚，譚子奔莒。**[一]

[一] 桓十一年鄭忽出奔衛，《傳》曰"其名，失國也"；十六年衛侯朔出奔齊，《傳》曰"朔之名，惡也"。然則，出奔書名有二義，譚子國滅不名，蓋無罪也。凡書奔者，責不死社稷；不言出者，國滅無所出也。他皆放此。

# 莊公十一年

(莊 · 十一 · 一)

**十有一年春王正月。**

(莊 · 十一 · 二)

**夏五月戊寅，公敗宋師于鄑。**[一]

内事不言戰，舉其大者。其日，成敗之也，[二]宋萬之獲也。

[一] 鄑，魯地。

[二] 結日列陣，不以詐相襲，得敗師之道，故曰成也。

(莊 · 十一 · 三)

**秋，宋大水。**

外災不書，此何以書？王者之後也。高下有水災曰大水。

(莊 · 十一 · 四)

**冬，王姬歸于齊。**

其志，過我也。

# 莊公十二年

(莊·十二·一)

**十有二年春王三月，紀叔姬歸于酅。**[一]

國而曰歸，此邑也，其曰歸，何也？吾女也，失國，喜得其所，故曰歸焉爾。[二]

［一］酅，紀邑也，紀季所用入于齊者。紀國既滅，故歸酅。

［二］江熙曰："四年齊滅紀不言滅而言大去者，義有所見爾，則國滅也。叔姬來歸不書，非歸寧，且非大歸也。叔姬守節積有年矣，紀季雖以酅入于齊，不敢懷貳。然襄公豺狼，未可闇信，桓公既立德行方，宣於天下，是以叔姬歸于酅，魯喜其女得申其志。"

(莊·十二·二)

**夏四月。**

(莊·十二·三)

**秋八月甲午，宋萬弒其君捷，**[一]

宋萬，宋之卑者也，卑者以國氏。

**及其大夫仇牧。**

以尊及卑也，仇牧閑也。[二]

［一］捷，宋閔公。

［二］仇牧扞衛其君，故見殺也。桓二年《傳》曰："臣既死，君不忍稱其名。"今仇牧書名，則知宋君先弑。

(莊·十二·四)

**冬十月，宋萬出奔陳。**[一]

［一］宋久不討賊，致令得奔，故謹而月之。

# 莊公十三年

(莊·十三·一)

**十有三年春，齊人、宋人、陳人、蔡人、郲人會于北杏。**[一]

是齊侯、宋公也，其曰人，何也？始疑之。何疑焉？桓非受命之伯也，將以事授之者也。[二]曰可矣乎？未乎？[三]舉人，衆之辭也。[四]

[一] 北杏，齊地。

[二] 言諸侯將權時推齊侯使行伯事。

[三] 邵曰："疑齊桓雖非受命之伯，諸侯推之，便可以爲伯乎？未也。"

[四] 稱人，言非王命，衆授之以事。

(莊·十三·二)

**夏六月，齊人滅遂。**

遂，國也。其不日，微國也。

(莊·十三·三)

**秋七月。**

(莊·十三·四)

**冬，公會齊侯盟于柯。**[一]

曹劌之盟也，信齊侯也。[二]桓盟雖内與不日，信也。[三]

［一］柯，齊地。

［二］曹劌之盟經傳無文，蓋有信者也。《公羊傳》曰："要盟可犯而桓公不欺，曹子可讎而桓公不怨，桓公之信著於天下自柯之盟始。"

［三］公盟例日，外諸侯盟例不日，桓大信遠著，故雖公與盟猶不日。

# 莊公十四年

(莊·十四·一)

**十有四年春，齊人、陳人、曹人伐宋。**

(莊·十四·二)

**夏，單伯會伐宋。**

會，事之成也。[一]

[一] 伐事已成，單伯乃至。

(莊·十四·三)

**秋七月，荆入蔡。**

荆者，楚也。其曰荆，何也？州舉之也。州不如國，[一] 國不如名，[二] 名不如字。[三]

[一] 言荆不如言楚。

[二] 言楚不如言介葛盧。

[三] 言介葛盧不如言邾儀父。

(莊·十四·四)

**冬，單伯會齊侯、宋公、衛侯、鄭伯于鄄。**[一]

復同會也。[二]

[一] 鄄，衛地。

[二] 諸侯欲推桓以爲伯，故復同會于此以謀之。

# 莊公十五年

(莊 · 十五 · 一)

**十有五年春，齊侯、宋公、陳侯、衛侯、鄭伯會于鄄。**

復同會也。[一]

［一］爲欲推桓爲伯，故復會於此。

(莊 · 十五 · 二)

**夏，夫人姜氏如齊。**

婦人既嫁不踰竟，踰竟非禮也。

(莊 · 十五 · 三)

**秋，宋人、齊人、邾人伐郳。**[一]

［一］宋主兵，故序齊上也。班序上下以國大小爲次，夷狄在下，征伐則以主兵爲先，《春秋》之常也。他皆放此。

(莊 · 十五 · 四)

**鄭人侵宋。**

(莊 · 十五 · 五)

**冬十月。**

## 莊公十六年

(莊·十六·一)

**十有六年春王正月。**

(莊·十六·二)

**夏，宋人、齊人、衛人伐鄭。**

(莊·十六·三)

**秋，荆伐鄭。**

(莊·十六·四)

**冬十有二月，會齊侯、宋公、陳侯、衛侯、鄭伯、許男、曹伯、滑伯、滕子同盟于幽。**[一]

同者，有同也，同尊周也。不言公，外内寮一疑之也。[二]

[一] 幽，宋地。

[二] 十三年春會于北杏，諸侯俱疑齊桓非受命之伯，欲共以事推之，可乎？今于此年諸侯同共推桓，而魯與齊讎，外内同一疑公可事齊不。會不書“公”，以著疑焉。同官爲寮，謂諸侯也。至二十七年同盟于幽，遂伯齊侯。

(莊·十六·五)

**郲子克卒。**

其曰子，進之也。[一]

［一］附齊而尊周室，王命進其爵。

# 莊公十七年

(莊 · 十七 · 一)

**十有七年春，齊人執鄭詹。**

人者，衆辭也。以人執，與之辭也。[一]鄭詹，鄭之卑者。卑者不志，此其志，何也？以其逃來志之也。逃來則何志焉？將有其末，不得不録其本也。[二]鄭詹，鄭之佞人也。

［一］與令得執。

［二］末謂逃來。

(莊 · 十七 · 二)

**夏，齊人殲于遂。**

殲者，盡也。然則曷爲不言遂人？盡齊人也，無遂之辭也。無遂則何爲言遂？其猶存遂也。[一]存遂奈何？曰：齊人滅遂，使人戍之，遂之因氏飲戍者酒而殺之，齊人殲焉。此謂狎敵也。[二]

［一］以其能殺齊戍，故若遂之存。

［二］狎猶輕也。

(莊 · 十七 · 三)

**秋，鄭詹自齊逃來。**

逃義曰逃。[一]

［一］齊稱人以執，是執有罪也。執得其罪，故曰義也。今而逃之，是逃義也。

（莊·十七·四）

**冬，多麋。**［一］

［一］《京房易傳》曰：“廢正作淫，爲火不明，則國多麋。”

# 莊公十八年

(莊·十八·一)

**十有八年春王三月，日有食之。**

不言日，不言朔，夜食也。何以知其夜食也？曰：王者朝日，[一]故雖爲天子必有尊也，貴爲諸侯必有長也，故天子朝日、諸侯朝朔。

［一］《王制》曰："天子玄冕而朝日於東門之外。"故日始出而有虧傷之處，是以知其夜食也。何休曰："《春秋》不言月食日者，以其無形故闕疑，其夜食何緣書乎？"鄭君釋之曰："一日一夜合爲一日，今朔日日始出，其食虧傷之處未復，故知此日以夜食〔一〕。夜食則亦屬前月之晦，故穀梁子不以爲疑。"

(莊·十八·二)

**夏，公追戎于濟西。**

其不言戎之伐我，何也？以公之追之，不使戎邇於我也。[一]于濟西者，大之也。何大焉？爲公之追之也。[二]

［一］邇猶近也，不使戎得逼近於我，故若入竟望風退走。

［二］言戎遠來至濟西，必大有徒衆，以公自追之，知其審然。

(莊·十八·三)

**秋，有蜮。**[一]

---

〔一〕故知此日以夜食　"日"，十行本、阮刻本作"自"。

一有一亡曰有。蜮，射人者也。

［一］蜮，短狐也，蓋含沙射人。《京房易傳》曰:“忠臣進善，君不識，厥咎國生蜮。”

(莊 · 十八 · 四)

**冬十月。**

# 莊公十九年

（莊·十九·一）

**十有九年春王正月。**

（莊·十九·二）

**夏四月。**

（莊·十九·三）

**秋，公子結媵陳人之婦于鄄，遂及齊侯、宋公盟。**

媵，淺事也，不志，此其志，何也？辟要盟也。[一]何以見其辟要盟也？媵，禮之輕者也；盟，國之重也。以輕事遂乎國重，無説。[二]其曰陳人之婦，略之也。[三]其不日，數渝，惡之也。

［一］魯實使公子結要二國之盟，欲自託於大國，未審得盟與不，故以媵婦爲名，得盟則盟，不則止，此行有辭也。

［二］以輕遂重，無他異説，故知辟要盟耳。

［三］但爲遂事假録媵事耳，故略言陳人之婦，不處其主名。

（莊·十九·四）

**夫人姜氏如莒。**

婦人既嫁不踰竟，踰竟非正也。

（莊·十九·五）

**冬，齊人、宋人、陳人伐我西鄙。**

其曰鄙，遠之也。其遠之，何也？不以難邇我國也。

## 莊公二十年

(莊·二十·一)

**二十年春王二月，夫人姜氏如莒。**[一]

婦人既嫁不踰竟，踰竟非正也。

[一]夫人比年如莒，過而不改，無禮尤甚，故謹而月之。

(莊·二十·二)

**夏，齊大災。**

其志，以甚也。[一]

[一]外災不志。甚謂災及人也。外災例時。

(莊·二十·三)

**秋七月。**

(莊·二十·四)

**冬，齊人伐我。**

# 莊公二十一年

(莊・二十一・一)

**二十有一年春王正月。**

(莊・二十一・二)

**夏五月辛酉，鄭伯突卒。**

(莊・二十一・三)

**秋七月戊戌，夫人姜氏薨。**

婦人弗目也。[一]

［一］鄭嗣曰："弗目謂不目言其地也。婦人無外事，居有常所，故薨不書地。僖元年《傳》曰'夫人薨不地'，此言'弗目'，蓋互辭爾。定九年得寶玉、大弓，《傳》曰'弗目，羞也'，蓋此類也。"江熙曰："文姜有弒公之逆而弗目其罪。"

(莊・二十一・四)

**冬十有二月，葬鄭厲公。**

# 莊公二十二年

(莊·二十二·一)

**二十有二年春王正月，肆大眚。**

肆，失也。眚，災也。[一]災紀也，失故也，[二]爲嫌天子之葬也。[三]

[一]《易》稱“赦過宥罪”，《書》稱“眚災肆赦”，經稱“肆大眚”，皆放赦罪人。蕩滌衆，故有時而用之，非經國之常制。

[二]災謂罪惡；紀，治理也。有罪當治理之，今失之者，以文姜之故。

[三]文姜罪應誅絶，誅絶之罪不葬，若不赦除衆惡而書葬者，嫌天子許之，明須赦而後得葬。

(莊·二十二·二)

**癸丑，葬我小君文姜。**

小君非君也，[一]其曰君，何也？以其爲公配，可以言小君也。

[一]不治其民。

(莊·二十二·三)

**陳人殺其公子禦寇。**[一]

言公子而不言大夫，公子未命爲大夫也。其曰公子，何也？公子之重視大夫，[二]命以執公子。[三]

［一］禦寇，宣公之子。

［二］視，比。

［三］大夫既命，得執公子之禮。一本：大夫命以視公子。

(莊·二十二·四)

**夏五月。**［一］

［一］以五月首時，甯所未詳。

(莊·二十二·五)

**秋七月丙申，及齊高傒盟于防。**

不言公，高傒伉也。［一］

［一］書日則公盟也，高傒驕伉，與公敵體，恥之，故不書公。

(莊·二十二·六)

**冬，公如齊納幣。**

納幣，大夫之事也。禮有納采，［一］有問名，［二］有納徵，［三］有告期，［四］四者備而後娶，禮也。公之親納幣非禮也，故譏之。［五］

［一］采擇女之德性也。其禮用鴈爲贄者，取順陰陽往來。

［二］問女名而卜之，知吉凶也，其禮如納采。

［三］徵，成也，納幣以成婚。

［四］告迎期。

［五］公母喪未再朞而圖婚，《傳》無譏文，但譏親納幣者，喪婚不待貶絶而罪惡見。

# 莊公二十三年

(莊·二十三·一)

**二十有三年春，公至自齊。**

(莊·二十三·二)

**祭叔來聘。**[一]

其不言使，何也？天子之内臣也，不正其外交，故不與使也。[二]

[一] 祭叔，天子寰内諸侯。叔，名。

[二] 何休曰："南季、宰渠伯糾、家父、宰周公來聘皆稱使，獨于此奪之，何也？"鄭君釋之曰："諸稱使者，是奉王命，其人無自來之意。今祭叔不一心於王而欲外交，不得王命來，故去使以見之。"

(莊·二十三·三)

**夏，公如齊觀社。**

常事曰視，[一]非常曰觀。觀，無事之辭也，[二]以是爲尸女也。[三]無事不出竟。

[一] 視朔是也。

[二] 言無朝會之事。

[三] 尸，主也，主爲女往爾，以觀社爲辭。

（莊·二十三·四）

**公至自齊**。

公如，[一]往時正也，[二]致月故也；如，往月致月，有懼焉爾。

［一］陳公行例。

［二］正謂無危懼也，皆放此。

（莊·二十三·五）

**荊人來聘**。

善累而後進之。其曰人，何也？舉道不待再。[一]

［一］明聘問之禮、朝宗之道非夷狄之所能，故一舉而進之。

（莊·二十三·六）

**公及齊侯遇于穀**。

及者，内爲志焉爾。遇者，志相得也。

（莊·二十三·七）

**蕭叔朝公**。

微國之君未爵命者。其不言來，於外也。[一]朝於廟，正也；於外，非正也。

［一］言於穀朝公也。

(莊·二十三·八)

**秋，丹桓宮楹。**[一]

禮，天子、諸侯黝堊，[二]大夫倉，士黈。[三]丹楹，非禮也。

[一]楹，柱。

[二]黝堊，黑色。

[三]黈，黄色。

(莊·二十三·九)

**冬十有一月，曹伯射姑卒。**

(莊·二十三·十)

**十有二月甲寅，公會齊侯盟于扈。**[一]

[一]桓盟不日，此盟日者，前公如齊觀社，《傳》曰"觀，無事之辭，以是爲尸女也"，公怠棄國政，比行犯禮，憂危甚矣。霸主降心，親與之盟，實有弘濟之功，而魯得免於罪，臣子所慶莫重於此。時事所重，文亦宜詳，故特謹日以著之。

# 莊公二十四年

(莊 · 二十四 · 一)

**二十有四年春王三月，刻桓宮桷。**

禮，天子之桷，斲之礱之，加密石焉；[一] 諸侯之桷，斲之礱之；大夫斲之；士斲本。刻桷，非正也。夫人所以崇宗廟也，取非禮與非正而加之於宗廟以飾夫人，非正也。[二] 刻桓宮桷、丹桓宮楹，斥言桓宮，以惡莊也。[三]

［一］以細石磨之。

［二］非禮謂娶讎女，非正謂刻桷丹楹也。本非宗廟之宜，故曰加。言將親迎，欲爲夫人飾，又非正也。

［三］不言新宮而謂之桓宮，以桓見殺於齊，而飾其宗廟以榮讎國之女〔一〕，惡莊不子。

(莊 · 二十四 · 二)

**葬曹莊公。**

(莊 · 二十四 · 三)

**夏，公如齊逆女。**

親迎，恒事也，不志，此其志，何也？不正其親迎於齊也。

〔一〕而飾其宗廟以榮讎國之女　“廟”，底本作“朝”，《古逸叢書》本同，據十行本、元十行本、阮刻本改。

（莊·二十四·四）

**秋，公至自齊。**

迎者，行見諸，舍見諸，[一]先至，非正也。

［一］諸，之也，言瞻望夫人乘車。

（莊·二十四·五）

**八月丁丑，夫人姜氏入。**[一]

入者，内弗受也。日入，惡入者也。何用不受也？以宗廟弗受也。其以宗廟弗受，何也？娶仇人子弟以薦舍於前，其義不可受也。[二]

［一］哀姜。

［二］薦進舍置。

（莊·二十四·六）

**戊寅，大夫宗婦覿用幣。**[一]

覿，見也。禮，大夫不見夫人。不言及，不正其行婦道，故列數之也。男子之贄羔、鴈、雉、腒，[二]婦人之贄棗、栗、鍛、脩，[三]用幣非禮也。用者，不宜用者也。大夫，國體也，[四]而行婦道，惡之故謹而日之也。

［一］宗婦，同宗大夫之婦。

［二］贄，所以至者也。上大夫用羔，取其從群帥而不黨也；下大夫用鴈，取其知時飛翔，有行列也；士冬用雉、夏用腒，取其耿介，交有時、别有倫也。腒，腊也。雉必用死，爲其不

可生服也。夏用腒，備腐臭也。

［三］棗取其早，自矜莊。栗取其敬栗。鍛、脩取斷斷自脩整。

［四］國體謂爲君股肱。

(莊·二十四·七)

**大水。**

(莊·二十四·八)

**冬，戎侵曹，曹羈出奔陳，赤歸于曹郭公。**

赤蓋郭公也，何爲名也？禮，諸侯無外歸之義，外歸非正也。[一]

［一］徐乾曰："郭公，郭國之君也，名赤，蓋不能治其國，舍而歸于曹。君爲社稷之主，承宗廟之重，不能安之而外歸他國，故但書名以罪而懲之。不直言赤〔一〕，復云郭公者，恐不知赤者是誰，將若魯之微者故也。以郭公著上者，則是諸侯失國之例，是無以見微之義〔二〕。"

〔一〕不直言赤 《校勘記》：段玉裁云"不"字疑衍。

〔二〕是無以見微之義 《校勘記》：段玉裁云"微"當爲"懲"。

## 莊公二十五年

(莊·二十五·一)

**二十有五年春，陳侯使女叔來聘。**[一]

其不名，何也？[二]天子之命大夫也。

[一]女，氏；叔，字。

[二]據成三年晉侯使荀庚來聘稱名。

(莊·二十五·二)

**夏五月癸丑，衛侯朔卒。**[一]

[一]惠公也。犯逆失德，故不書葬。

(莊·二十五·三)

**六月辛未朔，日有食之，**

言日言朔，食正朔也。

**鼓用牲于社。**

鼓，禮也；用牲，非禮也。天子救日，置五麾，陳五兵、五鼓；[一]諸侯置三麾，陳三鼓、三兵；大夫擊門；士擊柝。言充其陽也。[二]

[一]麾，旌幡也。五兵，矛、戟、鉞、楯、弓矢。

[二]凡有聲皆陽事，以壓陰氣。柝，兩木相擊，充實也。

(莊·二十五·四)

**伯姬歸于杞。**

其不言逆，何也？逆之道微，無足道焉爾。

(莊·二十五·五)

**秋，大水，鼓，用牲于社于門。**[一]

高下有水災曰大水。既戒鼓而駭衆，用牲可以已矣。救日以鼓兵，救水以鼓衆。

［一］門，國門也。

(莊·二十五·六)

**冬，公子友如陳。**

# 莊公二十六年

（莊·二十六·一）

**二十有六年春，公伐戎。**

（莊·二十六·二）

**夏，公至自伐戎。**

（莊·二十六·三）

**曹殺其大夫。**

言大夫而不稱名姓，無命大夫也。無命大夫而曰大夫，賢也，爲曹羈崇也。[一]

［一］徐邈曰："于時微國衰陵，不能及禮，其大夫降班失位，下同於士，故略稱人，而《傳》謂之無命大夫也。莒慶、莒挐、邾庶其、邾快皆特以事書，非實能貴，故略名而已。楚雖荆蠻，漸自通于諸夏，故莊二十三年書'荆人來聘'，文九年又褒而書名，國轉彊大，書之益詳。然當僖公、文公之世，楚猶未能自同于列國，故得臣及椒並略名，惟屈完來會諸侯以殊禮成之。楚莊王之興，爲江漢盟主，與諸夏之君權行抗禮，其勢彊于當年，而事交於内外，故《春秋》書之，遂從中國之例。夫政俗隆替存乎其人，三后之姓日失其序，而諸國乘間與之代興，因詳略之文則可以見時事之實矣。秦爵伯也，上據西周班列中夏，故得稱師。有大夫，其大夫當名氏，而文十二年秦術略名，蓋于時晉主魯盟而秦方敵晉，則

魯之于秦情好疏矣。禮以飾情，情疏則禮略，《春秋》所以略文乎？又吳札不書氏，以成尊于上也；宋之盟叔孫豹不書氏，以著其能恭。此皆因事而爲義。”

(莊 · 二十六 · 四)

**秋，公會宋人、齊人伐徐。**

(莊 · 二十六 · 五)

**冬十有二月癸亥朔，日有食之。**

# 莊公二十七年

(莊·二十七·一)

**二十有七年春，公會杞伯姬于洮。**[一]

［一］伯姬，莊公女。洮，魯地。

(莊·二十七·二)

**夏六月，公會齊侯、宋公、陳侯、鄭伯同盟于幽。**

同者，有同也，同尊周也，於是而後授之諸侯也。其授之諸侯，何也？齊侯得衆也。桓會不致，安之也；桓盟不日，信之也。信其信，仁其仁。衣裳之會十有一，未嘗有歃血之盟也，信厚也；[一]兵車之會四，未嘗有大戰也，愛民也。[二]

［一］十三年會北杏，十四年會鄄，十五年又會鄄，十六年會幽，二十七年又會幽，僖元年會檉，二年會貫，三年會陽穀，五年會首戴，七年會寧毋，九年會葵丘。

［二］僖八年會洮，十三年會鹹，十五年會牡丘，十六年會淮。於末年乃言之。不道侵蔡伐楚者，方書其盛，不道兵車也，此則以兵車會而不用征伐。

(莊·二十七·三)

**秋，公子友如陳葬原仲**〔一〕**。**[一]

〔一〕公子友如陳葬原仲　“友”，底本作“友”，白文本、《古逸叢書》本同，下文“友”“友”錯出。十行本、元十行本、阮刻本皆作“友”。《左傳》《公羊》作“友”。按文義當以作“友”爲是，據改，後不出注説明。

言葬不言卒，不葬者也。[二]不葬而曰葬，諱出奔也。[三]

［一］原仲，陳大夫。原，氏；仲，字。

［二］外大夫例不書卒。

［三］言季友辟内難而出，以葬原仲爲辭。

(莊·二十七·四)

**冬，杞伯姬來。**[一]

［一］歸寧。

(莊·二十七·五)

**莒慶來逆叔姬。**[一]

諸侯之嫁子於大夫，主大夫以與之。[二]來者，接内也。不正其接内，故不與夫婦之稱也。[三]

［一］慶，名也，莒大夫也。叔姬，莊公女。《禮·檀弓記》曰："陳莊子死，赴於魯，魯人欲勿哭。繆公召縣子而問焉，縣子曰：'古之大夫束脩之問不出竟，雖欲哭之，安得而哭之？今之大夫交政於中國，雖欲勿哭，安得而勿哭？'"則大夫越竟逆女非禮也。董仲舒曰："大夫無束脩之餽，無諸侯之交，越竟逆女，紀罪之。"

［二］君不敵臣。

［三］接内謂與君爲禮也。夫婦之稱，當言逆女。

(莊·二十七·六)

**杞伯來朝。**[一]

［一］杞稱伯，蓋時王所絀。

（莊·二十七·七）

**公會齊侯于城濮。**[一]

［一］城濮，衛地。

# 莊公二十八年

(莊·二十八·一)

**二十有八年春王三月甲寅，齊人伐衛，衛人及齊人戰，衛人敗績。**

於伐與戰。安戰也？[一]戰衛。戰則是師也，其曰人，何也？微之也。何爲微之也？今授之諸侯，而後有侵伐之事，故微之也。其人衛，何也？以其人齊，不可不人衛也。[二]衛小齊大，其以衛及之，何也？以其微之，可以言及也。其稱人以敗，何也？不以師敗於人也。[三]

［一］問在何處戰。

［二］齊桓始受方伯之任，未能信著鄰國，致有侵伐之事，貶師稱人以微之也。人不可以敵于師，師不可以與人戰，故亦以衛師爲人，衛非有罪。

［三］人輕而師重。

(莊·二十八·二)

**夏四月丁未，邾子瑣卒。**

(莊·二十八·三)

**秋，荆伐鄭。**

荆者楚也，其曰荆，州舉之也。

(莊·二十八·四)

**公會齊人、宋人救鄭。**

善救鄭也。

（莊·二十八·五）

**冬，築微。**[一]

山林藪澤之利，所以與民共也，虞之非正也。[二]

［一］微，魯邑。

［二］虞，典禽獸之官，言規固而築之，又置官司以守之，是不與民共同利也。築不志，凡志皆譏也。築例時。

（莊·二十八·六）

**大無麥禾。**

大者，有顧之辭也，於無禾及無麥也。[一]

［一］一災不書，於冬無禾而後顧録無麥，故言大，明不收甚。

（莊·二十八·七）

**臧孫辰告糴于齊。**[一]

國無三年之畜曰國非其國也。一年不升，告糴諸侯。告，請也；糴，糴也。不正，故舉臧孫辰，以爲私行也。[二]國無九年之畜曰不足，無六年之畜曰急，無三年之畜曰國非其國也。諸侯無粟，諸侯相歸粟，正也。臧孫辰告糴于齊，告然後與之，言内之無外交也。古者税十一，[三]豐年補敗，[四]不外求而上下皆足也。雖累凶年，民弗病也。一年不艾而百姓饑，君子非之。不言如，爲内諱也。

［一］臧孫辰，魯大夫臧文仲。

［二］爲内諱，故不稱使，使若私行。

［三］宣十五年注詳矣。

［四］敗謂凶年。

# 莊公二十九年

(莊·二十九·一)

**二十有九年春，新延廄。**

延廄者，法廄也。[一]其言新，有故也。[二]有故則何爲書也？古之君人者，必時視民之所勤，民勤於力則功築罕，[三]民勤於財則貢賦少，民勤於食則百事廢矣。[四]冬築微，春新延廄，以其用民力爲已悉矣。[五]

［一］《周禮》："天子十二閑，馬六種；邦國六閑，馬四種；每廄一閑。"言法廄者，六閑之舊制也。

［二］言改故而新之。

［三］罕，希。

［四］凶荒殺禮。

［五］悉，盡。

(莊·二十九·二)

**夏，鄭人侵許。**

(莊·二十九·三)

**秋，有蜚。**[一]

一有一亡曰有。

［一］《穀梁》說曰："蜚者，南方臭惡之氣所生也，象君臣淫泆有臭惡之行。"

（莊 · 二十九 · 四）

**冬十有二月，紀叔姬卒。**[一]

［一］紀國雖滅，叔姬執節守義，故繫之紀，賢而錄之。

（莊 · 二十九 · 五）

**城諸及防。**[一]

可城也，以大及小也。[二]

［一］諸、防皆魯邑。

［二］《傳》例曰："凡城之志皆譏。"今云可者，謂冬可用城，不妨農役耳，不謂作城無譏。

# 莊公三十年

(莊・三十・一)

**三十年春王正月。**

(莊・三十・二)

**夏，師次于成。**

次，止也，有畏也，欲救鄣而不能也。不言公，恥不能救鄣也。[一]

[一] 畏齊。

(莊・三十・三)

**秋七月，齊人降鄣。**

降猶下也。鄣，紀之遺邑也。

(莊・三十・四)

**八月癸亥，葬紀叔姬。**

不日卒而日葬，閔紀之亡也。

(莊・三十・五)

**九月庚午朔，日有食之，鼓，用牲于社。**[一]

[一] 救日用牲既失之矣，非正陽之月而又伐鼓亦非禮。

（莊·三十·六）

**冬，公及齊侯遇于魯濟。**[一]

及者，内爲志焉爾。遇者，志相得也。

［一］濟，水名。

（莊·三十·七）

**齊人伐山戎。**

齊人者，齊侯也。其曰人，何也？愛齊侯乎山戎也。[一]其愛之，何也？桓内無因國，外無從諸侯，而越千里之險北伐山戎，危之也。[二]則非之乎？善之也。[三]何善乎爾？燕，周之分子也，[四]貢職不至，山戎爲之伐矣。[五]

［一］不以齊侯敵乎山戎，故稱人。

［二］内無因緣山戎左右之國爲内間者；外無諸侯者，不煩役寮國。

［三］遠伐山戎雖危，勤王職貢則善。

［四］燕，周大保召康公之後，成王所封。分子，謂周之别子孫也。

［五］言由山戎爲害，伐擊燕，使之隔絶於周室。

# 莊公三十一年

(莊·三十一·一)

**三十有一年春，築臺于郎。**

(莊·三十一·二)

**夏四月，薛伯卒。**

(莊·三十一·三)

**築臺于薛。**[一]

[一] 薛，魯地。

(莊·三十一·四)

**六月，齊侯來獻戎捷。**[一]

齊侯來獻捷者，内齊侯也。不言使，内與同，不言使也。[二] 獻戎捷，軍得曰捷，戎菽也。[三]

[一] 獻，下奉上之辭也。《春秋》尊魯，故曰獻。

[二] 泰曰："齊桓内救中國，外攘夷狄，親倚之情，不以齊爲異國，故不稱使，若同一國也。"

[三] 菽，豆。

(莊·三十一·五)

**秋，築臺于秦。**[一]

不正罷民三時，虞山林藪澤之利，且財盡則怨、力盡則懟，[二] 君子危之，故謹而志之也。或曰：倚諸桓也。桓外無諸侯之變，内無國事，越千里之險北伐山戎，爲燕辟地。[三] 魯外無諸侯之變，内無國事，一年罷民三時，虞山林藪澤之利，惡内也。[四]

[一] 秦，魯地。

[二] 懟，恚恨也。

[三] 辟，開。

[四] 譏公依倚齊桓而與桓行異。

(莊 · 三十一 · 六)

**冬，不雨。**

# 莊公三十二年

(莊·三十二·一)

**三十有二年春，城小穀。**[一]

[一] 小穀，魯邑。

(莊·三十二·二)

**夏，宋公、齊侯遇于梁丘。**

遇者，志相得也。梁丘在曹、邾之間，去齊八百里，非不能從諸侯而往也。辭所遇，遇所不遇，大齊桓也。[一]

[一] 辭所遇，謂八百里間諸侯必有願從者而辭之；遇所不遇，謂遠遇宋公也。

(莊·三十二·三)

**秋七月癸巳，公子牙卒。**[一]

[一] 牙，慶父同母弟。何休曰："《傳》例：'大夫不日卒，惡也。'牙與慶父共淫哀姜、謀殺子般而日卒，何也？"鄭君釋之曰："牙，莊公母弟，不言弟，其惡已見，不待去日矣。"甯案：《傳》例"諸侯之尊，弟兄不得以屬通[一]"，蓋以禮諸侯絶朞

〔一〕弟兄不得以屬通 "兄"，底本作"也"，十行本、阮刻本作"兄"。按傳例則當以"弟兄不得以屬通"爲是，據改。

而臣諸父、昆弟，稱昆弟則是申其私親也。宣十七年公弟叔肸卒，《傳》曰“其曰公弟叔肸，賢之也”。然則，不稱弟自其常例耳。鄭君之說，甯所未詳。

（莊·三十二·四）

**八月癸亥，公薨于路寢。**[一]

路寢，正寢也。寢疾居正寢，正也。男子不絕于婦人之手，以齊終也。[二]

［一］公薨皆書其所，謹凶變。

［二］齊，挈。

（莊·三十二·五）

**冬十月乙未，子般卒。**[一]

子卒日，正也；[二]不日，故也。[三]有所見則日。[四]

［一］在喪故稱子。般，其名也，莊公大子。不書弒，諱也。

［二］“襄三十一年秋九月癸巳子野卒”是也。

［三］“文十八年冬十月子赤卒”是也。

［四］閔公不書即位，是見繼弒者也。故慶父弒子般，子般可以日卒，不待不日而顯。

（莊·三十二·六）

**公子慶父如齊。**

此奔也，其曰如，何也？[一]諱莫如深，深則隱。[二]苟有所見，莫如深也。[三]

[一] 據閔二年慶父奔莒不言如。

[二] 深謂君弑賊奔，隱痛之至也。故子般日卒，慶父如齊。

[三] 閔公不書即位，見子般之弑、慶父出奔。

(莊 · 三十二 · 七)

**狄伐邢。**

# 春秋穀梁傳集解閔公第四

# 春秋穀梁傳集解閔公第四

范　甯　集解

## 閔公元年

(閔·元·一)

**元年春王正月。**

繼弑君不言即位，正也。親之非父也，[一] 尊之非君也，[二] 繼之如君父也者，受國焉爾。

［一］兄也。

［二］未踰年也。

(閔·元·二)

**齊人救邢。**

善救邢也。[一]

［一］善齊桓得伯之道。

(閔·元·三)

**夏六月辛酉，葬我君莊公。**

莊公葬而後舉謚，謚所以成德也，於卒事乎加之矣。

（閔·元·四）

**秋八月，公及齊侯盟于洛姑。**[一]

盟納季子也。

［一］洛姑，齊地。

（閔·元·五）

**季子來歸。**

其曰季子，貴之也。[一]其曰來歸，喜之也。[二]

［一］大夫稱名氏，今曰子，是貴之也。子，男子之美稱。

［二］大夫出使歸不書，執然後致，不言歸。國内之人不曰來，今言來者，明本欲遂去，同他國之人也。言歸者，明實魯人也。喜之者，季子賢大夫，以亂故出奔，國人思之，懼其遂去不反，今得其還，故皆喜曰季子來歸。

（閔·元·六）

**冬，齊仲孫來。**

其曰齊仲孫，外之也。[一]其不目而曰仲孫，疏之也。[二]其言齊，以累桓也。[三]

［一］魯絶之，故繫之于齊。

［二］不目謂不言公子慶父。

［三］繫仲孫於齊，言桓容赦有罪。

# 閔公二年

(閔·二·一)

**二年春王正月，齊人遷陽。**

(閔·二·二)

**夏五月乙酉，吉禘于莊公。**[一]

吉禘者，不吉者也，喪事未畢而舉吉祭，故非之也。[二]

[一] 三年喪畢，致新死者之主於廟，廟之遠主當遷入大祖之廟，因是大祭，以審昭穆，謂之禘。莊公喪制未闋，時别立廟，廟成而吉祭，又不於大廟，故詳書以示譏。

[二] 莊公薨至此方二十二月，喪未畢。

(閔·二·三)

**秋八月辛丑，公薨。**

不地，故也。其不書葬，不以討母葬子也。[一]

[一] 凡君弑賊討則書葬，哀姜實被討而不書葬者，不以討母葬子。

(閔·二·四)

**九月，夫人姜氏孫于邾。**[一]

孫之爲言猶孫也，諱奔也。

[一] 哀姜與弑閔公，故出奔。

（閔·二·五）

**公子慶父出奔莒。**

其曰出，絶之也，慶父不復見矣。[一]

［一］慶父弑子般、閔公不書弑，諱之。

（閔·二·六）

**冬，齊高子來盟。**

其曰來，喜之也。其曰高子，貴之也，盟立僖公也。不言使，何也？[一]不以齊侯使高子也。[二]

［一］據桓十四年鄭伯使其弟禦來盟言使。

［二］齊侯不討慶父，使魯重罹其禍，今若高子自來，非齊侯所得使也，猶屈完不稱使也。江熙曰："魯頻弑君，僖公非正也。桓公遣高傒立僖公以存魯，魯人德之，不名其使以貴之，貴其使則其主重矣。"

（閔·二·七）

**十有二月，狄入衛。**[一]

［一］僖公二年城楚丘以封衛，則衛爲狄所滅明矣。不言滅而言入者，《春秋》爲賢者諱。齊桓公不能攘夷狄、救中國，故爲之諱。

（閔·二·八）

**鄭棄其師。**

惡其長也，兼不反其衆，則是棄其師也。[一]

［一］長謂高克也。高克好利，不顧其君，文公惡而遠之，不能使高克將兵禦狄于竟，陳其師旅，翱翔河上，久而不召，衆將離散。高克進之不以禮，文公退之不以道，危國亡師之本。

# 春秋穀梁傳集解僖公第五

# 春秋穀梁傳集解僖公第五

范　甯　集解

## 僖公元年

（僖·元·一）

**元年春王正月。**

繼弒君不言即位，正也。

（僖·元·二）

**齊師、宋師、曹師次于聶北救邢。**[一]

救不言次，[二]言次非救也。[三]非救而曰救，何也？遂齊侯之意也。[四]是齊侯與？[五]齊侯也。何用見其是齊侯也？[六]曹無師，曹師者，曹伯也。[七]其不言曹伯，何也？以其不言齊侯，不可言曹伯也。其不言齊侯，何也？以其不足乎揚，不言齊侯也。[八]

［一］聶北，邢地。

［二］據莊六年王人子突救衛不言次。

［三］次，止也。救，赴急之意。今方停止，故知非救也。

［四］錄其本意。

［五］怪其稱師。

［六］據經書“齊師”。

［七］小國君將稱君，卿將稱人，不得稱師，言師則是曹伯也。曹

君不可在師下，故知是齊侯。

［八］救不及事，不足稱揚。

（僖·元·三）

**夏六月，邢遷于夷儀。**[一]

遷者，猶得其國家以往者也。其地，邢復見也。[二]

［一］辟狄難。夷儀，邢地。

［二］非若宋人遷宿，滅不復見。

（僖·元·四）

**齊師、宋師、曹師城邢。**

是向之師也，使之如改事然，美齊侯之功也。[一]

［一］是向聶北之師，當言遂，今復列三國者，美齊桓存亡國。

（僖·元·五）

**秋七月戊辰，夫人姜氏薨于夷。**[一]

夫人薨不地，地故也。

［一］哀姜。

（僖·元·六）

**齊人以歸。**

不言以喪歸，非以喪歸也。加喪焉，諱以夫人歸也，[一]其以歸薨之也。[二]

［一］泰曰："齊人實以夫人歸，殺之于夷，諱故使若自行至夷，遇疾而薨，然後齊人以喪歸也。歸在薨前，而今在下，是加喪之文也。經不言以喪歸者，以本非以喪歸也。《傳》例曰：'以者，不以者也。'微旨見矣。"

［二］以歸然後殺之。

（僖·元·七）

**楚人伐鄭。**

（僖·元·八）

**八月，公會齊侯、宋公、鄭伯、曹伯、邾人于檉。**[一]

［一］檉，宋地。

（僖·元·九）

**九月，公敗邾師于偃。**[一]

不日，疑戰也。疑戰而曰敗，勝内也。

［一］偃，邾地。

（僖·元·十）

**冬十月壬午，公子友帥師敗莒師于麗，獲莒挐。**[一]

莒無大夫，其曰莒挐，何也？[二]以吾獲之，目之也。内不言獲，[三]此其言獲，何也？[四]惡公子之紿。[五]紿者奈何？公子友謂莒挐曰："吾二人不相説，士卒何罪？"屏左右而相搏，公子友處下，左右曰："孟勞。"孟勞者，魯

之寶刀也，公子友以殺之。然則何以惡乎紿也？[六]曰：棄師之道也。[七]

［一］麗，魯地。《傳》例曰："獲者，不與之辭。"

［二］據非大夫不書。

［三］獲者不與之辭，主善以内，故不言獲。

［四］據文十一年叔孫得臣敗狄于鹹不言獲長狄。

［五］紿，欺紿也。

［六］據得勝也。

［七］江熙曰："經書'敗莒師'，而《傳》云二人相搏，則師不戰，何以得敗？理自不通也。夫王赫斯怒，貴在爰整，子所慎三，戰居其一。季友令德之人，豈當舍三軍之整，佻身獨鬭，潛刃相害，以決勝負者哉？雖千載之事難明，然風味之所期，古猶今也。此又事之不然，《傳》或失之。"

(僖·元·十一)

**十有二月丁巳，夫人氏之喪至自齊。**

其不言姜，以其殺二子貶之也。[一]或曰：爲齊桓諱殺同姓也。

［一］二子：子般、閔公。

# 僖公二年

（僖·二·一）

**二年春王正月，城楚丘。**

楚丘者何？衛邑也。國而曰城，此邑也，其曰城，何也？[一]封衛也。[二]則其不言城衛，何也？衛未遷也。其不言衛之遷焉，何也？[三]不與齊侯專封也。其言城之者，專辭也，故非天子不得專封諸侯。諸侯不得專封諸侯，雖通其仁，以義而不與也。[四]故曰仁不勝道。[五]

［一］據元年齊師、宋師、曹師城邢。邢，國也。

［二］閔二年狄入衛，遂滅。

［三］據元年邢遷于夷儀言遷也。

［四］存衛是桓之仁，故通令城楚丘。義不可以專封，故不言遷衛。

［五］仁謂存亡國，道謂上下之禮。

（僖·二·二）

**夏五月辛巳，葬我小君哀姜。**

（僖·二·三）

**虞師、晉師滅夏陽。**

非國而曰滅，重夏陽也。虞無師，其曰師，何也？以其先晉，不可以不言師也。[一]其先晉，何也？[二]爲主乎滅夏陽也。夏陽者，虞、虢之塞邑也，[三]滅夏陽而虞、虢舉矣。虞之爲主乎滅夏陽，何也？晉獻公欲伐虢，荀息曰：“君何不以屈産之乘、垂棘之璧而借道乎虞也？”[四]公曰：“此晉國之寶也，如受吾幣而不借吾道，則如之何？”荀息曰：“此小國之所以事大國也，[五]彼不借吾道必不敢受吾幣，如受吾幣而借吾道，則是我取之中府而藏之外府、取之中廄而置之外廄也。”公曰：“宫之奇存焉，[六]必不使受之也。”荀息曰：“宫之奇之爲人也，達心而懦，[七]又少長於君。達心則其言略，[八]懦則不能彊諫，少長於君則君輕之。且夫玩好在耳目之前，而患在一國之後，此中知以上乃能慮之，臣料虞君中知以下也。”公遂借道而伐虢。宫之奇諫曰：“晉國之使者，其辭卑而幣重，必不便於虞。”虞公弗聽，遂受其幣而借之道。宫之奇諫曰：“語曰‘脣亡則齒寒’，其斯之謂與？”[九]挈其妻子以奔曹。獻公亡虢五年而後舉虞，荀息牽馬操璧而前曰：“璧則猶是也，而馬齒加長矣。”[一〇]

[一] 人不得居師上，貴賤之序。

[二] 據小不先大。

[三] 其地險要，故二國以爲塞邑。

[四] 荀息，晉大夫。屈邑産駿馬，垂棘出良璧。

[五] 此謂璧、馬之屬。

[六] 宫之奇，虞之賢大夫。

[七] 懦，弱。

[八] 明達之人言則舉綱領，要不言提其耳則愚者不悟。

[九] 語，諺言也。

[一〇] 猶是言如故。

（僖·二·四）

**秋九月，齊侯、宋公、江人、黄人盟于貫。**[一]

貫之盟，不期而至者江人、黄人也。江人、黄人者，遠國之辭也。中國稱齊、宋，遠國稱江、黄，以爲諸侯皆來至也。

［一］貫，宋地。

（僖·二·五）

**冬十月，不雨。**

不雨者，勤雨也。[一]

［一］言不雨，是欲得雨之心勤也，明君之恤民。

（僖·二·六）

**楚人侵鄭。**

# 僖公三年

（僖·三·一）

**三年春王正月，不雨。**

不雨者，勤雨也。

（僖·三·二）

**夏四月，不雨。**[一]

一時言不雨者，閔雨也。[二]閔雨者，有志乎民者也。

［一］一時不雨則書首月，不言旱不爲災。

［二］經一時輒言不雨，憂民之至。閔，憂也。

（僖·三·三）

**徐人取舒。**

（僖·三·四）

**六月，雨。**

雨云者，喜雨也。喜雨者，有志乎民者也。

（僖·三·五）

**秋，齊侯、宋公、江人、黄人會于陽穀。**[一]

陽穀之會，桓公委端搢笏而朝諸侯，[二]諸侯皆諭乎桓公之志。

［一］陽穀，齊地。

［二］委，委貌之冠也；端，玄端之服；搢，插也；笏，以記事者也。所謂衣裳之會。

（僖·三·六）

**冬，公子季友如齊莅盟。**[一]

莅者，位也。[二]其不日，前定也。不言及者，以國與之也。不言其人，亦以國與之也。

［一］《傳》例曰："莅，位也。"内之前定之盟謂之莅，外之前定之盟謂之來。

［二］盟誓之言素定，今但往其位而盟。

（僖·三·七）

**楚人伐鄭。**

# 僖公四年

（僖·四·一）

**四年春王正月，公會齊侯、宋公、陳侯、衛侯、鄭伯、許男、曹伯侵蔡，蔡潰。**[一]

潰之爲言上下不相得也。[二]侵，淺事也，侵蔡而蔡潰，以桓公爲知所侵也。[三]不土其地，不分其民，明正也。

**遂伐楚，次于陘。**[四]

遂，繼事也。次，止也。

［一］《傳》例曰"侵時"，而此月，蓋爲潰。

［二］君臣不和而自潰散。

［三］責得其罪，故裁侵而潰。

［四］楚彊，齊欲綏之以德，故不速進而次于陘。陘，楚地。

（僖·四·二）

**夏，許男新臣卒。**[一]

諸侯死於國不地，死於外地，死於師何爲不地？[二]内桓師也。[三]

［一］十四年冬蔡侯肸卒，《傳》曰："諸侯時卒，惡之也。"宣九年辛酉晉侯黑臀卒于扈，《傳》曰："其地，于外也。其日，未踰竟也。"然則新臣卒于楚，故不日耳，非惡也。

［二］據宣九年晉侯黑臀卒于扈地。

［三］齊桓威德洽著，諸侯安之，雖卒於外，與其在國同。

（僖·四·三）

**楚屈完來盟于師，盟于召陵。**[一]

楚無大夫，[二]其曰屈完，何也？以其來會桓，成之爲大夫也。[三]其不言使，權在屈完也。[四]則是正乎？曰：非正也，[五]以其來會諸侯重之也。[六]來者何？内桓師也。[七]于師，前定也；于召陵，得志乎桓公也。得志者，不得志也，[八]以桓公得志爲僅矣。[九]屈完曰："大國之以兵向楚，何也？"桓公曰："昭王南征不反，菁茅之貢不至，故周室不祭。"[一〇]屈完曰："菁茅之貢不至則諾，昭王南征不反，我將問諸江。"[一一]

[一]屈完來如陘師盟，齊桓以其服義爲退一舍，次於召陵而與之盟。召陵，楚地。

[二]無命卿也。

[三]尊齊桓，不欲令與卑者盟。

[四]邵曰："齊桓威陵江漢，楚人大懼，未能量敵，遣屈完如師。完權事之宜，以義郤齊，遂得與盟，以安竟内，功皆在完，故不言使。"

[五]臣無自專之道。

[六]重其宗中國、歸有道。

[七]來者，内辭也。内桓師，故言來。

[八]屈完來盟，桓公退于召陵，是屈完得其本志，屈完得志則桓公不得志。

[九]桓爲霸主，以會諸侯，楚子不來，屈完受盟，令問諸江，辭又不順，僅乃得志，言楚之難服。

[一〇]菁茅，香草，所以縮酒，楚之職貢。

[一一]問江邊之民，有見之者不，此不服罪之言，故退于召陵而

與之盟。屈完所以得志，桓公之不得志爾。

（僖·四·四）

**齊人執陳袁濤塗。**[一]

齊人者，齊侯也，其人之，何也？於是哆然外齊侯也，不正其踰國而執也。[二]

［一］袁濤塗，陳大夫。

［二］江熙曰："踰國謂踰陳而執陳大夫。主人之不敬客，由客之不先敬主人。哆然，衆有不服之心，故《春秋》因而譏之，所謂以萬物爲心也。莊十七年齊人執鄭詹，《傳》與其執者，詹奔在齊，因執之。"

（僖·四·五）

**秋，及江人、黄人伐陳。**

不言其人及之者何？内師也。

（僖·四·六）

**八月，公至自伐楚。**

有二事偶則以後事致，後事小則以先事致。其以伐楚致，大伐楚也。[一]

［一］鄭君曰："會爲大事，伐爲小事，今齊桓伐楚而後盟于召陵，公當致會而致伐者，楚彊莫能伐者，故以伐楚爲大事。"

（僖·四·七）

**葬許穆公。**

(僖·四·八)

**冬十有二月，公孫兹帥師會齊人、宋人、衛人、鄭人、許人、曹人侵陳。**[一]

［一］莊十年春二月公侵宋,《傳》曰:“侵時，此其月，何也？惡之故謹而月之。”然則，凡侵而月者皆惡之。

# 僖公五年

（僖·五·一）

**五年春，晉侯殺其世子申生。**

目晉侯斥殺，惡晉侯也。[一]

［一］斥，指斥。

（僖·五·二）

**杞伯姬來朝其子。**

婦人既嫁不踰竟，踰竟非正也。諸侯相見曰朝，伯姬爲志乎朝其子也。伯姬爲志乎朝其子，則是杞伯失夫之道矣。[一]諸侯相見曰朝，以待人父之道待人之子，非正也。故曰杞伯姬來朝其子，參譏也。[二]

［一］凱曰："不能刑于寡妻。"

［二］參譏謂伯姬、杞伯、魯侯也。桓九年"曹伯使其世子射姑來朝"譏世子，此不譏者，明子隨母行，年尚幼弱，未可責以人子之道。伯姬以莊二十五年夏嫁，至今十三年，則子幼可知。

（僖·五·三）

**夏，公孫茲如牟。**

（僖·五·四）

**公及齊侯、宋公、陳侯、衛侯、鄭伯、許男、曹伯會王世子**

**于首戴。**[一]

及以會，尊之也。[二]何尊焉？王世子云者，唯王之貳也，云可以重之存焉尊之也。何重焉？天子世子，世天下也。

［一］惠王之世子，名鄭，後立爲襄王。首戴，衛地。

［二］言及諸侯，然後會王世子，不敢令世子與諸侯齊列。

（僖·五·五）

**秋八月，諸侯盟于首戴。**[一]

無中事而復舉諸侯，何也？尊王世子而不敢與盟也。尊則其不敢與盟，何也？盟者，不相信也，故謹信也，不敢以所不信而加之尊者。桓，諸侯也，不能朝天子，是不臣也；王世子，子也，塊然受諸侯之尊己而立乎其位，是不子也。桓不臣，王世子不子，則其所善焉何也？是則變之正也。[二]天子微，諸侯不享覲，桓控大國、扶小國、統諸侯，不能以朝天子，亦不敢致天王，尊王世子于首戴，乃所以尊天王之命也。世子含王命會齊桓，亦所以尊天王之命也。世子受之，可乎？是亦變之正也。天子微，諸侯不能享覲，世子受諸侯之尊己而天王尊矣，世子受之可也。

［一］言諸侯者，前目而後凡。他皆放此。

［二］雖非禮之正，而合當時之宜。

（僖·五·六）

**鄭伯逃歸不盟。**

以其去諸侯，故逃之也。[一]

［一］專己背衆故書“逃”，《傳》例曰：“逃義曰逃。”

（僖·五·七）

**楚人滅弦，弦子奔黄。**

弦，國也。其不日，微國也。

（僖·五·八）

**九月戊申朔，日有食之。**

（僖·五·九）

**冬，晉人執虞公。**[一]

執不言所於地，藴於晉也。[二] 其曰公，何也？[三] 猶曰其下執之之辭也。[四] 其猶下執之之辭，何也？晉命行乎虞民矣。[五] 虞、虢之相救，非相爲賜也，今日亡虢而明日亡虞矣。[六]

［一］虞公貪璧、馬之寶，棄兄弟之親，拒絶忠諫之口，不圖社稷之危，故晉命行于虞，使下執上，虞同于晉，是以謂之晉人執虞公。江熙曰：“《春秋》有州公、郭公、虞公凡三公，非爵也。《傳》以爲下執之辭，嘗試因此論之。五等諸侯，民皆稱曰公。存有王爵之限，没則申其臣民之稱。州公舍其國，故先書‘州公’。郭公盜而歸曹，故先名而後稱‘郭公’。夏陽亡則虞爲滅國，故宜稱‘虞公’。三人殊而一致，三公舛而同歸。生死齊稱，蓋《春秋》所賤。”

[二] 時虞已包裹屬於晉，故雖在虞執而不書其處。

[三] 據十九年宋人執滕子嬰齊不言公。

[四] 臣民執其君，故稱公。

[五] 虞服于晉，故從晉命而執其君。

[六] 言明日喻其速。

# 僖公六年

（僖·六·一）

**六年春王正月。**

（僖·六·二）

**夏，公會齊侯、宋公、陳侯、衛侯、曹伯伐鄭，圍新城。**

伐國不言圍邑，此其言圍，何也？[一]病鄭也，著鄭伯之罪也。[二]

［一］據元年楚人伐鄭不言圍。

［二］泰曰："諸伐國而言圍邑，《傳》皆以爲伐者之罪，而以此著鄭伯之罪者，齊桓行霸，尊崇王室，綏合諸侯，翼戴世子，盟之美者莫盛於此。而鄭伯辟義逃歸，違叛霸者，是以諸侯伐而圍之。罪著于上，討顯于下，圍伐之文雖同而善惡之義有殊，亦猶桓盟不日以明信，葵丘之盟日之以爲美。"

（僖·六·三）

**秋，楚人圍許，諸侯遂救許。**[一]

善救許也。

［一］伐鄭之諸侯。

（僖·六·四）

**冬，公至自伐鄭。**

其不以救許致，何也？大伐鄭也。

# 僖公七年

（僖・七・一）

**七年春，齊人伐鄭。**

（僖・七・二）

**夏，小邾子來朝。**

（僖・七・三）

**鄭殺其大夫申侯。**

稱國以殺大夫，殺無罪也。

（僖・七・四）

**秋七月，公會齊侯、宋公、陳世子款、鄭世子華盟于寧母。**[一]

衣裳之會也。

[一] 寧母，某地。

（僖・七・五）

**曹伯班卒。**

（僖・七・六）

**公子友如齊。**

（僖・七・七）

**冬，葬曹昭公。**

## 僖公八年

（僖・八・一）

**八年春王正月，公會王人、齊侯、宋公、衛侯、許男、曹伯、陳世子欵盟于洮。**[一]

王人之先諸侯，何也？貴王命也。朝服雖敝，必加於上；弁冕雖舊，必加於首；周室雖衰，必先諸侯。兵車之會也。

［一］洮，曹地。

（僖・八・二）

**鄭伯乞盟。**

以向之逃歸乞之也。[一]乞者，重辭也，[二]重是盟也。[三]乞者，處其所而請與也，[四]蓋汋之也。[五]

［一］向謂五年逃首戴之盟。齊桓爲兵車之會于此，乃震服，懼不得盟，故乞得與之。不錄使者，使若鄭伯自來，所以抑一人之惡、申衆人之善。

［二］人道貴讓，故以乞爲重。

［三］悔前逃歸，故以重言。

［四］言乞知不自來。

［五］汋血而與之。

（僖・八・三）

**夏，狄伐晉。**

（僖·八·四）

**秋七月，禘于大廟，**[一] **用致夫人。**[二]

用者，不宜用者也；致者，不宜致者也。言夫人必以其氏姓，言夫人而不以氏姓，非夫人也，立妾之辭也，非正也。[三] 夫人之，我可以不夫人之乎？夫人卒葬之，我可以不卒葬之乎？[四] 一則以宗廟臨之而後貶焉，[五] 一則以外之弗夫人而見正焉。[六]

［一］禘，三年大祭之名。大廟，周公廟。《禮記·明堂位》曰："季夏六月以禘禮祀周公于大廟。"《雜記下》曰："孟獻子曰：'七月日至，可以有事于祖。'七月而禘，獻子爲之。"案：宣九年仲孫蔑如京師，於是獻子始見經，襄十九年卒。然則，失禮非獻子所始明矣。《雜記》之云，甯所未詳。

［二］劉向曰："夫人成風也。致之于大廟，立之以爲夫人。"

［三］夫人者，正嫡之稱謂，非崇妾之嘉號。以妾體君則上下無别，雖尊其母，是卑其父，故曰非正也。禮，有君之母非夫人者，又庶子爲後，爲其母緦。是妾不爲夫人明矣。

［四］鄭嗣曰："君以爲夫人，君以夫人之禮卒葬之，主書者不得不以爲夫人也。成風以文四年薨，五年葬，《傳》終説其事。"

［五］臣無貶君之義，故于大廟去夫人氏姓以明君之非正。

［六］秦人來歸僖公、成風之禭不言夫人。

（僖·八·五）

**冬十有二月丁未，天王崩。**[一]

［一］惠王也。

# 僖公九年

（僖·九·一）

**九年春王三月丁丑，宋公禦説卒。**

（僖·九·二）

**夏，公會宰周公、齊侯、宋子、衛侯、鄭伯、許男、曹伯于葵丘。**[一]

天子之宰通于四海。[二]宋其稱子，何也？未葬之辭也。禮，柩在堂上，孤無外事。今背殯而出會，以宋子爲無哀矣。[三]

［一］宰，官。周，采地。天子三公不字。宋子，襄公。葵丘，地名。

［二］宰，天官冢宰兼爲三公者。三公，論道之官，無事于會盟。冢宰掌建邦之六典，以佐王治邦國，故曰通于四海。

［三］欑木如椁，塗之曰殯。殷人殯于兩楹之間，周人殯于西階之上。宋，殷後也。

（僖·九·三）

**秋七月乙酉，伯姬卒。**

内女也，未適人不卒，此何以卒也？許嫁，笄而字之，死則以成人之喪治之。[一]

［一］女子許嫁不爲殤，死則以成人之喪治之。謂許嫁于諸侯，尊同則服大功九月。吉笄，以象爲之，刻鏤其首以爲飾，成人著之。

（僖·九·四）

**九月戊辰，諸侯盟于葵丘。**

桓盟不日，此何以日？美之也。爲見天子之禁，故備之也。[一]葵丘之盟，陳牲而不殺，[二]讀書加于牲上，壹明天子之禁，[三]曰毋雍泉，[四]毋訖糴，[五]毋易樹子，[六]毋以妾爲妻，毋使婦人與國事。[七]

［一］何休以爲："即日爲美，其不日皆爲惡也。桓公之盟不日皆爲惡邪？莊十三年柯之盟不日爲信，至此日以爲美，義相反也。"鄭君釋之曰："柯之盟不日固始信之〔一〕，自其後盟以不日爲平文。從陽穀已來至此葵丘之盟，皆令諸侯以天子之禁，桓德極而將衰，故備日以美之，自此不復盟矣。"

［二］所謂無歃血之盟。鄭君曰："盟牲，諸侯用牛，大夫用豭。"

［三］壹猶專也。

［四］專水利以障谷。

［五］訖，止也，謂貯粟。

［六］樹子，嫡子。

［七］女正位於内。

（僖·九·五）

**甲子，晉侯詭諸卒。**[一]

［一］獻公也，枉殺世子申生，失德不葬。

〔一〕柯之盟不日固始信之　"固"，阮刻本作"因"。

（僖·九·六）

**冬，晉里克殺其君之子奚齊。**

其君之子云者，國人不子也。國人不子，何也？不正其殺世子申生而立之也。[一]

［一］諸侯在喪稱子，言國人不君之，故繫于其君。

# 僖公十年

（僖·十·一）

**十年春王正月，公如齊。**

（僖·十·二）

**狄滅溫，溫子奔衛。**

（僖·十·三）

**晉里克弒其君卓，及其大夫荀息。**

以尊及卑也，荀息閑也。

（僖·十·四）

**夏，齊侯、許男伐北戎。**

（僖·十·五）

**晉殺其大夫里克。**

稱國以殺，罪累上也。里克弒二君與一大夫，[一]其以累上之辭言之，何也？[二]其殺之不以其罪也。其殺之不以其罪，奈何？里克所爲弒者，爲重耳也。[三]夷吾曰："是又將殺我乎？"故殺之不以其罪也。其爲重耳弒〔一〕，奈何？晉獻公伐虢得麗姬，獻公私之。有二子，長曰奚齊，稚曰卓子。麗姬欲爲亂，[四]故謂君曰："吾夜者夢夫人趨而來，

〔一〕其爲重耳弒　"弒"，阮刻本作"殺"。

曰‘吾苦畏’,[五]胡不使大夫將衛士而衛冢乎?”公曰:“孰可使?”曰:“臣莫尊於世子,則世子可。”故君謂世子曰:“麗姬夢夫人趨而來,曰‘吾苦畏’,女其將衛士而往衛冢乎?”世子曰:“敬諾。”築宫。宫成,麗姬又曰:“吾夜者夢夫人趨而來,曰‘吾苦饑’,世子之宫已成,則何爲不使祠也?”故獻公謂世子曰:“其祠。”世子祠。已祠,致福於君。君田而不在,麗姬以酖爲酒,藥脯以毒。獻公田來,麗姬曰:“世子已祠,故致福於君。”君將食,麗姬跪曰:“食自外來者,不可不試也。”覆酒於地而地賁;[六]以脯與犬,犬死。麗姬下堂而啼呼曰:“天乎!天乎!國,子之國也,子何遲於爲君!”君喟然嘆曰:“吾與女未有過切,[七]是何與我之深也。”使人謂世子曰:“爾其圖之。”世子之傅里克謂世子曰:“入自明。入自明則可以生,不入自明則不可以生。”世子曰:“吾君已老矣、已昏矣,吾若此而入自明則麗姬必死,麗姬死則吾君不安,所以使吾君不安者,吾不若自死。吾寧自殺以安吾君,以重耳爲寄矣。”[八]刎脰而死。故里克所爲弑者,爲重耳也,夷吾曰“是又將殺我也”。

[一]二君,奚齊、卓子;一大夫,荀息。

[二]據有罪。

[三]殺奚齊、卓子者,欲以重耳爲君。重耳,夷吾兄,文公。

[四]亂謂殺申生而立其子。

[五]夫人,申生母。

[六]賁,沸起也。

[七]吾與女未有過差切急。

［八］慮麗姬又譖重耳，故以託里克，使保全之。

（僖·十·六）

**秋七月。**

（僖·十·七）

**冬，大雨雪。**

# 僖公十一年

（僖·十一·一）

**十有一年春，晉殺其大夫丕鄭父。**

稱國以殺，罪累上也。

（僖·十一·二）

**夏，公及夫人姜氏會齊侯于陽穀。**

（僖·十一·三）

**秋八月，大雩。**

雩月，正也。雩得雨曰雩，不得雨曰旱。[一]

［一］禮，龍見而雩。常祀不書，書者皆以旱也。故得雨則喜，以月爲正也；不得雨則書旱，明旱災成。何休曰："《公羊》：'書雩者，善人君應變求索。不雩則言旱，旱而不害物言不雨也。'就如《穀梁》，設本不雩，何以明之？如以不雨明之，設旱而不害物，何以别乎？"鄭君釋之曰："雩者，夏祈穀實之禮也，旱亦用焉。得雨書雩，明雩有益；不得雨書旱，明旱災成後得雨，無及也。國君而遭旱，雖有不憂民事者，何乃廢禮本不雩禱哉？顧不能致精誠也。旱而不害物，固以久不雨别之，文二年、十三年自十有二月、自正月不雨至于秋七月是也。《穀梁傳》曰：'歷時而言不雨，文不閔雨也。'以文不憂雨，故不如僖時書不雨。文所以不閔雨者，素無志於民，性退弱而不明，又見時久不雨而無災耳。"

（僖·十一·四）

**冬，楚人伐黄。**

## 僖公十二年

（僖·十二·一）

**十有二年春王三月庚午，日有食之。**

（僖·十二·二）

**夏，楚人滅黄。**

貫之盟，管仲曰："江、黄遠齊而近楚，楚爲利之國也，若伐而不能救，則無以宗諸侯矣。"[一]桓公不聽，遂與之盟。管仲死，楚伐江滅黄，桓公不能救，故君子閔之也。[二]

［一］宗諸侯，謂諸侯宗之。

［二］閔其貪慕伯者以致滅。

（僖·十二·三）

**秋七月。**

（僖·十二·四）

**冬十有二月丁丑，陳侯杵臼卒。**

## 僖公十三年

（僖·十三·一）

**十有三年春，狄侵衛。**

（僖·十三·二）

**夏四月，葬陳宣公。**

（僖·十三·三）

**公會齊侯、宋公、陳侯、衛侯、鄭伯、許男、曹伯于鹹。**[一]

兵車之會也。

[一]鹹，衛地。

（僖·十三·四）

**秋九月，大雩。**

（僖·十三·五）

**冬，公子友如齊。**

# 僖公十四年

（僖·十四·一）

**十有四年春，諸侯城緣陵。**[一]

其曰諸侯，散辭也。[二]聚而曰散，何也？[三]諸侯城，有散辭也，桓德衰矣。[四]

［一］緣陵，杞邑。

［二］直曰諸侯，無小大之序，是各自欲城，無摠一之者，非伯者所制，故曰散辭。

［三］據言諸侯城則是聚。

［四］言諸侯城則非伯者之爲可知也，齊桓德衰，所以散也。何休曰："案先是盟亦言諸侯，非散也。又《穀梁》美九年諸侯盟于葵丘，即散何以美之邪？"鄭君釋之曰："九年公會宰周公、齊侯、宋子、衛侯、鄭伯、許男、曹伯于葵丘，九月戊辰盟于葵丘，時諸侯初在會，未有歸者，故可以不序。今此十三年夏公會齊侯、宋公、陳侯、衛侯、鄭伯、許男、曹伯于鹹，而冬公子友如齊，此聘也，書聘則會固前已歸矣。今云諸侯城緣陵而不序其人，明其散，桓德衰矣。葵丘之事安得以難此。"

（僖·十四·二）

**夏六月，季姬及繒子遇于防，使繒子來朝。**[一]

遇者，同謀也。[二]來朝者，來請己也。[三]朝不言使，言使非正也，以病繒子也。

［一］遇例時，此非所宜遇，故謹而月之。

［二］魯女無故遠會諸侯，遂得淫通，此亦事之不然。《左傳》曰：“繒季姬來寧，公怒之，以繒子不朝，遇于防而使來朝。”此近合人情。

［三］使來朝，請己爲妻。

（僖·十四·三）

**秋八月辛卯，沙鹿崩。**[一]

林屬於山爲鹿。[二]沙，山名也。無崩道而崩，故志之也。其日，重其變也。[三]

［一］沙鹿，晉山。

［二］鹿，山足。

［三］劉向曰：“鹿在山下平地，臣象，陰位也。崩者散落，背叛不事上之象。”

（僖·十四·四）

**狄侵鄭。**

（僖·十四·五）

**冬，蔡侯肸卒。**

諸侯時卒，惡之也。

# 僖公十五年

（僖·十五·一）

**十有五年春王正月，公如齊。**

（僖·十五·二）

**楚人伐徐。**

（僖·十五·三）

**三月，公會齊侯、宋公、陳侯、衛侯、鄭伯、許男、曹伯盟于牡丘。**[一]

兵車之會也。

［一］牡丘，地名。

（僖·十五·四）

**遂次于匡。**[一]

遂，繼事也。次，止也，有畏也。[二]

［一］救徐也，時楚人伐徐。匡，衛地。

［二］畏楚。

（僖·十五·五）

**公孫敖帥師及諸侯之大夫救徐。**[一]

善救徐也。

［一］諸侯既盟次匡，皆遣大夫將兵救徐，故不復具列諸國。

（僖·十五·六）

**夏五月，日有食之。**[一]

［一］夜食。

（僖·十五·七）

**秋七月，齊師、曹師伐厲。**[一]

［一］徐邈曰："案齊桓末年用師及會皆危之而月也。于時霸業已衰，勤王之誠替于内，震矜之容見於外，禍釁既兆，動接危理，故月。衆國之君雖有失道，未足爲一世興衰。齊桓威攝群后，政行天下，其得失皆治亂所繫，故《春秋》重而詳之，錄所善而著所危云爾。"

（僖·十五·八）

**八月，螽。**

螽，蟲災也，甚則月，不甚則時。

（僖·十五·九）

**九月，公至自會。**[一]

［一］莊二十七年《傳》曰："桓會不致，安之也。"而此致者，齊桓德衰，故危而致之。

（僖·十五·十）

**季姬歸于繒。**

（僖·十五·十一）

**己卯晦，震夷伯之廟。**[一]

晦，冥也。震，雷也。夷伯，魯大夫也。因此以見天子至于士皆有廟。[二]天子七廟，[三]諸侯五，[四]大夫三，[五]士二。[六]故德厚者流光，德薄者流卑。[七]是以貴始，德之本也。始封必爲祖。[八]

［一］夷，謚；伯，字。

［二］明夷伯之廟過制，故因此以言禮。

［三］《祭法》曰："王立七廟，曰考廟、王考廟、皇考廟、顯考廟、祖考廟；有二祧，遠廟稱祧。"

［四］曰考廟、王考廟、皇考廟、顯考廟、祖考廟。

［五］曰考廟、王考廟、皇考廟。

［六］曰考廟、王考廟。

［七］雍曰："德厚者位尊，道隆者爵重，故天子遠及七世，士祭祖而已。"

［八］若契爲殷祖、棄爲周祖。

（僖·十五·十二）

**冬，宋人伐曹。**

（僖·十五·十三）

**楚人敗徐于婁林。**[一]

夷狄相敗，志也。

［一］蔞林，徐地。

（僖·十五·十四）

**十有一月壬戌，晉侯及秦伯戰于韓，**［一］**獲晉侯。**［二］

韓之戰，晉侯失民矣，以其民未敗而君獲也。

［一］韓，晉地。

［二］獲者，不與之辭，諸侯非可相獲。

# 僖公十六年

(僖·十六·一)

**十有六年春王正月戊申朔，隕石于宋五。**[一]

先隕而後石，何也？[二]隕而後石也。[三]于宋四竟之内曰宋。後數，散辭也，耳治也。[四]

［一］劉向曰："石，陰類也；五，陽數也。象陰而陽行，將致隊落。"

［二］據莊七年星隕如雨，先言星，後言隕。

［三］既隕後乃知是石。

［四］隕石，記聞也，聞其磌然。視之則石，察之則五。

(僖·十六·二)

**是月，六鶂退飛過宋都**〔一〕。[一]

是月者，决不日而月也。[二]六鶂退飛過宋都，先數，聚辭也，目治也。[三]子曰："石無知之物，鶂微有知之物。石無知，故日之；[四]鶂微有知之物，故月之。[五]君子之於物，無所苟而已。"石、鶂且猶盡其辭，而況於人乎。故五石六鶂之辭不設則王道不亢矣。[六]民所聚曰都。

［一］是月，隕石之月。劉向曰："鶂，陽也；六，陰數也。象陽

〔一〕六鶂退飛過宋都　"鶂"，阮刻本作"鷁"，《校勘記》曰："閩、監、毛本同，石經'鷁'作'鶂'，下'五石六鷁'同。《釋文》出'六鶂'。案：十行本'鷁'字係剜補，乃淺人妄改，而仍有改之未盡者。"

而陰行，必衰退。”

［二］欲著石日鷁月，故言是月。若不言是月，則嫌與戊申同。

［三］六鷁退飛，記見也。視之則六，察之則鷁，徐而察之則退飛。

［四］石無知而隕，必天使之然，故詳而日之。

［五］鷁或時自欲退飛耳，是以略而月之。

［六］不遺微細，故王道可舉。

（僖・十六・三）

**三月壬申，公子季友卒。**

大夫日卒，正也。[一] 稱公弟、叔仲，賢也。大夫不言公子、公孫，疏之也。

［一］季友，桓公之子。

（僖・十六・四）

**夏四月丙申，鄫季姬卒。**

（僖・十六・五）

**秋七月甲子，公孫茲卒。**

大夫日卒，正也。

（僖・十六・六）

**冬十有二月，公會齊侯、宋公、陳侯、衛侯、鄭伯、許男、邢侯、曹伯于淮。**

兵車之會也。

# 僖公十七年

（僖 · 十七 · 一）

**十有七年春，齊人、徐人伐英氏。**

（僖 · 十七 · 二）

**夏，滅項。**

孰滅之？桓公也。何以不言桓公也？[一] 爲賢者諱也。項，國也，不可滅而滅之乎？桓公知項之可滅也，[二] 而不知己之不可以滅也。[三] 既滅人之國矣，何賢乎？君子惡惡疾其始，[四] 善善樂其終，[五] 桓公嘗有存亡繼絶之功，故君子爲之諱也。[六]

［一］據莊十年齊師滅譚稱齊師。

［二］知政昏亂，易可滅。

［三］霸者存恤鄰國，抑彊輔弱，義不可滅人之國。

［四］絶其始則得不終於惡。邵曰："謂疾其初爲惡之事，不終身疾之。"

［五］樂賢者終其行也。邵曰："謂始有善事則終身善之。"

［六］邵曰："存亡謂存邢、衛，繼絶謂立僖公，所以終其善。"

（僖 · 十七 · 三）

**秋，夫人姜氏會齊侯于卞。**[一]

［一］卞，魯地。

（僖·十七·四）

**九月，公至自會。**[一]

［一］桓會不致，而今致會，桓公德衰，威信不著，陳列兵車，又以滅項往會，既非踰年乃反，故往還皆月以危之。

（僖·十七·五）

**冬十有二月乙亥，齊侯小白卒。**

此不正，其日之，何也？[一]其不正前見矣。其不正之前見，何也？以不正入虛國，故稱嫌焉爾。[二]

［一］據二十四年晉侯夷吾卒不書日。

［二］莊九年"齊小白入于齊"貶不稱公子。虛國謂齊無君。《傳》例曰："以國氏者，嫌也。"

# 僖公十八年

（僖·十八·一）

**十有八年春王正月，宋公、曹伯、衛人、邾人伐齊。**

非伐喪也。[一]

［一］伐喪無道，故謹而月之。

（僖·十八·二）

**夏，師救齊。**[一]

善救齊也。

［一］魯師。

（僖·十八·三）

**五月戊寅，宋師及齊師戰于甗，**[一] **齊師敗績。**

戰不言伐，客不言及，言及惡宋也。[二]

［一］甗，齊地。

［二］何休曰："戰言及者，所以别客主直不直也。故文十二年晉人、秦人戰于河曲，兩不直，故不云及。今宋言及，明直在宋，非所以惡宋也。即言及爲惡，是河曲之戰爲兩善乎？又《穀梁》以河曲不言及，略之也，則自相反矣。"鄭君釋之曰："及者，别異客主耳，不施於直與不直也，直不直自在事而已。義兵則客直，宣十二年夏'晉荀林父帥師及楚子戰于

郯，晉師敗績’是也；兵不義則主人直，莊二十八年春‘衛人及齊人戰，衛人敗績’是也。今齊桓卒未葬，宋襄欲興霸事而伐喪，於禮尤反，故反其文。以宋及齊，即實以宋及齊，明直在宋。郯之戰直在楚，不以楚及晉，何邪？秦、晉戰于河曲不言及，疾其亟戰爭舉兵，故略其先後。”

（僖·十八·四）

**狄救齊。**

善救齊也。

（僖·十八·五）

**秋八月丁亥，葬齊桓公。**〔一〕

〔一〕豎刁、易牙爭權，五公子爭立，故危之。

（僖·十八·六）

**冬，邢人**〔一〕**、狄人伐衛。**

狄其稱人，何也？善累而後進之。〔一〕伐衛所以救齊也，〔二〕功近而德遠矣。〔三〕

〔一〕累，積。

〔二〕何休曰：“即伐衛救齊當兩舉，如伐楚救江矣。又《傳》以

〔一〕邢人　“邢”，白文本同，十行本、阮刻本作“邾”。范甯注引鄭玄説曰：“文三年冬晉陽處父帥師伐楚救江，兩舉之者，以晉未有救江文，故明言之。今此春宋公、曹伯、衛人、邾人伐齊，夏狄救齊，冬邢人、狄人伐衛爲救齊可知，故省文耳。”則鄭玄所見本亦作“邢”。

爲江遠楚近，故伐楚救江。今狄亦近衛而遠齊，其事一也，義異何也？”鄭君釋之曰：“文三年冬晉陽處父帥師伐楚救江，兩舉之者，以晉未有救江文，故明言之。今此春宋公、曹伯、衛人、邾人伐齊，夏狄救齊，冬邢人、狄人伐衛爲救齊可知，故省文耳。事同義又何異？”

［三］伐衛功近耳，夷狄而憂中國，其德遠也。

# 僖公十九年

(僖·十九·一)

**十有九年春王三月，宋人執滕子嬰齊。**

(僖·十九·二)

**夏六月，宋公、曹人、邾人盟于曹南，**[一] **鄫子會盟于邾。己酉，邾人執鄫子用之。**

微國之君，因邾以求與之盟。[二] 人因己以求與之盟，己迎而執之，惡之故謹而日之也。用之者，叩其鼻以衈社也。[三]

［一］曹南，曹之南鄙。

［二］與，厠豫也。

［三］衈者釁也，取鼻血以釁祭社器。

(僖·十九·三)

**秋，宋人圍曹。**

(僖·十九·四)

**衛人伐邢。**

(僖·十九·五)

**冬，會陳人、蔡人、楚人、鄭人盟于齊。**[一]

［一］會無主名，内卑者也；四國稱人，外卑者也。杜預曰："地於齊，齊亦與盟。"

（僖·十九·六）

**梁亡。**

自亡也。湎於酒，淫於色，心昏耳目塞，上無正長之治，大臣背叛，民爲寇盜。梁亡，自亡也。如加力役焉，湎不足道也。[一]梁亡，鄭棄其師，我無加損焉，正名而已矣。梁亡，出惡正也。[二]鄭棄其師，惡其長也。[三]

［一］如使伐之而滅亡，則淫湎不足記也；使其自亡，然後其惡明。

［二］正謂政教。

［三］長謂高克。

# 僖公二十年

（僖·二十·一）

**二十年春，新作南門。**

作，爲也，有加其度也。[一]言新，有故也，非作也。[二]南門者，法門也。[三]

［一］更加使大。

［二］責其改舊制。

［三］法門謂天子、諸侯皆南面而治，法令之所出入，故謂之法門。

（僖·二十·二）

**夏，郜子來朝。**

（僖·二十·三）

**五月乙巳，西宫災。**

謂之新宫，則近爲禰宫；[一]以謚言之，則如疏之然。[二]以是爲閔宫也。

［一］言閔公非僖公之父，故不言新宫也。

［二］故不言閔宫而云西宫。

（僖·二十·四）

**鄭人入滑。**

（僖·二十·五）

**秋，齊人、狄人盟于邢。**

邢爲主焉爾。邢小，其爲主，何也？其爲主乎救齊。[一]

［一］十八年邢人、狄人伐衛以救齊是也。

（僖·二十·六）

**冬，楚人伐隨。**

隨，國也。

# 僖公二十一年

（僖 · 二十一 · 一）

**二十有一年春，狄侵衛。**

（僖 · 二十一 · 二）

**宋人、齊人、楚人盟于鹿上。**[一]

[一] 宋爲盟主，故序齊上。鹿上，宋地。

（僖 · 二十一 · 三）

**夏，大旱。**[一]

旱時，正也。

[一]《傳》例曰："得雨曰雩，不得雨曰旱。"

（僖 · 二十一 · 四）

**秋，宋公、楚子、陳侯、蔡侯、鄭伯、許男、曹伯會于雩，**[一] **執宋公以伐宋。**

以，重辭也。[二]

[一] 雩，宋地。雩或爲宇。

[二]《傳》例曰："以者，不以者也。"此《傳》及定七年齊人執衛行人北宮結以侵衛，《傳》皆曰"以，重辭也"。然則，"以"有二義矣。國之所重，故曰重辭。

（僖·二十一·五）

**冬，公伐邾。**

（僖·二十一·六）

**楚人使宜申來獻捷。**[一]

捷，軍得也。其不曰宋捷，何也？[二]不與楚捷於宋也。[三]

［一］楚稱人者，爲執宋公貶。

［二］據莊三十一年齊侯來獻戎捷。

［三］不與夷狄捷中國。

（僖·二十一·七）

**十有二月癸丑，公會諸侯盟于薄，**[一]

會者，外爲主焉爾。

**釋宋公。**

外釋不志，此其志，何也？以公之與之盟目之也。不言楚，不與楚專釋也。[二]

［一］會雩之諸侯。

［二］何休曰："《春秋》以執之爲罪，不以釋之爲罪，責楚子專釋，非其理也。《公羊》以爲公會諸侯釋之，故不復出楚耳。"鄭君釋之曰："不與楚專釋者，非以責之也。《傳》云'外釋不志，此其志，何也？以公之與之盟目之也'，言公與諸侯盟而釋宋公，公有功焉，與《公羊》義無違錯。"

# 僖公二十二年

（僖·二十二·一）

**二十有二年春**〔一〕**，公伐邾，取須句**。

（僖·二十二·二）

**夏，宋公、衛侯、許男、滕子伐鄭**。

（僖·二十二·三）

**秋八月丁未，及邾人戰于升陘**。[一]

内諱敗，舉其可道者也。不言其人，以吾敗也。不言及之者，爲内諱也。

［一］升陘，魯地。

（僖·二十二·四）

**冬十有一月己巳朔，宋公及楚人戰于泓，宋師敗績**。

日事遇朔曰朔。《春秋》三十有四戰，未有以尊敗乎卑、以師敗乎人者也。以尊敗乎卑、以師敗乎人則驕其敵，襄公以師敗乎人而不驕其敵，何也？責之也。泓之戰以爲復雩之恥也，[一]雩之恥宋襄公有以自取之。伐齊之喪，執滕子，圍曹，爲雩之會，不顧其力之不足而致楚成王，成王怒而執之。故曰：禮人而不荅則反其敬，愛人而不親則反

〔一〕二十有二年春　“二十有二年”，底本作“二十二年”，十行本、阮刻本同；白文本作“二十有二年”，《左傳》《公羊》亦同。按《春秋》紀年書法當以“二十有二年”爲是，據改。

其仁，治人而不治則反其知。過而不改，又之，[二]是謂之過。襄公之謂也。古者，被甲嬰冑非以興國也，則以征無道也，豈曰以報其恥哉？宋公與楚人戰于泓水之上，司馬子反曰：“楚衆我少，鼓險而擊之，勝無幸焉。”[三]襄公曰：“君子不推人危，不攻人厄，須其出。”[四]既出，旌亂於上，陳亂於下，子反曰：“楚衆我少，擊之，勝無幸焉。”襄公曰：“不鼓不成列。”[五]須其成列而後擊之，則衆敗而身傷焉，七月而死。[六]倍則攻，敵則戰，少則守。人之所以爲人者言也，人而不能言，何以爲人？言之所以爲言者信也，言而不信，何以爲言？信之所以爲信者道也，信而不道，何以爲信？道之貴者時，其行勢也。[七]

［一］前年宋公爲楚所執。

［二］又，復。

［三］若要而擊之，必可破，非僥倖也。

［四］須其出險。

［五］列，陳。

［六］何休曰：“即宋公身傷，當言公，不當言師，成十六年楚子敗績是也。又成十六年《傳》曰‘不言師，君重于師也’。即成十六年是，二十二年虛言也；即二十二年是，十六年非也。”鄭君釋之曰：“傳説楚子敗績曰‘四䠶偏斷’，此則目也，此言君之目與手足有破斷者乃爲敗矣。今宋襄公身傷耳，當持鼓軍，事無所害而師猶敗，故不言宋公敗績也。《傳》所以言敗，衆敗身傷焉者，疾其信而不道以取大辱。”

［七］凱曰：“道有時，事有勢。何貴於道？貴合於時。何貴於時？貴順於勢。宋公守匹夫之狷介，徒蒙恥於夷狄，焉識大通之方、至道之術哉？”

## 僖公二十三年

（僖·二十三·一）

**二十有三年春，齊侯伐宋，圍閔。**

伐國不言圍邑，此其言圍，何也？不正其以惡報惡也。[一]

［一］前十八年宋伐齊之喪是惡也，今齊乘勝而報，是以惡報惡也。

（僖·二十三·二）

**夏五月庚寅，宋公茲父卒。**[一]

茲父之不葬，何也？失民也。其失民，何也？以其不教民戰則是棄其師也。爲人君而棄其師，其民孰以爲君哉？[二]

［一］桓公之子襄公。

［二］何休曰："所謂教民戰者，習之也。《春秋》貴偏戰而惡詐戰，宋襄公所以敗于泓者，守禮偏戰也，非不教其民也。孔子曰：'君子去仁，惡乎成名？造次必於是，顛沛必於是。'未有守正以敗而惡之也。《公羊》以爲不書葬爲襄公諱背殯出會，所以美其有承齊桓、尊周室之美志。"鄭君釋之曰："教民習戰而不用，是亦不教也。詐戰謂不期也，既期矣，當觀敵爲策，倍則攻、敵則戰、少則守。今宋襄公于泓之戰違之，又不用其臣之謀而敗。故徒善不用賢良，不足以興霸主之功；徒言不知權譎之謀，不足以交鄰國、會遠疆。故《易》譏鼎折足，《詩》刺不用良，此說善也。"

(僖 · 二十三 · 三)

**秋，楚人伐陳。**

(僖 · 二十三 · 四)

**冬十有一月，杞子卒。**[一]

[一] 莊二十七年稱伯，今稱子，蓋爲時王所黜。

# 僖公二十四年

（僖·二十四·一）

**二十有四年春王正月。**

（僖·二十四·二）

**夏，狄伐鄭。**

（僖·二十四·三）

**秋七月。**

（僖·二十四·四）

**冬，天王出居于鄭。**[一]

天子無出，出失天下也。[二]居者，居其所也。雖失天下，莫敢有也。[三]

［一］襄王也。天子以天下爲家，故所在稱居。

［二］王者無外，言出則有外之辭。江熙曰："天子必巡守然後行，故河陽之守全天王之行也。平王東遷，其詩不能復《雅》，而列爲《國風》。襄王奔鄭，不得全天王之行，則與諸侯不異，故書'出'也。夫子祖述堯、舜，憲章文、武，斯文是作，不以道假人。《傳》言失天下，闕然如有未備。"

［三］邵曰："雖實出奔，而王者無外，王之所居則成王畿，鄭不敢有之以爲國。"

（僖·二十四·五）

**晉侯夷吾卒。**[一]

［一］《傳》曰："諸侯時卒，惡之也。"不葬，篡文公而立，失德。

## 僖公二十五年

（僖·二十五·一）

**二十有五年春王正月丙午，衛侯燬滅邢。**

燬之名，何也？[一]不正其伐本而滅同姓也。[二]

［一］據宣十二年楚子滅蕭不名。

［二］絶先祖支體尤重，故名以甚之。

（僖·二十五·二）

**夏四月癸酉，衛侯燬卒。**

（僖·二十五·三）

**宋蕩伯姬來逆婦。**[一]

婦人既嫁不踰竟，宋蕩伯姬來逆婦，非正也。其曰婦，何也？緣姑言之之辭也。

［一］伯姬，魯女，爲宋大夫蕩氏妻也，自爲其子來迎婦。

（僖·二十五·四）

**宋殺其大夫。**

其不稱名姓，以其在祖之位，尊之也。[一]

［一］何休曰："曹殺其大夫亦不稱名姓，豈可復以爲祖乎？"鄭君釋之曰："宋之大夫盡同姓。禮，公族有罪，刑于甸師氏，

不與國人慮兄弟也，所以尊異之。孔子之祖孔父累於宋殤公而死，今骨肉在其位而見殺，故尊之，隱而不忍稱名氏。若罪大者，名之而已，使若異姓然，此乃祖之疏也。曹殺其大夫，自以無大夫不稱名氏耳。《春秋》辭同事異者甚多，隱去即位以見讓，莊去即位爲繼弑，是復可以比例非之乎？”

（僖·二十五·五）

**秋，楚人圍陳，納頓子于頓。**

納者，内弗受也。圍，一事也；納，一事也；而遂言之，[一]蓋納頓子者陳也。[二]

［一］怪其異事而辭相連，有似遂事之辭。

［二］圍陳使納頓子。

（僖·二十五·六）

**葬衛文公。**

（僖·二十五·七）

**冬十有二月癸亥，公會衛子、莒慶盟于洮。**[一]

莒無大夫，其曰莒慶，何也？以公之會目之也。[二]

［一］衛稱子，在喪。洮，魯地。

［二］小國無大夫，以公與會，故進之。時有衛子，則無敵公之嫌。

# 僖公二十六年

（僖·二十六·一）

**二十有六年春王正月己未，公會莒子、衛甯速盟于向。**[一]

公不會大夫，其曰甯速，何也？以其隨莒子，可以言會也。

［一］向，莒地。

（僖·二十六·二）

**齊人侵我西鄙，公追齊師至巂，弗及。**

人，微者也；侵，淺事也。公之追之，非正也。至巂，急辭也。[一]弗及者，弗與也，[二]可以及而不敢及也。[三]其侵也曰人，其追也曰師，以公之弗及大之也。[四]弗及，内辭也。[五]

［一］以急辭言之，明不至巂。

［二］弗與戰也。

［三］畏齊師。

［四］大之謂變人言師。

［五］弗及者，若曰我自不及耳，非齊不可及。

（僖·二十六·三）

**夏，齊人伐我北鄙。**

（僖·二十六·四）

**衛人伐齊**。

（僖·二十六·五）

**公子遂如楚乞師**。

乞，重辭也。[一]何重焉？重人之死也，非所乞也。師出不必反，戰不必勝，故重之也。

［一］雍曰：“人道施而不有、讓而不取，故以乞爲重。”

（僖·二十六·六）

**秋，楚人滅夔，以夔子歸**。

夔，國也；不日，微國也。以歸，猶愈乎執也。

（僖·二十六·七）

**冬，楚人伐宋，圍閔**。

伐國不言圍邑，此其言圍，何也？以吾用其師目其事也，非道用師也。[一]

［一］楚人出師爲魯伐齊，而中道以伐宋，故伐圍兼書，所以責楚。

（僖·二十六·八）

**公以楚師伐齊，取穀**。

以者，不以者也。民者，君之本也，使民以其死，非其正也。[一]

［一］雍曰："兵，不祥之器，不得已而用之，安有驅民于死地以共假借之役乎？"

（僖·二十六·九）

**公至自伐齊。**

惡事不致，此其致之，何也？危之也。[一]

［一］以蠻夷之師伐鄰近大國，招禍深怨，危亡之道。

# 僖公二十七年

（僖 · 二十七 · 一）

**二十有七年春，杞子來朝。**

（僖 · 二十七 · 二）

**夏六月庚寅，齊侯昭卒。**

（僖 · 二十七 · 三）

**秋八月乙未，葬齊孝公。**

（僖 · 二十七 · 四）

**乙巳，公子遂帥師入杞。**

（僖 · 二十七 · 五）

**冬，楚人、陳侯、蔡侯、鄭伯、許男圍宋。**

楚人者，楚子也。其曰人，何也？人楚子，所以人諸侯也。其人諸侯何也？不正其信夷狄而伐中國也。[一]

［一］何休曰："哀元年楚子、陳侯、隨侯、許男圍蔡不稱人，明不以此故也。"鄭君釋之曰："時晉文爲賢伯，故譏諸侯不從而信夷狄也。哀元年時無賢伯，又何據而當貶之邪？"甯謂定、哀之世楚彊盛，故諸侯不得不從耳。江熙曰："夫屈信理對言，信必有屈也。宋、楚戰于泓，宋以信義而敗，未有闕也，楚復圍之。我三人行，必有我師。諸侯不能以義相帥，

反信楚之曲、屈宋之直，是義所不取。信曲屈直猶不可，況乃華夷乎？楚以亡義見貶，則諸侯之不從不待貶而見也。然則，四國信楚而屈宋，《春秋》屈其信而信其屈，貶楚子于兵首，則彼碌碌者譏斯見矣。故曰‘人楚子所以人諸侯’。”

（僖·二十七·六）

**十有二月甲戌，公會諸侯盟于宋。**[一]

［一］地以宋者，則宋得與盟，宋圍解可知。

# 僖公二十八年

（僖·二十八·一）

**二十有八年春，晉侯侵曹，晉侯伐衛。**

再稱晉侯，忌也。[一]

[一] 鄭嗣曰："曹、衛並有宿怨于晉，君子不念舊惡，故再稱晉侯以刺之。"

（僖·二十八·二）

**公子買戍衛，不卒戍，刺之。**[一]

先名後刺，殺有罪也。公子啟曰："不卒戍者，可以卒也。"可以卒而不卒，譏在公子也，刺之可也。[二]

[一] 刺，殺也。内諱殺大夫，故謂之刺，蓋取《周禮》三刺之法。

[二] 公子啟，魯大夫。

（僖·二十八·三）

**楚人救衛。**

（僖·二十八·四）

**三月丙午，晉侯入曹，執曹伯，畀宋人。**

入者，内弗受也。日入，惡入者也。以晉侯而斥執曹伯，惡晉侯也。[一]畀，與也。其曰人，何也？不以晉侯畀宋公也。[二]

［一］惡其忌怨深。

［二］畀，上與下之辭，故不以侯畀公。哀四年夏晉人執戎蠻子赤歸于楚，使楚子治其罪；今執曹伯不言歸于宋而言與宋人者，是使宋公拘執之。

（僖·二十八·五）

**夏四月己巳，晉侯、齊師、宋師、秦師及楚人戰于城濮，楚師敗績。**

（僖·二十八·六）

**楚殺其大夫得臣。**

（僖·二十八·七）

**衛侯出奔楚。**

（僖·二十八·八）

**五月癸丑，公會晉侯、齊侯、宋公、蔡侯、鄭伯、衛子、莒子盟于踐土。**［一］

諱會天王也。［二］

［一］衛稱子者，時衛侯出奔，國更立君，非王命所加，未成君故曰子。踐土，鄭地。

［二］實會天王而文不言天王，若諸侯自共盟然〔一〕，是諱之也，所謂譎而不正。

〔一〕若諸侯自共盟然　“自”，底本作“目”，十行本、阮刻本作“自”，形近而誤，據改。

（僖·二十八·九）

**陳侯如會**。

如會，外乎會也，於會受命也。[一]

［一］外乎會，不及序也。受命于會，故書“如會”。

（僖·二十八·十）

**公朝于王所**。

朝不言所，言所者，非其所也。[一]

［一］非京師朝。

（僖·二十八·十一）

**六月，衛侯鄭自楚復歸于衛**。

自楚，楚有奉焉爾。復者，復中國也。[一]歸者，歸其所也。鄭之名，失國也。

［一］中國猶國中也。

（僖·二十八·十二）

**衛元咺出奔晉**。

（僖·二十八·十三）

**陳侯款卒**。

（僖·二十八·十四）

**秋，杞伯姬來**。[一]

［一］莊公女，來歸寧。

(僖·二十八·十五)

**公子遂如齊。**[一]

［一］聘也。

(僖·二十八·十六)

**冬，公會晉侯、宋公、蔡侯、鄭伯、陳子、莒子、邾子、秦人于溫。**[一]

諱會天王也。[二]

［一］陳稱子，在喪也。

［二］復致天子。

(僖·二十八·十七)

**天王守于河陽。**[一]

全天王之行也，[二]爲若將守而遇諸侯之朝也，爲天王諱也。水北爲陽，山南爲陽，溫、河陽也。[三]

［一］河陽，晉地。

［二］時實晉文公召王，以臣召君不可以訓，因天子有巡守之禮，故以自行爲文。

［三］日之所昭曰陽。

(僖·二十八·十八)

**壬申，公朝于王所。**

朝於廟，禮也；於外，非禮也。[一]獨公朝與？諸侯盡朝也。其日，以其再致天子，故謹而日之。主善以内，目惡以外。[二]言曰公朝，逆辭也，而尊天子。[三]會于溫，言小諸侯。溫，河北地，以河陽言之，大天子也。[四]日繫於月，月繫於時，“壬申公朝於王所”其不月，失其所繫也，以爲晉文公之行事爲已傎矣。[五]

［一］諸侯朝王，王必於宗廟受之者，蓋欲尊祖禰共其榮。

［二］主善以内，謂公朝于王所；目惡以外，言再致天子。

［三］鄭嗣曰：“若公朝于廟則當言公如京師，而今言公朝，是逆常之辭。雖逆常而曰公朝王所，是尊天子。”

［四］溫、河陽同耳，小諸侯故以一邑言之，尊天子故以廣大言之。

［五］以臣召君，傎倒上下，日不繫于月，猶諸侯不宗于天子。

（僖·二十八·十九）

**晉人執衛侯歸之于京師。**

此入而執，其不言入，何也？不外王命於衛也。[一]歸之于京師，緩辭也，斷在京師也。[二]

［一］入者，自外來。伯者以王命討衛，衛王之士[一]，故曰不外王命。

［二］辭間容之，故言緩。

〔一〕衛王之士　“士”，阮刻本同，《校勘記》曰：“閩本同，監、毛本‘士’作‘土’，當不誤。”

(僖·二十八·二十)

**衛元咺自晉復歸于衛。**

自晉，晉有奉焉爾。復者，復中國也。歸者，歸其所也。

(僖·二十八·二十一)

**諸侯遂圍許。**[一]

遂，繼事也。[二]

[一] 會溫諸侯，許比再會不至，故共圍之。

[二] 繼事，會于溫而圍許。

(僖·二十八·二十二)

**曹伯襄復歸于曹。**[一]

復者，復中國也。天子免之，因與之會。其曰復，通王命也。[二]

[一] 三月爲晉侯所執，今方歸。

[二] 免之于宋，身未反國，因會于許，即從反國之辭通王命。

(僖·二十八·二十三)

**遂會諸侯圍許。**

遂，繼事也。

# 僖公二十九年

（僖·二十九·一）

**二十有九年春，介葛盧來。**

介，國也。葛盧，微國之君，未爵者也。其曰來，卑也。

（僖·二十九·二）

**公至自圍許。**

（僖·二十九·三）

**夏六月，公會王人、晉人、宋人、齊人、陳人、蔡人、秦人盟于翟泉。**[一]

［一］翟泉，某地。

（僖·二十九·四）

**秋，大雨雹。**[一]

［一］雹者，陰脅陽、臣侵君之象。陽氣之在水，雨則溫熱，陰氣薄而脅之，不相入，轉而成雹。

（僖·二十九·五）

**冬，介葛盧來。**

# 僖公三十年

（僖·三十·一）

**三十年春王正月。**

（僖·三十·二）

**夏，狄侵齊。**

（僖·三十·三）

**秋，衛殺其大夫元咺，**

稱國以殺，罪累上也，以是爲訟君也。[一]衛侯在外，其以累上之辭言之，何也？待其殺而後入也。

［一］元咺訟君之罪于伯者，君忌之，使人殺之而後入。案宣九年陳殺其大夫泄冶[一]，《傳》曰“稱國以殺其大夫，殺無罪也”，此《傳》曰“稱國以殺，罪累上也”，凡稱國以殺大夫，或殺無罪，或罪累上，參互不同，略當近半。然則稱國以殺有二義，泄冶忠賢而君殺之，是君無道也。衛侯雖有不德，臣無訟君之道，元咺之罪亦已重矣。然君子之道，譬之于射，失諸正鵠，反求諸身。衛侯不思致訟之愆、躬自厚之義，過而不改，而又怨忌，上下皆失，故曰罪累上。

〔一〕案宣九年陳殺其大夫泄冶　“泄冶”，底本作“泄治”，《古逸叢書》本、十行本、元十行本同，據阮刻本及宣公九年經文改。下同。

**及公子瑕。**

公子瑕累也，以尊及卑也。

（僖·三十·四）

**衛侯鄭歸于衛。**[一]

［一］徐邈曰："凡出奔歸月、執歸不月者，齊則國更立主〔一〕，若故君還入，必有戰爭禍害，所以謹其文；執者罪名未定，其國猶追奉之，歸無犯害，故例不月。"

（僖·三十·五）

**晉人、秦人圍鄭。**

（僖·三十·六）

**介人侵蕭。**

（僖·三十·七）

**冬，天王使宰周公來聘。**

天子之宰通于四海。

（僖·三十·八）

**公子遂如京師，遂如晉。**

以尊遂乎卑，此言不敢叛京師也。[一]

---

〔一〕齊則國更立主　"齊"，各本同，疑當爲"奔"之誤。

［一］何休曰："大夫無遂事。案襄十二年季孫宿救台，遂入鄆，惡季孫不受命而入也。如公子遂受命如晉，不當言遂。"鄭君釋之曰："遂固受命如京師、如晉，不專受命如周。經近上言天王使宰周公來聘，故公子遂報焉，因聘于晉。尊周不敢使並命，使若公子遂自往然。即云公子遂如京師、如晉，是同周于諸侯，叛而不尊天子也。《公羊傳》有美惡不嫌同辭，何獨不廣之於此乎？"甯謂經同而傳異者甚衆，此吾徒所以不及古人也。

# 僖公三十一年

（僖·三十一·一）

**三十有一年春，取濟西田。**[一]

［一］曹田。

（僖·三十一·二）

**公子遂如晉。**

（僖·三十一·三）

**夏四月，四卜郊，**[一] **不從，乃免牲，猶三望。**[二]

夏四月，不時也。[三] 四卜，非禮也。[四] 免牲者，爲之緇衣纁裳，有司玄端，奉送至于南郊，免牛亦然。[五] 乃者，亡乎人之辭也。[六] 猶者，可以已之辭也。[七]

［一］謂之郊者，天人相與交接之意也。不言郊天者，不敢斥尊也。昔武王既崩，成王幼少，周公居攝，行天子事，制禮作樂，終致太平。周公薨，成王以王禮葬之，命魯使郊，以彰周公之德，祭蒼帝靈威仰。昊天上帝，魯不祭。

［二］鄭君曰："望者，祭山川之名也，謂海也、岱也、淮也，非其疆界則不祭。"《禹貢》曰："海、岱及淮惟徐州。"徐州，魯地。

［三］郊，春事也。

［四］郊，春事，四卜則入夏。

［五］玄端，黑衣，接神之道。玄纁者，天地之色也。南郊，天位，歸之于陽也。全曰牲，傷曰牛。牛有變而不郊，故卜免牛。

［六］亡乎人，若曰無賢人也。凱曰:“其猶《易》稱‘闃其户，闃其無人’,《詩》云‘巷無居人’，譏僖公不共致天變。”

［七］望，郊之細也。不郊，無望可也。已，止也。

（僖·三十一·四）

**秋七月。**

（僖·三十一·五）

**冬，杞伯姬來求婦。**

婦人既嫁不踰竟，杞伯姬來求婦非正也。

（僖·三十一·六）

**狄圍衛。**

（僖·三十一·七）

**十有二月，衛遷於帝丘。**[一]

［一］帝丘，衛地。

# 僖公三十二年

（僖·三十二·一）

**三十有二年春王正月。**

（僖·三十二·二）

**夏四月己丑，鄭伯捷卒。**

（僖·三十二·三）

**衛人侵狄。**

（僖·三十二·四）

**秋，衛人及狄盟。**

（僖·三十二·五）

**冬十有二月己卯，晉侯重耳卒。**[一]

［一］晉自莊公已前不書于《春秋》，又不言文公之入及鄭忽之殺，何乎？徐邈通之曰："案《詩序》及《紀年》《史記》，晉昭公之後大亂五世，又鄭忽之後有子亹、子儀，且事出記傳而經所無殊多，誠當有不告故不書者。諸侯有朝聘之禮、赴告之命，所以敦其交好、通其憂虞，若鄰國相望而情志否隔，存亡禍福不以相關，則它國之史無由得書，故告命之事絶則記注之文闕，此蓋内外相與之常也。魯政雖陵遲而典刑猶存，史策所錄不失常法，其文憲之實足徵，故孔子因而脩

之，事仍本史而辭有損益，所以成詳略之例、起褒貶之意。若夫可以寄微旨而通王道者，存乎精義窮理，不在記事少多，此蓋脩《春秋》之本旨。師資辯説，日用之常義，故穀梁子可不復發文，而體例自舉矣。”

# 僖公三十三年

（僖·三十三·一）

**三十有三年春王二月，秦人入滑。**

滑，國也。

（僖·三十三·二）

**齊侯使國歸父來聘。**

（僖·三十三·三）

**夏四月辛巳，晉人及姜戎敗秦師于殽。**

不言戰而言敗，何也？狄秦也。其狄之，何也？秦越千里之險入虛國，[一]進不能守，退敗其師徒，亂人子女之教，無男女之别，秦之爲狄，自殽之戰始也。[二]秦伯將襲鄭，百里子與蹇叔子諫曰："千里而襲人，未有不亡者也。"秦伯曰："子之冢木已拱矣，何知！"[三]師行，百里子與蹇叔子送其子而戒之曰："女死必於殽之巖唫之下，[四]我將尸女於是。"[五]師行，百里子與蹇叔子隨其子而哭之，秦伯怒曰："何爲哭吾師也？"二子曰："非敢哭師也，哭吾子也，我老矣，彼不死則我死矣。"[六]晉人與姜戎要而擊之殽，匹馬倚輪無反者。[七]晉人者，晉子也，其曰人，何也？微之也。何爲微之？不正其釋殯而主乎戰也。

［一］滑無備，故言虛國。

［二］明秦本非夷狄。

［三］子之輩皆已老死矣。拱，合抱也。言其老，無知。

［四］其處險隘，一人可以要百人。

［五］尸女者，收女尸。

［六］畏秦伯怒，故云彼我要有死者。

［七］倚輪，一隻之輪。

（僖·三十三·四）

**癸巳，葬晉文公。**

日葬，危不得葬也。

（僖·三十三·五）

**狄侵齊。**

（僖·三十三·六）

**公伐邾，取訾樓。**

（僖·三十三·七）

**秋，公子遂帥師伐邾。**

（僖·三十三·八）

**晉人敗狄于箕。**［一］

［一］箕，晉地。

（僖·三十三·九）

**冬十月，公如齊。**

（僖·三十三·十）

**十有二月，公至自齊。**

（僖·三十三·十一）

**乙巳，公薨于小寢。**[一]

小寢非正也。[二]

［一］小寢，內寢。

［二］非路寢。

（僖·三十三·十二）

**隕霜不殺草。**[一]

未可殺而殺，舉重也；可殺而不殺，舉輕也。[二]

［一］《京房易傳》曰："君假與臣權，隕霜不殺草。"

［二］重謂菽也，輕謂草也，輕者不死則重者不死可知。

（僖·三十三·十三）

**李、梅實。**[一]

實之爲言猶實也。[二]

［一］《京房易傳》曰："縱叛者兹謂不明，厥妖木冬實。"

［二］實，子。

（僖·三十三·十四）

**晉人、陳人、鄭人伐許。**

# 春秋穀梁傳集解文公第六

# 春秋穀梁傳集解文公第六

范甯 集解

## 文公元年

（文·元·一）

**元年春王正月，公即位。**

繼正即位，正也。[一]

［一］繼正謂繼正卒也。隱去即位以見讓，桓書即位以示安忍，莊、閔、僖不言即位皆繼弒。

（文·元·二）

**二月癸亥，日有食之。**

（文·元·三）

**天王使叔服來會葬。**[一]

葬曰會，[二]其志，重天子之禮也。

［一］諸侯喪，天子使大夫會葬，禮也。《傳》例曰："天子大夫稱字。"蓋未受采邑，故不稱氏。字者貴稱，故可獨達也。

［二］言會明非一人之辭。

（文·元·四）

**夏四月丁巳，葬我君僖公。**

薨稱公，舉上也。葬我君，接上下也。僖公葬而後舉謚，謚所以成德也，於卒事乎加之矣。

（文·元·五）

**天王使毛伯來錫公命。**[一]

禮有受命，無來錫命，錫命非正也。

［一］毛，采邑；伯，字也。天子上大夫也。

（文·元·六）

**晉侯伐衛。**

（文·元·七）

**叔孫得臣如京師。**

（文·元·八）

**衛人伐晉。**

（文·元·九）

**秋，公孫敖會晉侯于戚。**[一]

［一］禮，卿不得會公侯。《春秋》尊魯，內卿大夫可以會外諸

侯[一]。戚，衛地。

(文·元·十)

**冬十月丁未，楚世子商臣弑其君髡[二]。[一]**

日髡之卒，所以謹商臣之弑也。夷狄不言正不正。[二]

[一] 鄭嗣曰："商臣，繆王也。髡，文王之子成王也。不言其父而言其君者，君之於世子有父之親、有君之尊，言世子所以明其親也，言其君所以明其尊也，商臣於尊親盡矣。"

[二] 徐乾曰："中國君卒正者例日，簒立不正者不日，夷狄君卒皆略而不日，所以殊夷夏也。今書日，謹識商臣之大逆爾，不以明髡正與不正。"

(文·元·十一)

**公孫敖如齊。**

---

〔一〕 内卿大夫可以會外諸侯 "大"，底本作"夫"，十行本、阮刻本作"大"，底本形近而誤，據改。

〔二〕 楚世子商臣弑其君髡 "商臣"，十行本、阮刻本作"商臣"，傳、注同。

# 文公二年

（文·二·一）

**二年春王二月甲子，晉侯及秦師戰于彭衙，**[一]**秦師敗績。**

［一］彭衙，秦地。

（文·二·二）

**丁丑，作僖公主。**

作，爲也，爲僖公主也。[一]立主，喪主於虞，[二]吉主於練。[三]作僖公主，譏其後也。[四]作主壞廟有時日，於練焉壞廟。壞廟之道，易檐可也，改塗可也。[五]

［一］爲僖公廟作主也。主蓋神之所馮依，其狀正方，穿中央、達四方，天子長尺二寸，諸侯長一尺。

［二］禮，平旦而葬，日中反而祭，謂之曰虞，其主用桑。

［三］期而小祥，其主用栗。

［四］僖公薨至此已十五月。

［五］禮，親過高祖則毁其廟，以次而遷，將納新神，故示有所加。

（文·二·三）

**三月乙巳，及晉處父盟。**[一]

不言公，處父伉也，爲公諱也。[二]何以知其與公盟？以其日也。何以不言公之如晉？所恥也，出不書、反不致也。

［一］晉大夫陽處父。

［二］諱公與大夫盟，去處父氏。公親如晉，使若與其君盟，如經言邾儀父矣。不書地者，公在晉也。莊二十二年秋七月丙申及齊高傒盟于防，不去高傒氏者，公不親如齊，不與其君盟，於恥差降。

（文·二·四）

**夏六月，公孫敖會宋公、陳侯、鄭伯、晉士穀盟于垂斂。**[一]

內大夫可以會外諸侯。

［一］垂斂，鄭地。

（文·二·五）

**自十有二月不雨至于秋七月。**[一]

歷時而言不雨，文不憂雨也。[二]不憂雨者，無志乎民也。[三]

［一］建午之月，猶未爲災。

［二］僖公憂民，歷一時輒書不雨；今文公歷四時乃書，是不勤雨也。

［三］無恤民志。

（文·二·六）

**八月丁卯，大事于大廟，躋僖公。**[一]

大事者何？大是事也，著祫嘗。[二]祫祭者，毀廟之主陳于大祖，未毀廟之主皆升，合祭于大祖。[三]躋，升也，先親而後祖也，逆祀也。[四]逆祀則是無昭穆也，無昭穆則是無祖也，無祖則是無天也，故曰“文無天”。無天者，是無天而行也。[五]君子不以親親害尊尊，此《春秋》之義也。[六]

［一］大事，祫也。時三年之喪未終而吉祭於大廟，則其譏自明。

［二］祫，合也；嘗，秋祭。

［三］祫祭者，皆合祭諸廟已毀未毀者之主於大祖廟中，以昭繆爲次序，父爲昭、子爲繆，昭南鄉、繆北鄉，孫從王父坐也，祭畢則復還其廟。

［四］舊説：“僖公，閔公庶兄，故文公升僖公之主於閔公之上耳。僖公雖長，已爲臣矣；閔公雖小，已爲君矣。臣不可以先君，猶子不可以先父，故以昭穆父祖爲喻。”甯曰：“即之於《傳》則無以知其然，若引《左氏》以釋此《傳》，則義雖有似而於文不辨。高宗，殷之賢主，猶祭豐于禰，以致雊雊之變，然後率脩常禮。文公傎倒祖考，固不足多怪矣。”親謂僖，祖謂莊。

［五］祖，人之始也；人之所仰，天也。

［六］尊卑有序，不可亂也。

（文·二·七）

**冬，晉人、宋人、陳人、鄭人伐秦。**

（文·二·八）

**公子遂如齊納幣。**[一]

［一］喪制未畢而納幣，書非禮。

# 文公三年

（文·三·一）

**三年春王正月，叔孫得臣會晉人、宋人、陳人、衛人、鄭人伐沈，沈潰。**[一]

［一］沈，國也。潰之爲言上下不相得。

（文·三·二）

**夏五月，王子虎卒。**

叔服也。此不卒者也，[一]何以卒之？以其來會葬我卒之也。[二]或曰：以其嘗執重以守也。[三]

［一］外大夫不書卒。

［二］會葬在元年。

［三］僖二十四年天王出居于鄭，叔服執重任以守國。

（文·三·三）

**秦人伐晉。**

（文·三·四）

**秋，楚人圍江。**

（文·三·五）

**雨螽于宋。**

外災不志，此何以志也？曰：災甚也。其甚奈何？茅茨盡矣。[一]著於上、見於下謂之雨。

［一］茅茨猶盡則嘉穀可知。茨，蒺藜。

（文·三·六）

**冬，公如晉。**

（文·三·七）

**十有二月己巳，公及晉侯盟。**

（文·三·八）

**晉陽處父帥師伐楚救江。**

此伐楚，其言救江，何也？江遠楚近，伐楚所以救江也。[一]

［一］時楚人圍江，晉師伐楚，楚國有難則江圍自解。

# 文公四年

（文·四·一）

**四年春，公至自晉。**

（文·四·二）

**夏，逆婦姜于齊。**

其曰婦姜，爲其禮成乎齊也。[一]其逆者誰也？親逆而稱婦，或者公與？何其速婦之也？[二]曰：公也。其不言公，何也？[三]非成禮於齊也。[四]曰婦，有姑之辭也。其不言氏，何也？貶之也。何爲貶之也？夫人與有貶也。[五]

［一］婦禮成于齊，故在齊便稱婦。

［二］鄭嗣曰："皆問者之辭。問者以使大夫逆例稱女，而今稱婦，爲是公親逆與？怪稱婦速，故反覆推之。"

［三］據莊二十四年公如齊逆女言公。

［四］非，責。

［五］邵曰："夫人能以禮自防，則夫婦之禮不成於齊，故譏公而夫人與焉。"

（文·四·三）

**狄侵齊。**

（文·四·四）

**秋，楚人滅江。**

（文·四·五）

**晉侯伐秦。**

（文·四·六）

**衛侯使甯俞來聘。**

（文·四·七）

**冬十有一月壬寅，夫人風氏薨。**[一]

［一］僖公母，風姓。

## 文公五年

（文·五·一）

**五年春王正月，王使榮叔歸含且賵。**[一]

含，一事也；賵，一事也。兼歸之，非正也。[二]其曰且，志兼也。其不言來，不周事之用也，[三]賵以早[四]而含以晚。[五]

［一］含，口實也。《禮記》曰："飯用米貝，弗忍虛也。"諸侯含用玉。榮叔，天子之上大夫也。榮，采地；叔，字。

［二］禮，含、賵、襚各異人。

［三］何休曰："四年夫人風氏薨，九年秦人來歸僖公、成風之襚，最晚矣，何以言來？"鄭君釋之曰："秦自敗于殽之後，與晉爲仇，兵無休時，乃加免繆公之喪而來，君子原情不責晚。"用，或作辭。

［四］乘馬曰賵，乘馬所以助葬。成風未葬，故書早。

［五］已殯，故言晚。國有遠近，皆令及事，理不通也。《禮·雜記》曰："含者執璧將命曰：'寡君使某含。'相者入告，出曰：'孤某須矣。'含者入，升堂致命，子拜稽顙。含者坐委於殯東南，有葦席。既葬，蒲席，降出反位。"明君之於臣有含賵之義，所以助喪盡恩。含不必用，示有其禮。

（文·五·二）

**三月辛亥，葬我小君成風，王使毛伯來會葬。**

會葬之禮於鄙上。[一]

［一］從竟至墓，主爲送葬來。

（文·五·三）

**夏，公孫敖如晉。**

（文·五·四）

**秦人入鄀。**

（文·五·五）

**秋，楚人滅六。**

（文·五·六）

**冬十月甲申，許男業卒。**

## 文公六年

（文·六·一）

**六年春，葬許僖公。**

（文·六·二）

**夏，季孫行父如陳。**[一]

[一] 行父，季友孫。

（文·六·三）

**秋，季孫行父如晉。**

（文·六·四）

**八月乙亥，晉侯驩卒。**

（文·六·五）

**冬十月，公子遂如晉。**

（文·六·六）

**葬晉襄公。**

（文·六·七）

**晉殺其大夫陽處父。**

稱國以殺，罪累上也。襄公已葬，其以累上之辭言之，何也？君漏言也。上泄則下闇，下闇則上聾，且闇且聾，無以相通。[一]夜姑殺者也[一]。[二]夜姑之殺奈何？曰：晉將與狄戰，使狐夜姑爲將軍，趙盾佐之。陽處父曰：“不可。古者君之使臣也，使仁者佐賢者，不使賢者佐仁者。今趙盾賢、夜姑仁，其不可乎？”[三]襄公曰：“諾。”謂夜姑曰：“吾始使盾佐女，今女佐盾矣。”[四]夜姑曰：“敬諾。”襄公死，處父主竟上之事[二]，[五]夜姑使人殺之，君漏言也。[六]故士造辟而言，詭辭而出，[七]曰“用我則可，不用我則無亂其德”。[八]

[一]臣闇不言，君無所聞，上下否塞。

[二]殺處父。

[三]邵曰：“賢者多才也，戰主于攻伐，仁者有惻隱之恩，不如多才者有權略。”

[四]稱處父語以語之，故《傳》曰漏言也。

[五]待諸侯會葬在竟上。

[六]親殺者夜姑而歸罪於君，明由君言而殺之，罪在君也，故稱君以殺。

[七]辟君也。詭辭而出，不以實告人。

[八]此士對君言之辭。

---

〔一〕夜姑殺者也　“夜”，阮刻本作“射”，《校勘記》曰：“石經、閩、監、毛本‘射’作‘夜’；《釋文》出‘夜姑’，云《左氏》作‘射姑’；此十行本亦作‘夜’。淺人據《左氏》妄改剜補之迹顯然。下‘射姑之殺’‘射姑使人’並當作‘夜’。”

〔二〕處父主竟上之事　“之”，十行本、阮刻本無，《校勘記》曰：“閩、監、毛本同，石經‘上’下有‘之’字。”

（文 · 六 · 八）

**晉狐夜姑出奔狄。**

（文 · 六 · 九）

**閏月不告月，猶朝于廟。**[一]

不告月者，何也？不告朔也。不告朔則何爲不言朔也？閏月者，附月之餘日也，積分而成於月者也，[二]天子不以告朔而喪事不數也。[三]猶之爲言可以已也。[四]

［一］禮，天子以十二月朔政班告于諸侯，諸侯受於禰廟。孝子尊事先君，不敢自專也。言朝者，緣生以事死，親存朝朝莫夕不敢泄鬼神，故事畢感月始而朝之。

［二］一歲三百六十日，餘六日，又有小月六，積五歲得六十日而再閏，積衆月之餘分以成此月。

［三］閏是叢殘之數，非月之正，故吉凶大事皆不用也。

［四］郊然後三望，告朔然後朝廟，俱言猶義相類也。既廢其大而行其細，故譏之。

# 文公七年

（文·七·一）

**七年春，公伐邾。**

（文·七·二）

**三月甲戌，取須句。**

取邑不日，此其日，何也？[一]不正其再取，故謹而日之也。[二]

［一］據僖二十六年公伐齊取穀不日。

［二］僖二十二年公已伐邾取須句，過而不改，於此爲甚，故錄日以志之。

（文·七·三）

**遂城郚。**

遂，繼事也。[一]

［一］因伐邾之師。

（文·七·四）

**夏四月，宋公壬臣卒。**

（文·七·五）

**宋人殺其大夫。**

稱人以殺，誅有罪也。

（文·七·六）

**戊子，晉人及秦人戰于令狐。**[一]

［一］令狐，秦地。

（文·七·七）

**晉先蔑奔秦。**

不言出，在外也。輟戰而奔秦，以是爲逃軍也。[一]

［一］輟，止也。爲將而獨奔，故曰逃軍。

（文·七·八）

**狄侵我西鄙。**

（文·七·九）

**秋八月，公會諸侯、晉大夫盟于扈。**[一]

其曰諸侯，略之也。[二]

［一］扈，鄭地。

［二］晉侯新立，公始往會，晉侯不盟，大夫受盟。既以喪娶，又取二邑，爲諸侯所賤，不得序于會，諱使若扈之盟都不可知，故略之。

（文·七·十）

**冬，徐伐莒。**

（文·七·十一）

**公孫敖如莒涖盟**。

涖，位也。其曰位，何也？前定也。其不日，前定之盟不日也。

## 文公八年

（文·八·一）

**八年春王正月。**

（文·八·二）

**夏四月。**

（文·八·三）

**秋八月戊申，天王崩。**[一]

[一] 襄王。

（文·八·四）

**冬十月壬午，公子遂會晉趙盾盟于衡雍。**[一]

[一] 衡雍，鄭地。

（文·八·五）

**乙酉，公子遂會雒戎盟于暴。**[一]

[一] 鄭地。

（文·八·六）

**公孫敖如京師，**[一] **不至而復。丙戌，奔莒。**

不言所至，未如也，[二]未如則未復也。未如而曰如，不廢君命也；[三]未復而曰復，不專君命也。[四]其如非如也，其復非復也，唯奔莒之爲信，故謹而日之也。

［一］弔周喪。

［二］若其已行，當如公子遂至黄乃復，今不言所至而直言復，知其實未如也。

［三］雍曰："受命而出，義無私留，書'如京師'以顯命行于下，不書所至以表不去之罪。"

［四］復者，事畢之辭，未如故知其未復。加畢事之文者，言君命無輒專之道。

（文·八·七）

**螽。**

（文·八·八）

**宋人殺其大夫司馬。**

司馬，官也。以其官稱，無君之辭也。[一]

［一］何休曰："近上七年宋公壬臣卒，宋人殺其大夫不言官，今此在三年中言官，義相違。"鄭君釋之曰："七年殺其大夫，此實無君也。今殺其司馬，無人君之德耳。司馬、司城，君之爪牙，守國之臣。乃殺其司馬、奔其司城，無道之甚，故稱官以見輕慢也。《傳》例：'稱人以殺，殺有罪也。'此上下俱失之。"

（文·八·九）

**宋司城來奔**。

司城，官也。其以官稱，無君之辭也。來奔者不言出，舉其接我也。

# 文公九年

（文·九·一）

**九年春，毛伯來求金。**

求車猶可，求金甚矣。[一]

［一］凱曰："求俱不可，在喪尤甚。不稱使者，天子當喪未君也。"

（文·九·二）

**夫人姜氏如齊。**[一]

［一］歸寧。

（文·九·三）

**二月，叔孫得臣如京師。**

京，大也；師，衆也。言周必以衆與大言之也。

（文·九·四）

**辛丑，葬襄王。**

天子志崩不志葬，舉天下而葬一人，其道不疑也。志葬，危不得葬也，[一]日之甚矣，其不葬之辭也。[二]

［一］不得備禮葬。

［二］王室微弱，諸侯無復往會葬。

（文·九·五）

**晉人殺其大夫先都。**

（文·九·六）

**三月，夫人姜氏至自齊。**

卑以尊致，病文公也。[一]

［一］夫人行例不致，乃以君禮致，刺公寵之過。

（文·九·七）

**晉人殺其大夫士穀及箕鄭父。**

稱人以殺，誅有罪也，鄭父累也。

（文·九·八）

**楚人伐鄭。**

（文·九·九）

**公子遂會晉人、宋人、衛人、許人救鄭。**

（文·九·十）

**夏，狄侵齊。**

（文·九·十一）

**秋八月，曹伯襄卒。**

（文·九·十二）

**九月癸酉，地震。**

震，動也。地不震者也，震故謹而日之也。[一]

［一］《穀梁》説曰："大臣盛，將動有所變。"

（文·九·十三）

**冬，楚子使萩來聘。**

楚無大夫，[一]其曰萩，何也？以其來我褒之也。

［一］無命卿。

（文·九·十四）

**秦人來歸僖公、成風之襚。**

秦人弗夫人也[一]，[一]即外之弗夫人而見正焉。[二]

［一］言秦人弗以成風爲夫人，故不言夫人。

［二］見不以妾爲妻之正。

（文·九·十五）

**葬曹共公。**

---

〔一〕秦人弗夫人也　此六字十行本、阮刻本作"秦人弗失之也"。

# 文公十年

（文·十·一）

**十年春王三月辛卯，臧孫辰卒。**

（文·十·二）

**夏，秦伐晉。**

（文·十·三）

**楚殺其大夫宜申。**[一]

［一］僖四年《傳》曰楚無大夫，今云殺其大夫者，楚本祝融之後、季連之胄也，而國近南蠻，遂漸其俗，故棄而夷之；今知內附中國，亦轉強大，故進之。

（文·十·四）

**自正月不雨至于秋七月。**

歷時而言不雨，文不閔雨也。不閔雨者，無志乎民也。

（文·十·五）

**及蘇子盟于女栗**〔一〕。[一]

［一］女栗，某地。蘇子，周卿士。

〔一〕及蘇子盟于女栗　“女栗”，十行本、阮刻本作“女粟”。

（文·十·六）

**冬，狄侵宋。**

（文·十·七）

**楚子、蔡侯次于厥貉。**[一]

［一］厥貉，某地也。

# 文公十一年

（文·十一·一）

**十有一年春，楚子伐麇。**

（文·十一·二）

**夏，叔彭生會晉郤缺于承匡。**[一]

［一］承匡，宋地。

（文·十一·三）

**秋，曹伯來朝。**

（文·十一·四）

**公子遂如宋。**

（文·十一·五）

**狄侵齊。**

（文·十一·六）

**冬十月甲午，叔孫得臣敗狄于鹹。**

不言帥師而言敗，何也？[一]直敗一人之辭也。一人而曰敗，何也？以衆焉言之也。[二]《傳》曰：長狄也。弟兄三人佚宕中國，[三]瓦石不能害。[四]叔孫得臣最善射者也，射其目，身横九畝，[五]斷其首而載之，眉見於軾。[六]然則何爲不言獲也?[七]曰:古者不重創,不禽二毛,故不言獲,爲内諱也。[八]其之齊者,王子成父殺之,則未知其之晉者也。

[一]據僖元年"公子友帥師敗莒師于麗,獲莒挐"稱帥師。

[二]言其力足以敵衆。

[三]佚猶更也。

[四]肌膚堅強,瓦石打擿不能虧損。

[五]廣一步、長百步爲一畝。九畝,五丈四尺。

[六]兵車之軾高三尺二寸[一]。

[七]據莒挐言獲。

[八]不重創,恤病也。不禽二毛,敬老也。仁者造次必於是,顛沛必於是,故爲内諱也。既射其目,又斷其首,爲重創。鬒髮白爲二毛。

---

〔一〕兵車之軾高三尺二寸 "二",《校勘記》曰:"閩本同,監、毛本'二'作'三'。案:'三'是。"

# 文公十二年

（文·十二·一）

**十有二年春王正月，郕伯來奔。**

（文·十二·二）

**杞伯來朝。**[一]

［一］僖二十七年稱子，今稱伯，蓋時王所進。

（文·十二·三）

**二月庚子，子叔姬卒。**

其曰子叔姬，貴也，公之母姊妹也。[一]其一《傳》曰：許嫁以卒之也。男子二十而冠，冠而列丈夫，三十而娶；女子十五而許嫁，二十而嫁。[二]

［一］同母姊妹。

［二］禮，二十而冠，冠而在丈夫之列。譙周曰："國不可久無儲貳，故天子、諸侯十五而冠、十五而娶。娶必先冠，以夫婦之道王教之本，不可以童子之道治之。禮，十五爲成童，以次成人，欲人君之早有繼體，故因以爲節。《書》稱成王十五而冠，著在《金縢》。《周禮·媒氏》曰：'令男三十而娶，女二十而嫁。'《内則》云'女子十五而笄'，説曰'許嫁也'。是故男自二十以及三十，女自十五以及二十，皆得以嫁娶。先是則速，後是則晚。凡人嫁娶，或以賢淑，或以方類，豈

但年數而已？若必差十年乃爲夫婦，是廢賢淑、方類，苟比年數而已，禮何爲然哉。則三十而娶、二十而嫁，説嫁娶之限，蓋不得復過此爾。故舜年三十無室，《書》稱曰鰥。《周禮》云：‘女子年二十未有嫁者，仲春之月奔者不禁。’奔者不待禮聘，因媒請嫁而已矣。”甯謂：禮，爲夫之姊妹服長殤，年十九至年十六如此，男不必三十而娶、女不必二十而嫁明矣，此又士大夫之禮。

（文·十二·四）

**夏，楚人圍巢。**

（文·十二·五）

**秋，滕子來朝。**

（文·十二·六）

**秦伯使術來聘。**[一]

［一］術，秦大夫。

（文·十二·七）

**冬十有二月戊午，晉人、秦人戰于河曲。**[一]

不言及，秦、晉之戰已亟，故略之也。[二]

［一］河曲，晉地。

［二］亟，數也。夫戰必有曲直，以一人主之。二國戰鬭數，曲直不可得詳，故略之，不言晉人及秦人戰。

（文 · 十二 · 八）

**季孫行父帥師城諸及鄆。**

稱帥師，言有難也。

# 文公十三年

（文·十三·一）

**十有三年春王正月。**

（文·十三·二）

**夏五月壬午，陳侯朔卒。**

（文·十三·三）

**邾子籧篨卒。**

（文·十三·四）

**自正月不雨，至於秋七月。**

（文·十三·五）

**大室屋壞。**[一]

大室屋壞者，有壞道也，譏不脩也。大室猶世室也，[二]周公曰大廟，[三]伯禽曰大室，群公曰宫。[四]禮，宗廟之事，君親割，[五]夫人親舂，[六]敬之至也。爲社稷之主而先君之廟壞，極稱之，志不敬也。[七]

［一］屋者，主於覆蓋，明廟不都壞。

［二］世世有是室，故言世室。

［三］《爾雅》曰："室有東西廂曰廟。"

［四］《爾雅》曰："宫謂之室，室謂之宫。"然則其實一也，蓋尊

伯禽而異其名。

［五］割牲。

［六］舂粢盛。

［七］極稱言屋壞，不復依違其文。

（文·十三·六）

**冬，公如晉。**

（文·十三·七）

**衛侯會公于沓。**［一］

［一］沓，地也。

（文·十三·八）

**狄侵衛。**

（文·十三·九）

**十有二月己丑，公及晉侯盟，還自晉。**

還者，事未畢也；自晉，事畢也。

（文·十三·十）

**鄭伯會公于棐。**［一］

［一］棐，鄭地。

# 文公十四年

（文·十四·一）

**十有四年春王正月，公至自晉。**

（文·十四·二）

**邾人伐我南鄙。**

（文·十四·三）

**叔彭生帥師伐邾。**

（文·十四·四）

**夏五月乙亥，齊侯潘卒。**

（文·十四·五）

**六月，公會宋公、陳侯、衛侯、鄭伯、許伯、曹伯、晉趙盾**〔一〕**。癸酉，同盟于新城。**〔一〕

同者，有同也，同外楚也。

［一］新城，宋地。

（文·十四·六）

**秋七月，有星孛入于北斗。**

〔一〕 許伯曹伯晉趙盾 "許伯"，《校勘記》曰："閩、監、毛本同，石經'許伯'作'許男'。"

孛之爲言猶茀也。其曰入北斗，斗有環域也。[一]

［一］據孛于大辰及東方皆不言入，此言入者，明斗有規郭，入其魁中也。劉向曰："北斗，貴星，人君之象也；茀星，亂臣之類。言邪亂之臣將並弑其君。"

(文·十四·七)

**公至自會。**

(文·十四·八)

**晉人納捷菑于邾，弗克納。**

是郤克也，其曰人，何也？微之也。何爲微之也？長轂五百乘，緜地千里，[一]過宋、鄭、滕、薛，敻入千乘之國，欲變人之主，[二]至城下然後知，何知之晚也。[三]弗克納，未伐而曰弗克，何也？弗克其義也。[四]捷菑，晉出也；貜且，齊出也。[五]貜且正也，捷菑不正也。[六]

［一］長轂，兵車。四馬曰乘，一乘甲士三人，步卒七十二人，五百乘合三萬七千五百人。緜猶彌漫。

［二］敻猶遠也。變人之主謂時邾已立貜且。邾小國而言千乘者，大郤克之事。

［三］征不廟筭，正其得失，勞師遠涉，乃至城下。邾以義拒，然後方悟，貶之曰人，不亦宜乎。

［四］非力不足，義不可勝。

［五］姊妹之子曰出。

［六］正適。

（文·十四·九）

**九月甲申，公孫敖卒于齊。**

奔大夫不言卒而言卒，何也？[一]爲受其喪，不可不卒也。其地，於外也。[二]

［一］據閔二年公子慶父出奔莒後不言卒。

［二］成十七年公孫嬰齊卒于貍蜃，《傳》曰“其地，未踰竟”；宣八年仲遂卒于垂，垂，齊地。然則，地或踰竟，或未踰竟，凡大夫卒在常所則不地，地者皆非其常所，隨其所在而書其地耳，不係於踰竟與不踰竟。

（文·十四·十）

**齊公子商人弒其君舍。**

舍未踰年，其曰君，何也？成舍之爲君，所以重商人之弒也。[一]商人其不以國氏，何也？[二]不以嫌代嫌也。[三]舍之不日，何也？未成爲君也。

［一］舍不成君則殺者非弒也。

［二］據隱四年衛祝吁弒其君完不言公子。

［三］《春秋》以正治不正，不以亂平亂。舍不宜立，有不正之嫌；商人專權，有當國之嫌。故不書國氏，明不以嫌相代。

（文·十四·十一）

**宋子哀來奔。**

其曰子哀，失之也。[一]

［一］言失其氏族，不知何人。

（文·十四·十二）

**冬，單伯如齊，**[一] **齊人執單伯。**

私罪也。單伯淫于齊，齊人執之。

［一］單伯，魯大夫。

（文·十四·十三）

**齊人執子叔姬。**

叔姬同罪也。

# 文公十五年

（文·十五·一）

**十有五年春，季孫行父如晉。**

（文·十五·二）

**三月，宋司馬華孫來盟。**[一]

司馬，官也，其以官稱，無君之辭也。來盟者何？前定也。不言及者，以國與之也。

［一］泰曰："擅權專國，不君其君；緣其不臣，因曰無君。上司馬、司城皆不名，而此獨名者，以華孫奉使出盟，爲好於我，故書官以見專、錄名以存善。"

（文·十五·三）

**夏，曹伯來朝。**

（文·十五·四）

**齊人歸公孫敖之喪。**

（文·十五·五）

**六月辛丑朔，日有食之，鼓用牲于社。**

（文·十五·六）

**單伯至自齊。**

大夫執則致，致則名，此其不名，何也？[一]天子之命大夫也。

［一］據昭十四年意如至自晉稱名。

（文·十五·七）

**晉郤缺帥師伐蔡，戊申，入蔡。**

（文·十五·八）

**秋，齊人侵我西鄙。**

其曰鄙，遠之也。其遠之，何也？不以難介我國也。[一]

［一］介猶近也。

（文·十五·九）

**季孫行父如晉。**

（文·十五·十）

**冬十有一月，諸侯盟于扈。**[一]

［一］諸侯皆會而公獨不與，故恥而略之。

（文·十五·十一）

**十有二月，齊人來歸子叔姬。**

其曰子叔姬，貴之也。其言來歸，何也？父母之於子，雖有罪，猶欲其免也。[一]

［一］凱曰："書'來歸'，是見出之辭。有罪之人猶與貴稱，書之曰'子'者，蓋父母之恩欲免罪也。"

（文·十五·十二）

**齊侯侵我西鄙，遂伐曹，入其郛。**[一]

［一］郛，郭。

# 文公十六年

(文·十六·一)

**十有六年春，季孫行父會齊侯于陽穀，齊侯弗及盟。**

弗及者，内辭也。行父失命矣，齊得内辭也。[一]

［一］行父出會失辭，義無可納，故齊侯以正道拒而弗受。不盟由齊，故得内辭。

(文·十六·二)

**夏五月，公四不視朔。**

天子告朔于諸侯，諸侯受乎禰廟，禮也。[一]公四不視朔，公不臣也，以公爲厭政以甚矣。[二]

［一］每月天子以朔政班于諸侯，諸侯受而納之禰廟，告廟以羊。今公自二月不視朔至于五月，是後視朔之禮遂廢，故子貢欲去其羊。

［二］天子班朔而公不視，是不臣。

(文·十六·三)

**六月戊辰，公子遂及齊侯盟于師丘。**[一]

復行父之盟也。[二]

［一］師丘，齊地。

［二］春齊侯不與行父盟，故復使遂脩之。

(文·十六·四)

**秋八月辛未，夫人姜氏薨。**[一]

[一] 僖公夫人。

(文·十六·五)

**毁泉臺。**

喪不貳事，貳事緩喪也。[一] 以文爲多失道矣。[二] 自古爲之，今毁之，不如勿處而已矣。[三]

[一] 喪事主哀而復毁泉臺，是以喪爲緩。

[二] 緩作主、躋僖公、四不視朔、毁泉臺之類。

[三] 若以夫人居之而薨者，但當莫處。

(文·十六·六)

**楚人、秦人、巴人滅庸。**

(文·十六·七)

**冬十有一月，宋人弑其君杵臼。**[一]

[一] 泰曰："《傳》'稱人者，衆辭'，衆之所同則君過可知。又曰'稱國以弑其君，君惡甚矣'，然則舉國重於書人也。"

# 文公十七年

（文·十七·一）

**十有七年春，晉人、衛人、陳人、鄭人伐宋。**[一]

［一］衛序陳上，蓋主會者降之。

（文·十七·二）

**夏四月癸亥，葬我小君聲姜。**

（文·十七·三）

**齊侯伐我西鄙。**

（文·十七·四）

**六月癸未，公及齊侯盟于穀。**

（文·十七·五）

**諸侯會于扈。**[一]

［一］言諸侯者，義與上十五年同。

（文·十七·六）

**秋，公至自穀。**

（文·十七·七）

**冬，公子遂如齊。**

# 文公十八年

（文·十八·一）

**十有八年春王二月丁丑，公薨于臺下。**

臺下非正也。

（文·十八·二）

**秦伯罃卒。**

（文·十八·三）

**夏五月戊戌，齊人弑其君商人。**

（文·十八·四）

**六月癸酉，葬我君文公。**

（文·十八·五）

**秋，公子遂、叔孫得臣如齊。**

使舉上客而不稱介，不正其同倫而相介，故列而數之也。[一]

［一］上客，聘主也〔一〕。禮，大夫爲卿介，遂與得臣俱爲卿，是以同倫爲副使，故兩言之，明無差降。

〔一〕聘主也 "聘"，十行本、阮刻本作"耳"，《校勘記》曰："閩本同，監、毛本'耳'作'聘'。"

(文·十八·六)

**冬十月，子卒。**[一]

子卒不日，故也。[二]

[一] 子赤也。諸侯在喪，既葬之稱。

[二] 故，殺也。不稱殺，諱也。

(文·十八·七)

**夫人姜氏歸于齊。**

惡宣公也。[一]有不待貶絶而罪惡見者，[二]有待貶絶而惡從之者。[三]姪娣者，不孤子之意也。[四]一人有子，三人緩帶。[五]一曰就賢也。[六]

[一] 姜氏，子赤之母，其子被殺，故大歸也。宣公亦文公之子，其母敬嬴，惡不奉姜氏。

[二] 泰曰："直書姜氏之歸，則宣公罪惡不貶而自見。"

[三] 齊小白以國氏之類是也。

[四] 言其一人有子則共養。

[五] 共望其禄。

[六] 若並有子，則就其賢，謂年同也。宣公不奉哀姜，非此之謂，故惡之。

(文·十八·八)

**季孫行父如齊。**

（文·十八·九）

**莒弒其君庶其。**[一]

［一］《傳》例曰："稱國以弒其君，君惡甚矣。"

# 春秋穀梁傳集解宣公第七

# 春秋穀梁傳集解宣公第七

范甯 集解

## 宣公元年

(宣·元·一)

**元年春王正月，公即位。**

繼故而言即位，與聞乎故也。

(宣·元·二)

**公子遂如齊逆女。**[一]

［一］不譏喪娶者，不待貶絶而罪惡自見。桓三年《傳》曰："逆女，親者也；使大夫，非正也。"

(宣·元·三)

**三月，遂以夫人婦姜至自齊。**

其不言氏，喪未畢，故略之也。[一]其曰婦，緣姑言之之辭也。遂之挈，由上致之也。[二]

［一］夫人不能以禮自固，故與有貶。

［二］上謂宣公。

(宣·元·四)

**夏，季孫行父如齊。**

（宣·元·五）

**晉放其大夫胥甲父于衛。**

放猶屏也。[一] 稱國以放，放無罪也。

［一］屏，除。

（宣·元·六）

**公會齊侯于平州。**[一]

［一］平州，齊地。離會故不致。

（宣·元·七）

**公子遂如齊。**

（宣·元·八）

**六月，齊人取濟西田。**

内不言取，言取授之也，以是爲賂齊也。[一]

［一］宣公弑立，賂齊以自輔。恥賂之，故書齊取。

（宣·元·九）

**秋，邾子來朝。**

（宣·元·十）

**楚子、鄭人侵陳，遂侵宋。**

遂，繼事也。

（宣·元·十一）

**晉趙盾帥師救陳。**

善救陳也。

（宣·元·十二）

**宋公、陳侯、衛侯、曹伯會晉師于棐林伐鄭。**[一]

列數諸侯而會晉趙盾，大趙盾之事也。[二]其曰師，何也？[三]以其大之也。[四]于棐林，地而後伐鄭，疑辭也。此其地何？則著其美也。[五]

［一］棐林，鄭地。

［二］大其衛中國、攘夷狄。

［三］據言會晉師，不言會晉趙盾。

［四］以諸侯大趙盾之事，故言師〔一〕。師者，衆大之辭。

［五］泰曰："夫救災恤患其道宜速，而方云會于棐林，然後伐鄭，狀似伐鄭有疑，須會乃定。曰：非也，欲美趙盾之功，故詳錄其會地。"

（宣·元·十三）

**冬，晉趙穿帥師侵崇。**

（宣·元·十四）

**晉人、宋人伐鄭。**

伐鄭所以救宋也。[一]

［一］時楚、鄭侵宋。

〔一〕故言師　"師"，底本作"帥"，阮刻本作"師"，《校勘記》曰："閩、監、毛本同，宋余仁仲本'師'誤'帥'。""師"是，據改。

# 宣公二年

(宣·二·一)

**二年春王二月壬子，宋華元帥師及鄭公子歸生帥師戰于大棘，宋師敗績，獲宋華元。**[一]

獲者，不與之辭也。[二]言盡其衆以救其將也。[三]以三軍敵華元，華元雖獲不病矣。[四]

［一］大棘，宋地。

［二］華元得衆甚賢，故不與鄭獲之。

［三］先言敗績而後言獲，知華元得衆心，軍敗而後見獲。晉與秦戰于韓，未言敗績而君已獲，知晉侯不得衆心明矣。

［四］何休曰："書'獲'皆生獲也〔一〕，如欲不病華元，當有變文。"鄭君釋之曰："將帥見獲，師敗可知，不當復書'師敗績'。此兩書之者，明宋師懼華元見獲，皆竭力以救之，無奈不勝敵耳。華元有賢行，得衆如是，雖師敗身獲，適明其美，不傷賢行。今兩書敗、獲，非變文如何？"

(宣·二·二)

**秦師伐晉。**

(宣·二·三)

**夏，晉人、宋人、衛人、陳人侵鄭。**

---

〔一〕書獲皆生獲也　底本無後"獲"字，十行本、阮刻本作"生獲"，《校勘記》曰："閩、監、毛本同，余本無'獲'字。"當以有"獲"爲是，據補。

(宣·二·四)

**秋九月乙丑，晉趙盾弑其君夷皋。**

穿弑也，[一]盾不弑而曰盾弑，何也？以罪盾也。其以罪盾，何也？曰：靈公朝諸大夫而暴彈之，[二]觀其辟丸也。趙盾入諫，不聽，出亡至於郊，[三]趙穿弑公而後反趙盾。[四]史狐書賊，曰："趙盾弑公。"[五]盾曰："天乎！天乎！予無罪，[六]孰爲盾而忍弑其君者乎？"[七]史狐曰："子爲正卿，入諫不聽，出亡不遠。君弑，反不討賊則志同，[八]志同則書重，非子而誰？"[九]故書之曰"晉趙盾弑其君夷皋"者，過在下也。[一〇]曰：於盾也，見忠臣之至；於許世子止，見孝子之至。[一一]

[一]穿，趙盾從父昆弟。

[二]暴，殘暴。

[三]禮，三諫不聽則去，待放於竟三年，君賜之環則還，賜之玦則往。必三年者，古疑獄三年而後斷，《易》曰"繼用徽纆，示于叢棘，三歲不得，凶"是也。自嫌有罪當誅，故三年不敢去。

[四]招使還。

[五]史，國史，掌書記事。狐，其名。

[六]告天言己無弑君之罪。

[七]迴己易他，誰作盾而當忍弑君者乎？

[八]志同穿也。

[九]盾是正卿，又賢，故言重。

[一〇]鄭嗣曰："成十八年晉弑其君州蒲，《傳》曰'稱國以弑其君，君惡甚矣'，然則稱臣以弑，罪在臣下也。趙盾弑其

君不言罪而曰過者，言非盾親弑，有不討賊之過。”

［一一］邵曰：“盾以亡不出竟、反不討賊受弑君之罪，忠不至故也；止以父病不知嘗藥受弑父之罪，孝不至故也。”

（宣·二·五）

**冬十月乙亥，天王崩。**［一］

［一］匡王也。

# 宣公三年

(宣·三·一)

**三年春王正月，郊牛之口傷。**

之口，緩辭也，傷自牛作也。[一]

**改卜牛，牛死乃不郊。**

事之變也。[二]乃者，亡乎人之辭也。[三]

**猶三望。**

［一］牛自傷口，非備災之道不至也，故以緩辭言之。

［二］牛無故自傷其口，易牛改卜，復死，乃廢郊禮，此事之變異。

［三］譏宣公不恭致天變。

(宣·三·二)

**葬匡王。**

(宣·三·三)

**楚子伐陸渾戎。**

(宣·三·四)

**夏，楚人侵鄭。**

(宣·三·五)

**秋，赤狄侵齊。**

（宣·三·六）

**宋師圍曹。**

（宣·三·七）

**冬十月丙戌，鄭伯蘭卒。**

（宣·三·八）

**葬鄭穆公。**

# 宣公四年

（宣·四·一）

**四年春王正月，公及齊侯平莒及郯，莒人不肯。**

及者，内爲志焉爾。平者，成也。不肯者，可以肯也。[一]

［一］凱曰："君子不念舊惡，況爲大國所和乎？"

（宣·四·二）

**公伐莒取向。**[一]

伐猶可，取向甚矣，[二]莒人辭不受治也。[三]伐莒，義兵也；[四]取向非也，乘義而爲利也。

［一］向，莒邑。

［二］以義兵討不平，未若不用兵、以義使平者也，故曰猶可也。

［三］乘義取邑，所以不服。

［四］討不釋怨。

（宣·四·三）

**秦伯稻卒。**

（宣·四·四）

**夏六月乙酉，鄭公子歸生弒其君夷。**

（宣·四·五）

**赤狄侵齊。**

（宣·四·六）

**秋，公如齊。**

（宣·四·七）

**公至自齊。**

（宣·四·八）

**冬，楚子伐鄭。**

# 宣公五年

（宣·五·一）

**五年春，公如齊。**

（宣·五·二）

**夏，公至自齊。**

（宣·五·三）

**秋九月，齊高固來逆子叔姬。**

諸侯之嫁子於大夫，主大夫以與之。[一]來者，接内也。不正其接内，故不與夫婦之稱也。[二]

［一］婚禮，主人設几筵于廟以待迎者，諸侯、大夫尊卑不敵，故使大夫爲之主。

［二］來者謂高固。高固，齊之大夫，而今與君接婚姻之禮，故不言逆女。

（宣·五·四）

**叔孫得臣卒。**

（宣·五·五）

**冬，齊高固及子叔姬來。**

及者，及吾子叔姬也。爲使來者，不使得歸之意也。[一]

［一］高固受使來聘，而與婦俱歸，故書及以明非禮。莊二十七年冬杞伯姬來、僖二十八年秋杞伯姬來皆不言所及，是使得歸之意。

（宣·五·六）

**楚人伐鄭。**

# 宣公六年

(宣·六·一)

**六年春，晉趙盾、衛孫免侵陳。**

此帥師也，其不言帥師，何也？[一]不正其敗前事，故不與帥師也。[二]

[一] 據元年"趙盾帥師救陳"言帥師也。

[二] 元年救而今更侵之。

(宣·六·二)

**夏四月。**

(宣·六·三)

**秋八月，螽。**

(宣·六·四)

**冬十月。**

# 宣公七年

（宣·七·一）

**七年春，衛侯使孫良夫來盟。**

來盟者[一]，前定也。不言及者，以國與之。不言其人，亦以國與之。不日，前定之盟不日。

（宣·七·二）

**夏，公會齊侯伐萊。**

（宣·七·三）

**秋，公至自伐萊。**

（宣·七·四）

**大旱。**

（宣·七·五）

**冬，公會晉侯、宋公、衛侯、鄭伯、曹伯于黑壤。**[一]

［一］黑壤，某地。

〔一〕來盟者　“者”，十行本、阮刻本無。

## 宣公八年

(宣·八·一)

**八年春，公至自會。**

(宣·八·二)

**夏六月，公子遂如齊，至黃乃復。**[一]

乃者，亡乎人之辭也。[二]復者，事畢也，不專公命也。[三]

[一]蓋有疾而還。黃，齊地。

[二]鄭嗣曰："大夫受命而出，雖死，以尸將事。今遂以疾而還，失禮違命，故曰亡乎人，言魯使不得其人也。"

[三]遂以疾反而加事畢之文者，是不使遂專命還。

(宣·八·三)

**辛巳，有事于大廟。仲遂卒于垂。**[一]

爲若反命而後卒也。[二]此公子也，其曰仲，何也？疏之也。[三]何爲疏之也？是不卒者也，[四]不疏則無用見其不卒也。[五]則其卒之，何也？[六]以譏乎宣也。其譏乎宣，何也？聞大夫之喪則去樂卒事。[七]

[一]祭于大廟之日而知仲遂卒。垂，齊地。

[二]先書復，後言卒，使若遂已反命于君而後卒于垂。

[三]僖十六年《傳》曰："大夫不言公子、公孫，疏之也。"

［四］遂與宣公共弒子赤。

［五］若書公子則與正卒者同，故去公子以見之。

［六］據公子翬不書卒。

［七］去籥《萬》、卒祭事，言今不然。

（宣·八·四）

**壬午，猶繹。**

猶者，可以已之辭也。繹者，祭之旦日之享賓也。

**《萬》入去籥。**[一]

以其爲之變譏之也。[二]

［一］《萬》，舞名；籥，管也。

［二］內舞去籥，惡其聲聞，此爲卿變於常禮，是知其不可而爲之。

（宣·八·五）

**戊子，夫人熊氏薨。**[一]

［一］宣公妾母。

（宣·八·六）

**晉師、白狄伐秦。**

（宣·八·七）

**楚人滅舒鄝。**

（宣·八·八）

**秋七月甲子，日有食之既。**

（宣·八·九）

**冬十月己丑，葬我小君頃熊，**[一] **雨不克葬。**

葬既有日，不爲雨止，禮也。雨不克葬，喪不以制也。[二]

［一］文夫人姜氏大歸于齊，故宣公立己妾母爲夫人。君以夫人禮卒葬之，故主書者不得不以爲夫人，義與成風同。

［二］徐邈曰："案經文是己丑之日葬，喪既出而遇雨。若未及己丑而却期，無爲逆書此日葬。禮，喪事有進無退。又《士喪禮》有'潦車載簑笠'，則人君之張設固兼備矣。禮，先遷柩於廟，其明昧爽而引。既及葬日之晨，則祖行遣奠之禮設矣。故雖雨猶終事，不敢停柩久次。"

（宣·八·十）

**庚寅，日中而克葬。**

而，緩詞也，足乎日之辭也。

（宣·八·十一）

**城平陽。**

（宣·八·十二）

**楚師伐陳。**

# 宣公九年

（宣·九·一）

**九年春王正月，公如齊。**[一]

［一］有母之喪而行朝會非禮。

（宣·九·二）

**公至自齊。**

（宣·九·三）

**夏，仲孫蔑如京師。**

（宣·九·四）

**齊侯伐萊。**

（宣·九·五）

**秋，取根牟。**

（宣·九·六）

**八月，滕子卒。**

（宣·九·七）

**九月，晉侯、宋公、衛侯、鄭伯、曹伯會于扈。**

（宣・九・八）

**晉荀林父帥師伐陳。**

（宣・九・九）

**辛酉，晉侯黑臀卒于扈。**

其地，於外也。其日，未踰竟也。[一]

［一］外謂國都之外，諸侯卒於路寢則不地。《傳》例曰："諸侯正卒則日，不正則不日。"舊説踰竟亦不日，然則諸侯不正而與未踰竟無以别之矣。案襄七年鄭伯卒于操，此年晉侯卒于扈，文正與襄二十六年許男卒於楚同，恐後人謂操、扈是國，故於疑似之際每爲發傳。日，未踰竟也。

（宣・九・十）

**冬十月癸酉，衛侯鄭卒[一]。**

（宣・九・十一）

**宋人圍滕。**

（宣・九・十二）

**楚子伐鄭。**

（宣・九・十三）

**晉郤缺帥師救鄭。**

---

〔一〕衛侯鄭卒　"侯"，十行本、阮刻本無。

（宣·九·十四）

**陳殺其大夫泄冶。**

稱國以殺其大夫，殺無罪也。泄冶之無罪，如何？陳靈公通于夏徵舒之家，公孫寧、儀行父亦通于其家[一]，[一]或衣其衣，或衷其襦，[二]以相戲於朝。泄冶聞之，入諫曰：“使國人聞之則猶可，使仁人聞之則不可。”君愧於泄冶，不能用其言而殺之。

［一］二人陳大夫。

［二］衷者，襦在衷也。

〔一〕公孫寧儀行父亦通于其家　“于”，十行本、阮刻本無，《校勘記》曰：“閩、監、毛本同，石經、余本‘通’下有‘于’字。”

## 宣公十年

(宣·十·一)

**十年春，公如齊。公至自齊。齊人歸我濟西田。**

公娶齊，齊由以爲兄弟反之。[一] 不言來，公如齊受之也。

[一] 齊由以婚族故還魯田。《爾雅·釋親》曰："婦之黨爲婚兄弟。"

(宣·十·二)

**夏四月丙辰，日有食之。**

(宣·十·三)

**己巳，齊侯元卒。**[一]

[一]《傳》例曰："言日不言朔，食晦日。"則此丙辰晦之日也，己巳在晦日之下、五月之上，推尋義例，當是閏月矣。文六年《傳》曰："閏月者，附月之餘日。"言閏，承前月而受其餘日，故書閏月之日繫前月之下。蓋史策常法，文有定例，閏有常體，無嫌不明，故不復每月發傳。哀五年《公羊傳》曰"閏月不書，此何以書"，推此言之，則《春秋》固有在閏月而不冠以閏者矣。至於閏不告月猶朝于廟、閏月葬齊景公，不正其閏無以言其事，故書見變禮。

(宣·十·四)

**齊崔氏出奔衛。**

氏者，舉族而出之之辭也。[一]

［一］何休曰："氏者，譏世卿也。即稱氏爲舉族而出，尹氏卒寧可復以爲舉族死乎？"鄭君釋之曰："云舉族死，是何妖問？甚乎！'舉族而出之之辭'者，固譏世卿也。崔杼以世卿專權，齊人惡其族，今出奔既不欲其身反，又不欲國立其宗後，故孔子順而書之，曰崔氏出奔衛，若其舉族盡去之爾。"

（宣·十·五）

**公如齊。**

（宣·十·六）

**五月，公至自齊。**

（宣·十·七）

**癸巳，陳夏徵舒弑其君平國。**

（宣·十·八）

**六月，宋師伐滕。**[一]

［一］月者，蓋爲下齊惠公葬速起。

（宣·十·九）

**公孫歸父如齊，葬齊惠公。**

（宣·十·十）

**晉人、宋人、衛人、曹人伐鄭。**

（宣·十·十一）

**秋，天王使王季子來聘。**

其曰王季，王子也。其曰子，尊之也。[一] 聘，問也。

［一］子者，人之貴稱。

（宣·十·十二）

**公孫歸父帥師伐邾，取繹。**

（宣·十·十三）

**大水。**

（宣·十·十四）

**季孫行父如齊。**

（宣·十·十五）

**冬，公孫歸父如齊。**

（宣·十·十六）

**齊侯使國佐來聘。**

（宣·十·十七）

**饑。**

（宣·十·十八）

**楚子伐鄭。**

# 宣公十一年

(宣 · 十一 · 一)

**十有一年春王正月。**

(宣 · 十一 · 二)

**夏，楚子、陳侯、鄭伯盟于夷陵。**[一]

[一] 夷陵，齊地。

(宣 · 十一 · 三)

**公孫歸父會齊人伐莒。**

(宣 · 十一 · 四)

**秋，晉侯會狄于欑函。**[一]

不言及，外狄也。[二]

[一] 欑函，狄地。

[二] 所以異之於諸夏。

(宣 · 十一 · 五)

**冬十月，楚人殺陳夏徵舒。**[一]

此入而殺也，其不言入，何也？[二]外徵舒于陳也。其外徵舒于陳，何也？[三]明楚之討有罪也。[四]

［一］變楚子言人者，弑君之賊若曰人人所得殺也。其月，謹之。

［二］據入國乃得殺。

［三］據徵舒陳大夫，不應外。

［四］雍曰："經若書'楚子入陳殺夏徵舒'者，則入者内不受，是無以表徵舒之悖逆、楚子之得正。"

（宣·十一·六）

**丁亥，楚子入陳。**

入者，内弗受也。日入，惡入者也。何用弗受也？不使夷狄爲中國也。[一]

［一］楚子入陳，納淫亂之人，執國威柄，制其君臣，傎倒上下，錯亂邪正，是以夷狄爲中國。

（宣·十一·七）

**納公孫寧、儀行父于陳。**

納者，内弗受也。輔人之不能民而討猶可，[一]入人之國，制人之上下，使不得其君臣之道，不可。[二]

［一］雍曰："輔相鄰國，有不能治民者而討其罪人則可。而曰猶可者，明鄰國之君無輔相之道。"

［二］二人與君昏淫，當絶，而楚强納之，是制人之上下。

# 宣公十二年

（宣・十二・一）

**十有二年春，葬陳靈公。**[一]

[一]《傳》例曰："失德不葬。""君弒賊不討不葬，以罪下也。""日卒時葬，正也。"靈公淫夏姬、殺泄冶，臣子不能討賊，踰三年然後葬，而日卒時葬，何邪？泰曰："楚已討之矣，臣子雖欲討之，無所討也，故君子即而恕之，以申臣子之恩。稱國以殺大夫，則靈公之罪不嫌不明[一]。書葬以表討賊，不言靈公無罪也。踰三年而後葬，則國亂居可知矣。非日月小有前卻，則書時不嫌。"

（宣・十二・二）

**楚子圍鄭。**

（宣・十二・三）

**夏六月乙卯，晉荀林父帥師及楚子戰于邲，**[一]**晉師敗績。**

績，功也；功，事也。日，其事敗也[二]。

[一]邲，鄭地。

〔一〕則靈公之罪不嫌不明　"罪"，十行本、阮刻本、《古逸叢書》本作"惡"，《校勘記》曰："何校本'惡'作'罪'。"

〔二〕其事敗也　此四字底本作"其敗事也"，宋刻白文本、十行本、元十行本、阮刻本、《古逸叢書》本作"其事敗也"，底本誤倒，據改。

(宣·十二·四)

**秋七月。**

(宣·十二·五)

**冬十有二月戊寅，楚子滅蕭。**

(宣·十二·六)

**晉人、宋人、衛人、曹人同盟于清丘。**[一]

[一]清丘，衛地。

(宣·十二·七)

**宋師伐陳。**

(宣·十二·八)

**衛人救陳。**

# 宣公十三年

（宣·十三·一）

**十有三年春，齊師伐莒。**

（宣·十三·二）

**夏，楚子伐宋。**

（宣·十三·三）

**秋，螽。**

（宣·十三·四）

**冬，晉殺其大夫先縠。**

# 宣公十四年

（宣・十四・一）

**十有四年春，衛殺其大夫孔達。**

（宣・十四・二）

**夏五月壬申，曹伯壽卒。**

（宣・十四・三）

**晉侯伐鄭。**

（宣・十四・四）

**秋九月，楚子圍宋。**

（宣・十四・五）

**葬曹文公。**

（宣・十四・六）

**冬，公孫歸父會齊侯于穀。**

# 宣公十五年

（宣·十五·一）

**十有五年春，公孫歸父會楚子于宋。**

（宣·十五·二）

**夏五月，宋人及楚人平。**

平者成也，善其量力而反義也。[一]人者衆辭也，平稱衆，上下欲之也。外平不道，以吾人之存焉道之也。[二]

［一］各自知力不能相制，反共和之義。

［二］吾人謂大夫歸父。

（宣·十五·三）

**六月癸卯，晉師滅赤狄潞氏，以潞子嬰兒歸。**

滅國有三術，[一]中國謹日，卑國月，夷狄不日。[二]其日〔一〕，潞子嬰兒賢也。

［一］術猶道也。

［二］卑國謂附庸之屬。襄六年《傳》曰："中國日，卑國月，夷狄時。"此謂三術。

（宣·十五·四）

**秦人伐晉。**

---

〔一〕其日　"日"，底本作"曰"。《校勘記》曰："石經、閩、監、毛本同，惠棟云：'曰'當作'日'。"按文義當以"日"爲是，據改。

（宣·十五·五）

**王札子殺召伯、毛伯。**

王札子者，當上之辭也。殺召伯、毛伯不言其，何也？[一] 兩下相殺也。兩下相殺不志乎《春秋》，此其志，何也？矯王命以殺之，非忿怒相殺也，故曰以王命殺也。[二] 以王命殺則何志焉？爲天下主者天也，繼天者君也，君之所存者命也。爲人臣而侵其君之命而用之，是不臣也；爲人君而失其命，是不君也。君不君、臣不臣，此天下所以傾也。

［一］解經不言殺其大夫。

［二］以王命殺，謂言王札子殺召伯、毛伯，是知以王命而殺之。

（宣·十五·六）

**秋，螽。**

（宣·十五·七）

**仲孫蔑會齊高固于無婁。**[一]

［一］無婁，杞邑。

（宣·十五·八）

**初稅畝。**

初者，始也。古者什一，[一] 藉而不稅，[二] 初稅畝非正也。古者三百步爲里，名曰井田。井田者九百畝，公田居一，[三] 私田稼不善則非吏，[四] 公田稼不善則非民。[五]

初税畝者，非公之去公田而履畝，十取一也，以公之與民爲已悉矣。[六]古者，公田爲居，[七]井竈葱韭盡取焉。[八]

[一]一夫一婦佃田百畝，以共五口，父、母、妻、子也。又受田十畝，以爲公田。公田在内，私田在外，此一夫一婦爲耕百一十畝。

[二]藉此公田而收其入，言不税民。

[三]出除公田八十畝，餘八百二十畝，故井田之法，八家共一井。八百畝餘二十畝，家各二畝半爲廬舍。

[四]非，責也。吏，田畯也。言吏急民，使不得營私田。

[五]民勤私也。

[六]悉謂盡其力。

[七]八家共居。

[八]損其廬舍，家作一園以種五菜，外種楸桑以備養生送死。

(宣·十五·九)

**冬，蝝生。**

蝝非災也，其曰蝝，非税畝之災也。[一]

[一]凡《春秋》記災未有言生者，蝝之言緣也，緣宣公税畝，故生此災以責之。非，責也。

(宣·十五·十)

**饑。**

# 宣公十六年

（宣·十六·一）

**十有六年春王正月，晉人滅赤狄甲氏及留吁。**[一]

［一］甲氏、留吁，赤狄别種。晉既滅潞氏，今又并盡其餘邑也。滅夷狄時，賢嬰兒，故滅其餘邑猶月。

（宣·十六·二）

**夏，成周宣榭災。**[一]

周災不志也。其曰宣榭，何也？以樂器之所藏目之也。[二]

［一］成周，東周，今之洛陽。宣榭，宣王之榭。《爾雅》曰："室有東西廂曰廟；無東西廂，有室曰寢，無室曰榭。"《傳》例曰："國曰災，邑曰火。"

［二］移風易俗莫善於樂，是故善其器[一]。

（宣·十六·三）

**秋，郯伯姬來歸。**[一]

［一］爲夫家所遣。

〔一〕是故善其器　"善"，十行本、阮刻本、《古逸叢書》本作"貴"，《校勘記》曰："閩、監、毛本同，余本'貴'作'善'。"

（宣·十六·四）

**冬，大有年。**

五穀大熟爲大有年。

## 宣公十七年

（宣·十七·一）

**十有七年春王正月庚子，許男錫我卒。**

（宣·十七·二）

**丁未，蔡侯申卒。**

（宣·十七·三）

**夏，葬許昭公。**

（宣·十七·四）

**葬蔡文公。**

（宣·十七·五）

**六月癸卯，日有食之。**

（宣·十七·六）

**己未，公會晉侯、衛侯、曹伯、邾子同盟于斷道。**[一]

同者，有同也，同外楚也。

［一］己未亦閏月之日。斷道，晉地。

（宣·十七·七）

**秋，公至自會。**

（宣·十七·八）

**冬十有一月壬午，公弟叔肸卒。**

其曰公弟叔肸，賢之也。其賢之，何也？宣弑而非之也。[一]非之則胡爲不去也？曰兄弟也，何去而之？[二]與之財則曰我足矣，[三]織屨而食，[四]終身不食宣公之食，君子以是爲通恩也，以取貴乎《春秋》。[五]

［一］宣公殺子赤，叔肸非責之。

［二］言無所至。

［三］宣公與之財物則言自足以距之。

［四］織屨賣以易食。

［五］泰曰："宣公弑逆，故其禄不可受；兄弟無絶道，故雖非而不去。論情可以明親親，言義足以厲不軌。書曰'公弟'，不亦宜乎？"

# 宣公十八年

（宣·十八·一）

**十有八年春，晉侯、衛世子臧伐齊。**

（宣·十八·二）

**公伐杞。**

（宣·十八·三）

**夏四月。**

（宣·十八·四）

**秋七月，邾人戕繒子于繒。**

戕猶殘也，捝殺也。[一]

［一］捝謂捶打殘賊而殺。地于繒，惡其臣子不能距難。

（宣·十八·五）

**甲戌，楚子呂卒。**[一]

夷狄不卒，卒少進也；卒而不日，日少進也；日而不言正不正，簡之也。[二]

［一］商臣子莊王。

［二］中國君日卒正也，不日不正也。今進夷狄，直舉其日而不論正之與不正。

（宣·十八·六）

**公孫歸父如晉。**

（宣·十八·七）

**冬十月壬戌，公薨于路寢。**

路寢，正寢也。

（宣·十八·八）

**歸父還自晉，**

還者，事未畢也。[一]自晉，事畢也。與人之子守其父之殯，[二]捐殯而奔其父之使者，是亦奔父也。[三]

**至檉，遂奔齊。**

遂，繼事也。[四]

［一］莊八年秋師還是也。

［二］人之子謂歸父子也，言成公與歸父子共守宣公殯。

［三］捐，棄也。奔猶逐也。言成公棄父之殯，逐父之使。使謂歸父也，父命未反而已逐之，是與親奔父無異。

［四］杜預曰："檉，魯竟外，故不言出。"

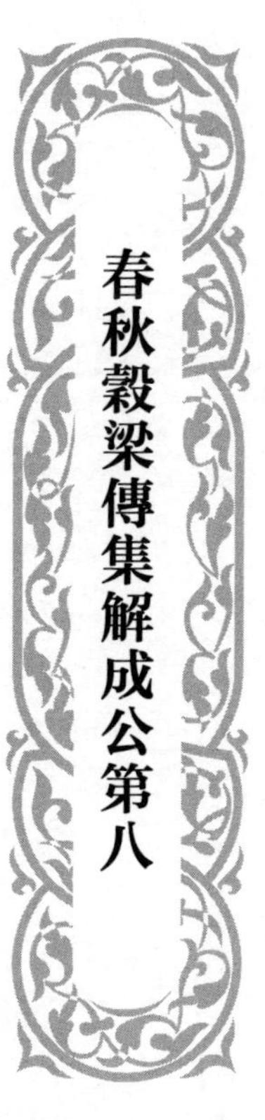

# 春秋穀梁傳集解成公第八

# 春秋穀梁傳集解成公第八

范甯 集解

## 成公元年

（成・元・一）

**元年春王正月，公即位。**

（成・元・二）

**二月辛酉，葬我君宣公。**

（成・元・三）

**無冰。**

終時無冰則志，此未終時而言無冰，何也？[一] 終無冰矣，加之寒之辭也。[二]

[一] 言終寒時無冰當志之耳，今方建丑之月，是寒時未終。

[二] 周二月建丑之月，夏之十二月也。此月既是常寒之月，於寒之中又加甚，常年過此無冰終無復冰矣。

（成・元・四）

**三月，作丘甲。**[一]

作，爲也，丘爲甲也。[二] 丘甲，國之事也。丘作甲，非正也。丘作甲之爲非正，何也？古者立國家，百官具，農工皆有職以事上。古者有四民，有士民，[三]有商民，[四]有農民，[五]有工民，[六]夫甲非人人之所能爲也，[七]丘作甲非正也。

［一］《周禮》："九夫爲井，四井爲邑，四邑爲丘，丘十六井。"甲，鎧也。

［二］使一丘之民皆作甲。

［三］學習道藝者。

［四］通四方之貨者。

［五］播殖耕稼者。

［六］巧心勞手以成器物者。

［七］各有業也。

（成·元·五）

**夏，臧孫許及晉侯盟于赤棘。**[一]

［一］赤棘，晉地。

（成·元·六）

**秋，王師敗績于貿戎。**[一]

不言戰，莫之敢敵也，爲尊者諱敵不諱敗，[二]爲親者諱敗不諱敵，[三]尊尊親親之義也。[四]然則孰敗之？晉也。

［一］貿戎，地。

［二］諱敵，使莫二也。不諱敗，容有過否。

［三］諱敗，惜其毀折也。不諱敵，諸侯有列國。

［四］尊則無敵，親則保全。尊謂王，親謂魯。

（成·元·七）

**冬十月。**

季孫行父秃，晉郤克眇，衛孫良夫跛，曹公子手僂，同時而聘於齊。齊使秃者御秃者，使眇者御眇者，使跛者御跛者，使僂者御僂者。[一]蕭同姪子處臺上而笑之，[二]聞於客，客不説而去，相與立胥閭而語，移日不解。[三]齊人有知之者曰："齊之患必自此始矣。"[四]

［一］御音迓。迓，迎也。

［二］蕭，國也；同，姓也；姪子，字也。其母更嫁齊惠公，生頃公。宣十二年楚人滅蕭，故隨其母在齊。

［三］胥閭，門名。

［四］穀梁子作傳皆釋經以言義，未有無其文而横發傳者，甯疑經"冬十月"下云"季孫行父如齊"，脱此六字。

# 成公二年

（成·二·一）

**二年春，齊侯伐我北鄙。**

（成·二·二）

**夏四月丙戌，衛孫良夫帥師及齊師戰于新築，衛師敗績。**[一]

［一］新築，衛地。

（成·二·三）

**六月癸酉，季孫行父、臧孫許、叔孫僑如、公孫嬰齊帥師會晉郤克、衛孫良夫、曹公子手，及齊侯戰于鞌，齊師敗績。**[一]

其日，或曰日其戰也，或曰日其悉也。[二]曹無大夫，其曰公子，何也？以吾之四大夫在焉，舉其貴者也。[三]

［一］鞌，齊地。

［二］悉謂魯四大夫時悉在戰也。明二者皆當日。

［三］不欲令內衆大夫與外卑者共行戰。

（成·二·四）

**秋七月，齊侯使國佐如師。己酉，及國佐盟于爰婁。**

鞌去國五百里，爰婁去國五十里，[一]壹戰緜地五百里，焚雍門之茨，[二]侵車東至海，[三]君子聞之曰："夫甚甚之辭焉，[四] 齊有以取之也。”齊之有以取之，何也？敗衛師于新築，侵我北鄙，敖郤獻子，[五] 齊有以取之也。爰婁在師之外，[六] 郤克曰：“反魯、衛之侵地，以紀侯之甗來，[七] 以蕭同姪子之母爲質，[八] 使耕者皆東其畝，[九] 然後與子盟。”國佐曰：“‘反魯、衛之侵地，以紀侯之甗來’則諾；‘以蕭同姪子之母爲質’，則是齊侯之母也，齊侯之母猶晉君之母也，晉君之母猶齊侯之母也；[一〇] ‘使耕者盡東其畝’，則是終土齊也。[一一] 不可，[一二] 請壹戰，壹戰不克請再，再不克請三，三不克請四，四不克請五，五不克舉國而授。”於是而與之盟。

［一］國，齊國也。

［二］雍門，齊城門。茨，蓋也。

［三］侵車，侵伐之車，言時侵齊過乃至海。

［四］鄭嗣曰：“君子聞戰于鞌，乃盟于爰婁，焚雍門之茨，侵車至海，言因齊之敗逼之甚。”

［五］謂笑其跛。

［六］言師已逼其國。

［七］甗，玉甑。齊滅紀，故得其寶。

［八］齊侯與姪子同母異父昆弟，不欲斥言齊侯之母，故言蕭同姪子之母也，兼忿姪子笑。

［九］欲以利其戎車，於驅侵易。

［一〇］言尊同也。

［一一］凱曰：“利其戎車，侵伐易，則是以齊爲土。”

［一二］不可謂若不許己言。

（成·二·五）

**八月壬午，宋公鮑卒。**

（成·二·六）

**庚寅，衛侯速卒。**

（成·二·七）

**取汶陽田。**

（成·二·八）

**冬，楚師、鄭師侵衛。**

（成·二·九）

**十有一月，公會楚公子嬰齊于蜀。**[一]

楚無大夫，其曰公子，何也？嬰齊亢也。[二]

［一］蜀，某地。

［二］泰曰："莊二十二年丙申及齊高傒盟，文二年乙巳及晉處父盟，《傳》曰：不言公，高傒、處父亢也。此《傳》會嬰齊書'公'以明亢，何乎？蓋言處父亢禮敵公〔一〕，書'公'則內恥也。嬰齊初雖驕慢，終自降替，故于會則書'公'以顯嬰齊之驕亢，于盟則稱人以表嬰齊之服罪。然則向之驕正足以表其無禮，不足以病公，則書公可也。"

〔一〕蓋言處父亢禮敵公　十行本、阮刻本、《古逸叢書》本"處父"上有"高傒"二字。

（成·二·十）

**丙申，公及楚人、秦人、宋人、陳人、衛人、鄭人、齊人、曹人、邾人、薛人、繒人盟于蜀。**

楚其稱人，何也？[一]於是而後公得其所也。會與盟同月則地會不地盟，不同月則地會地盟，此其地會地盟，何也？以公得其所、申其事也。[二]今之屈，向之驕也。

［一］怪楚向稱公子、今稱人。齊在鄭下，蓋時王所黜。

［二］公得其所，謂楚稱人。申其事，謂地會地盟。

# 成公三年

（成·三·一）

**三年春王正月，公會晉侯、宋公、衛侯、曹伯伐鄭。**[一]

［一］宋、衛未葬而自同於正君，故書“公”“侯”以譏之。

（成·三·二）

**辛亥，葬衛穆公。**

（成·三·三）

**二月，公至自伐鄭。**

（成·三·四）

**甲子，新宫災，三日哭。**

新宫者，禰宫也。[一]三日哭，哀也。其哀，禮也。[二]迫近不敢稱謚，恭也。[三]其辭恭且哀，以成公爲無譏矣。

［一］謂宣公廟也。三年喪畢，宣公神主新入廟，故謂之新宫。

［二］宫廟，親之神靈所馮居而遇災，故以哀哭爲禮。

［三］迫近言親禰也，桓、僖遠祖則稱謚。

（成·三·五）

**乙亥，葬宋文公。**

（成·三·六）

**夏，公如晉。**

（成·三·七）

**鄭公子去疾帥師伐許。**

（成·三·八）

**公至自晉。**

（成·三·九）

**秋，叔孫僑如帥師圍棘。**

（成·三·十）

**大雩。**

（成·三·十一）

**晉郤克、衛孫良夫伐廧咎如。**

（成·三·十二）

**冬十有一月，晉侯使荀庚來聘。衛侯使孫良夫來聘。丙午，及荀庚盟。丁未，及孫良夫盟。**

其日，公也。來聘而求盟，不言及者，以國與之也；不言其人，亦以國與之也。[一] 不言求，兩欲之也。

［一］徐邈曰："不言及，謂凡書'來盟'者也，若宣七年衛孫良夫來盟是也。以國與之，謂舉國爲主，故直書外來爾。此

先聘而後盟，故不言來盟。摠言及而不復著其人，亦是舉國之辭。”

（成·三·十三）

**鄭伐許。**[一]

[一] 鄭從楚而伐衛之喪，又叛諸侯之盟，故狄之。

# 成公四年

（成·四·一）

**四年春，宋公使華元來聘。**

（成·四·二）

**三月壬申，鄭伯堅卒。**

（成·四·三）

**杞伯來朝。**

（成·四·四）

**夏四月甲寅，臧孫許卒。**

（成·四·五）

**公如晉。**

（成·四·六）

**葬鄭襄公。**

（成·四·七）

**秋，公至自晉。**

（成·四·八）

**冬，城鄆。**

(成·四·九)

**鄭伯伐許**。[一]

[一]喪未踰年自同於正君,亦譏之。

# 成公五年

（成・五・一）

**五年春王正月，杞叔姬來歸。**

婦人之義，嫁曰歸，反曰來歸。

（成・五・二）

**仲孫蔑如宋。**

（成・五・三）

**夏，叔孫僑如會晉荀首于穀。**[一]

［一］穀，齊地。

（成・五・四）

**梁山崩。**[一]

不日，何也？[二] 高者有崩道也。有崩道則何以書也？曰：梁山崩，壅遏河三日不流，晉君召伯尊而問焉。伯尊來，遇輦者，輦者不辟，使車右下而鞭之。[三] 輦者曰："所以鞭我者，其取道遠矣。"[四] 伯尊下車而問焉，[五] 曰："子有聞乎？"對曰："梁山崩，壅遏河三日不流。"伯尊曰："君爲此召我也，爲之奈何？"輦者曰："天有山，天崩之；天有河，天壅之。雖召伯尊，如之何？"伯尊由忠問焉，[六] 輦者曰："君親素縞，帥群臣而哭之，既而祠焉，斯流矣。"[七] 伯尊至，君問之曰："梁山崩，壅遏河三日不流，爲之奈何？"伯尊曰："君親素縞，帥群臣而哭之，既而祠

焉，斯流矣。”孔子聞之曰：“伯尊其無績乎？攘善也。”[八]

［一］梁山，晉之望也。不言晉者，名山大澤不以封也。許慎曰：“山者陽位，君之象也，象君權壞。”

［二］據僖十四年秋八月辛卯沙鹿崩書日。

［三］凡車，將在左，御在中，有力之人在右，所以備非常。

［四］所用鞭我之間，行道則可遠。

［五］以其言有理，知非凡人。

［六］用忠誠之心問之。

［七］素衣縞冠，凶服也。所以凶服者，山川國之鎮也，山崩川塞示衰窮。

［八］績，功也。攘，盜也。取輦者之言而行之，非己之功也。績或作續，謂無繼嗣。

（成・五・五）

**秋，大水。**

（成・五・六）

**冬十有一月己酉，天王崩。**[一]

［一］定王。

（成・五・七）

**十有二月己丑，公會晉侯、齊侯、宋公、衛侯、鄭伯、曹伯、邾子、杞伯同盟于蟲牢。**[一]

［一］蟲牢，鄭地。

# 成公六年

（成·六·一）

**六年春王正月，公至自會。**

（成·六·二）

**二月辛巳，立武宮。**[一]

立者，不宜立也。

[一] 舊説曰："武公之宫廟毁已久矣，故《傳》曰不宜立也。"《禮記·明堂位》曰："魯公之廟，文世室也；武公之廟，武世室也。"言世室則不毁也，則義與此違。

（成·六·三）

**取鄟。**

鄟，國也。

（成·六·四）

**衛孫良夫帥師侵宋。**

（成·六·五）

**夏六月，邾子來朝。**

（成·六·六）

**公孫嬰齊如晉。**

（成·六·七）

**壬申，鄭伯費卒。**

（成·六·八）

**秋，仲孫蔑、叔孫僑如帥師侵宋。**

（成·六·九）

**楚公子嬰齊帥師伐鄭。**

（成·六·十）

**冬，季孫行父如晉。**

（成·六·十一）

**晉欒書帥師救鄭。**

## 成公七年

（成·七·一）

**七年春王正月，鼷鼠食郊牛角。**[一]

不言日，急辭也，[二]過有司也。郊牛日展觓角而知傷，展道盡矣，其所以備災之道不盡也。[三]

**改卜牛，鼷鼠又食其角。**

又，有繼之辭也。[四]其，緩辭也。曰亡乎人矣，非人之所能也，所以免有司之過也。[五]

**乃免牛。**

乃者，亡乎人之辭也。免牲者，爲之緇衣纁裳，有司玄端，奉送至于南郊，免牛亦然。免牲不曰不郊，免牛亦然。[六]

［一］不言免牛者，以方改卜郊，吉否未可知。

［二］辭中促急不容日。

［三］有司展察牛而即知傷，是展察之道盡，不能防災禦患，致使牛傷，故不書日以顯有司之過。觓，球球然角貌。

［四］前已食，故曰繼。

［五］至此復食，乃知國無賢〔一〕，若天災之爾，非有司之過也，故言其以赦之。

［六］郊者用牲，今言免牲，則不郊顯矣。若言免牛亦不郊，而經

〔一〕乃知國無賢　十行本、阮刻本、《古逸叢書》本“賢”下有“君”字。

復書不郊者，蓋爲三望起爾。言時既不郊而猶三望，明失禮。

（成·七·二）

**吳伐郯。**

（成·七·三）

**夏五月，曹伯來朝。**

（成·七·四）

**不郊，猶三望。**

（成·七·五）

**秋，楚公子嬰齊帥師伐鄭。**

（成·七·六）

**公會晉侯、齊侯、宋公、衛侯、曹伯、莒子、邾子、杞伯，救鄭。八月戊辰，同盟于馬陵。**[一]

［一］馬陵，衛地。

（成·七·七）

**公至自會。**

（成·七·八）

**吳入州來。**[一]

［一］州來，楚地。

（成·七·九）

**冬，大雩。**

雩不月而時，非之也，冬無爲雩也。

（成·七·十）

**衛孫林父出奔晉。**

# 成公八年

（成·八·一）

**八年春，晉侯使韓穿來言汶陽之田，歸之于齊。**[一]

于齊，緩辭也，不使盡我也。[二]

［一］晉爲盟主，齊還事晉，故使魯還二年齊所反之田。

［二］若曰爲之請歸，不使晉制命于我。

（成·八·二）

**晉欒書帥師侵蔡。**

（成·八·三）

**公孫嬰齊如莒。**

（成·八·四）

**宋公使華元來聘。**

（成·八·五）

**夏，宋公使公孫壽來納幣。**[一]

［一］婚禮不稱主人，宋公無主婚者，自命之，故稱使。納幣不書，書者賢伯姬，故盡其事。

（成·八·六）

**晉殺其大夫趙同、趙括。**

（成·八·七）

**秋七月，天子使召伯來錫公命。**

禮有受命，無來錫命，錫命非正也。曰天子何也？曰：見一稱也。[一]

［一］天王、天子，王者之通稱。自此以上未有言天子者，今言天子，是更見一稱。

（成·八·八）

**冬十月癸卯，杞叔姬卒。**[一]

［一］杜預曰："前五年來歸者，女既適人，雖見出棄，猶以成人之禮書之，終爲杞伯所葬，故稱杞叔姬。"

（成·八·九）

**晉侯使士燮來聘。**

（成·八·十）

**叔孫僑如會晉士燮、齊人、邾人伐郯。**

（成·八·十一）

**衛人來媵。**[一]

媵，淺事也，不志，此其志，何也？以伯姬之不得其所，故盡其事也。[二]

［一］杜預曰："古者，諸侯娶嫡夫人及左右媵，各有姪娣，皆同

姓之國，國三人，凡九女，所以廣繼嗣。魯將嫁伯姬于宋，故衛來媵。”

［二］不得其所，謂災死也。江熙曰：“共公之葬由伯姬，則共公是失德者也，傷伯姬賢而嫁不得其所。”

## 成公九年

（成·九·一）

**九年春王正月，杞伯來逆叔姬之喪以歸。**

《傳》曰："夫無逆出妻之喪而爲之也。"

（成·九·二）

**公會晉侯、齊侯、宋公、衛侯、鄭伯、曹伯、莒子、杞伯同盟于蒲。**[一]

［一］蒲，衛地。

（成·九·三）

**公至自會。**

（成·九·四）

**二月，伯姬歸于宋。**[一]

［一］逆者非卿，故不書。

（成·九·五）

**夏，季孫行父如宋致女。**[一]

致者，不致者也。婦人在家制於父，既嫁制於夫，如宋致女，是以我盡之也。[二]不正，故不與内稱也。[三]逆者微，故致女詳其事，賢伯姬也。

［一］致勑戒之言於女。

［二］剌已嫁而猶以父制盡之。

［三］内稱謂稱使。

（成·九·六）

**晉人來媵。**

媵，淺事也，不志，此其志，何也？以伯姬之不得其所，故盡其事也。

（成·九·七）

**秋七月丙子，齊侯無野卒。**

（成·九·八）

**晉人執鄭伯。**

（成·九·九）

**晉欒書帥師伐鄭。**

不言戰，以鄭伯也。[一]爲尊者諱恥，[二]爲賢者諱過，[三]爲親者諱疾。[四]

［一］欒書以鄭伯伐鄭，君臣無戰道。

［二］不使臣敵君，王師敗績于貿戎是也。

［三］爲齊桓諱滅項是也。

［四］雍曰："'欒書以鄭伯伐鄭不言戰'是也。鄭，兄弟之國，故謂之親。君臣交兵，病莫大焉，故爲之諱。"

（成·九·十）

**冬十有一月，葬齊頃公。**

（成·九·十一）

**楚公子嬰齊帥師伐莒。庚申，莒潰。**

其日，莒雖夷狄，猶中國也。[一]大夫潰莒而之楚，是以知其上爲事也。[二]惡之，故謹而日之也。[三]

［一］莒雖有夷狄之行，猶是中國。

［二］臣以叛君爲事，明君臣無道。

［三］潰例月，甚之故日。

（成·九·十二）

**楚人入鄆。**

（成·九·十三）

**秦人、白狄伐晉。**

（成·九·十四）

**鄭人圍許。**

（成·九·十五）

**城中城。**

城中城者，非外民也。[一]

［一］譏公不務德政，恃城以自固，不復能衛其人民。

# 成公十年

（成・十・一）

**十年春，衛侯之弟黑背帥師侵鄭。**

（成・十・二）

**夏四月，五卜郊，不從，乃不郊。**

夏四月，不時也。[一]五卜，強也。乃者，亡乎人之辭也。

［一］郊時極於三月。

（成・十・三）

**五月，公會晉侯、齊侯、宋公、衛侯、曹伯伐鄭。**

（成・十・四）

**齊人來媵。**[一]

［一］媵伯姬也。異姓來媵，非禮。

（成・十・五）

**丙午，晉侯獳卒。**

（成·十·六）

**秋七月，公如晉。**

（成·十·七）

**冬十月**〔一〕。

〔一〕 冬十月 《校勘記》曰："閩、監、毛本同。浦鏜云：'《中庸疏》云成十年不書"冬十月"，《公羊》無此三字，今有者，後人妄增，當爲衍文。'案：石經'公如晉'下漫漶，細驗之，'冬'上半猶隱隱可辨，是范氏本《穀梁》有此三字也。"

# 成公十一年

（成·十一·一）

**十有一年春王三月，公至自晉。**

（成·十一·二）

**晉侯使郤犨來聘。己丑，及郤犨盟。**

（成·十一·三）

**夏，季孫行父如晉。**

（成·十一·四）

**秋，叔孫僑如如齊。**

（成·十一·五）

**冬十月。**

# 成公十二年

（成・十二・一）

**十有二年春，周公出奔晉。**

周有入無出，[一]其曰出，上下一見之也，[二]言其上下之道無以存也。上雖失之，下孰敢有之？今上下皆失之矣。[三]

［一］鄭嗣曰："王者無外，故無出也。宗廟、宮室有定所，或即位失其常處，反常書入，内宗廟也，'昭二十六年天王入于成周'是。"

［二］鄭嗣曰："上謂僖二十四年天王出居于鄭，下謂今周公出奔，上下皆一見之。"

［三］上雖有不君之失，臣下莫敢效不臣之過。今復云周公之出，則上下皆有失矣〔一〕。君而不君，臣而不臣，是無以存于世，言周之所以衰。

（成・十二・二）

**夏，公會晉侯、衛侯于瑣澤。**[一]

［一］瑣澤，某地。

（成・十二・三）

**秋，晉人敗狄于交剛。**[一]

---

〔一〕則上下皆有失矣　"有"，阮刻本作"自"。

中國與夷狄不言戰，皆曰敗之。[二]夷狄不日。

［一］交剛，某地。

［二］不使夷狄敵中國。

（成·十二·四）

**冬十月。**

# 成公十三年

(成·十三·一)

**十有三年春，晉侯使郤錡來乞師。**

乞，重辭也。古之人重師，故以乞言之也。

(成·十三·二)

**三月，公如京師。**

公如京師不月，月非如也。[一] 非如而曰如，不叛京師也。[二]

[一] 時實會晉伐秦過京師也。公行出竟有危則月，朝聘京師理無危懼，故不月。

[二] 因其過朝，故正其文，若使本自往。

(成·十三·三)

**夏五月，公自京師，遂會晉侯、齊侯、宋公[一]、衛侯、鄭伯、曹伯、邾人、滕人伐秦。**

言受命不敢叛周也。[一]

---

〔一〕遂會晉侯齊侯宋公　“齊侯”，十行本、阮刻本無，《校勘記》曰：“閩、監、毛本同；石經‘公’下有‘至’字，‘晉侯’下有‘齊侯’二字；余本無‘至’字，有‘齊侯’二字。何煌云：‘考石經三傳，《左氏》有“至”字，《公羊》無。疏云：“‘公’下‘至’上有‘至’字者，衍文也。”《穀梁》石經此年係宋人補刻，疑“至”字或亦出肊增也。’案：是年石經實非補刻，何蓋偶誤。《公羊疏》以‘至’字爲衍文者，指《公羊傳》而言，《穀梁》自與《公羊》不同。何據彼疏疑此經，非是。”

［一］使若既朝王而王命己使伐秦。叛周謂專征伐。

（成·十三·四）

**曹伯盧卒于師。**

《傳》曰："閔之也。"公、大夫在師曰師，在會曰會。

（成·十三·五）

**秋七月，公至自伐秦。**

（成·十三·六）

**冬，葬曹宣公。**

葬時，正也。

## 成公十四年

(成·十四·一)

**十有四年春王正月，莒子朱卒。**[一]

[一]徐邈曰："《傳》稱'莒雖夷狄，猶中國也'，言莒本中國，末世衰弱，遂行夷禮。葬皆稱謚而莒君無謚，謚以公配而吴、楚稱王，所以終《春秋》亦不得書葬。"

(成·十四·二)

**夏，衛孫林父自晉歸于衛。**

(成·十四·三)

**秋，叔孫僑如如齊逆女。**[一]

[一]泰曰："親迎例時，大夫逆皆謹月以譏之。下云'九月僑如以夫人婦姜氏至自齊'，一事不二譏，故此可以不月也。宣元年'公子遂如齊逆女'亦以時逆而月致，義與此同。"

(成·十四·四)

**鄭公子喜帥師伐許。**

(成·十四·五)

**九月，僑如以夫人婦姜氏至自齊。**

大夫不以夫人，以夫人非正也，刺不親迎也。僑如之挈，由上致之也。

（成·十四·六）

**冬十月庚寅，衛侯臧卒。**

（成·十四·七）

**秦伯卒。**

# 成公十五年

(成·十五·一)

**十有五年春王二月，葬衛定公。**

(成·十五·二)

**三月乙巳，仲嬰齊卒。**

此公孫也，其曰仲，何也？[一]子由父疏之也。[二]

［一］此蓋仲遂之子，據實公孫。

［二］雍曰："父有弑君之罪，故不得言公子。父不言公子，則子不得稱公孫。是見疏之罪由父故。"

(成·十五·三)

**癸丑，公會晉侯、衛侯、鄭伯、曹伯、宋世子成、齊國佐、邾人同盟于戚，晉侯執曹伯歸于京師。**

以晉侯而斥執曹伯，惡晉侯也。[一]不言之，急辭也，斷在晉侯也。[二]

［一］僖二十八年晉人執衛侯歸之于京師，此伯討之文也。今以侯執伯，明執之不以其罪。

［二］明晉之私。

(成·十五·四)

**公至自會。**

（成·十五·五）

**夏六月，宋公固卒。**

（成·十五·六）

**楚子伐鄭。**

（成·十五·七）

**秋八月庚辰，葬宋共公。**

月卒日葬，非葬者也，[一]此其言葬，何也？以其葬共姬，不可不葬共公也。葬共姬則其不可不葬共公，何也？夫人之義，不踰君也，爲賢者崇也。[二]

［一］宋共公正立，卒當書日，葬無甚危則當錄月，今反常違例，故知不葬者也。然則，共公之不宜書葬，昬亂故。

［二］賢崇伯姬，故書共公葬。

（成·十五·八）

**宋華元出奔晉。**

（成·十五·九）

**宋華元自晉歸于宋。**

（成·十五·十）

**宋殺其大夫山。**

(成·十五·十一)

**宋魚石出奔楚。**

(成·十五·十二)

**冬十有一月，叔孫僑如會晉士燮、齊高無咎、宋華元、衛孫林父、鄭公子鰌、邾人，會吳于鍾離。**

會又會，外之也。[一]

［一］再書會，殊外夷狄。

(成·十五·十三)

**許遷于葉。**

遷者，猶得其國家以往者也。其地，許復見也。

# 成公十六年

(成·十六·一)

**十有六年春王正月，雨木冰。**[一]

雨而木冰也，[二]志異也。《傳》曰：根枝折。

［一］《穀梁傳》曰："雨木冰者，木介甲胄，兵之象。"

［二］雨著木成冰。

(成·十六·二)

**夏四月辛未，滕子卒。**

(成·十六·三)

**鄭公孫喜帥師侵宋。**

(成·十六·四)

**六月丙寅朔，日有食之。**

(成·十六·五)

**晉侯使欒黶來乞師。**[一]

［一］將與鄭、楚戰。

(成·十六·六)

**甲午晦，晉侯及楚子、鄭伯戰于鄢陵，**[一]**楚子、鄭師敗績。**

日事遇晦曰晦，四體偏斷曰敗，此其敗則目也。[二]楚不言師，君重於師也。

［一］鄢陵，鄭地。

［二］此言敗者，目傷故。

（成·十六·七）

**楚殺其大夫公子側。**

（成·十六·八）

**秋，公會晉侯、齊侯、衛侯、宋華元、邾人于沙隨，不見公。**[一]

不見公者，可以見公也。可以見公而不見公，譏在諸侯也。

［一］沙隨，宋地。

（成·十六·九）

**公至自會。**

（成·十六·十）

**公會尹子、晉侯、齊國佐、邾人伐鄭。**[一]

［一］尹子，王卿士，子爵。

（成·十六·十一）

**曹伯歸自京師。**

不言所歸，歸之善者也。出入不名，以爲不失其國也。歸爲善，[一]自某歸次之。[二]

［一］謂直言歸而不言其國，即曹伯歸自京師，不言于曹是。

［二］若蔡季自陳歸于蔡、衛侯鄭自楚復歸于衛是。

（成·十六·十二）

**九月，晉人執季孫行父，舍之于苕丘。**[一]

執者不舍，[二]而舍，公所也；[三]執者致，[四]而不致，公在也。[五]何其執而辭也？[六]猶存公也。[七]存意，公亦存焉？[八]公存也。[九]

［一］行父，魯執政卿，其身執則危及國，故謹而月之，録所憂也。苕丘，晉地。

［二］據昭二十三年晉人執我行人叔孫婼不言舍。

［三］今言舍者，以公在苕丘故也。公在苕丘而言舍者，明不得致也。若既不致，復不言舍，則無以見其舍。

［四］據昭二十四年婼至自晉。

［五］在，在苕丘也，見舍于苕丘，還國則與公俱。不得致者，重在公。

［六］問何故書“執季孫行父”而言“舍之”，復不致之辭邪？

［七］時行父雖爲晉所執，猶欲存公之所在，故不致行父。又言舍之，皆所以見公在苕丘。

［八］問存舍之不致之意，便可知公所在乎？

［九］但存此二事，即知公在苕丘。

（成·十六·十三）

**冬十月乙亥，叔孫僑如出奔齊。**[一]

[一] 徐邈曰："案襄二十三年臧孫紇出奔齊，《傳》曰'其日，正臧紇之出也'。禮，大夫去，君掃其宗廟，不絕其祀。身雖出奔，而君遇之不失正。故詳而日之，明有恩義也。"

（成·十六·十四）

**十有二月乙丑，季孫行父及晉郤犨盟于扈。**

（成·十六·十五）

**公至自會。**[一]

[一] 無二事，會則致會，伐則致伐。上無會事，當言至自伐鄭，而言至自會，甯所未詳。鄭君曰："伐而致會，於伐事不成。"

（成·十六·十六）

**乙酉，刺公子偃。**

大夫日卒，正也。先刺後名，殺無罪也。[一]

[一] 僖二十八年公子買戍衛，不卒戍，刺之，是有罪者以先列其罪。

# 成公十七年

(成·十七·一)

**十有七年春，衛北宫括帥師侵鄭。**

(成·十七·二)

**夏，公會尹子、單子、晉侯、齊侯、宋公、衛侯、曹伯、邾人伐鄭。**

(成·十七·三)

**六月乙酉，同盟于柯陵。**[一]

柯陵之盟謀復伐鄭也。

[一] 柯陵，鄭地。

(成·十七·四)

**秋，公至自會。**

不曰至自伐鄭也，公不周乎伐鄭也。[一] 何以知公之不周乎伐鄭？以其以會致也。何以知其盟復伐鄭也？以其後會之人盡盟者也。[二] 不周乎伐鄭，則何爲日也？[三] 言公之不背柯陵之盟也。[四]

[一] 周，信也。公逼諸侯爲此盟爾，意不欲更伐鄭。

[二] 後會謂冬公會單子等是。

[三] 據無伐鄭意而强盟，盟不由忠，不當日也。

[四] 舍己從人，遂伐鄭。

(成·十七·五)

**齊高無咎出奔莒。**

(成·十七·六)

**九月辛丑，用郊。**

夏之始可以承春，以秋之末承春之始，蓋不可矣。[一]九月用郊，用者，不宜用也。宫室不設不可以祭，衣服不脩不可以祭，車馬器械不備不可以祭，有司一人不備其職不可以祭。祭者，薦其時也，薦其敬也，薦其美也，非享味也。

[一] 郊，春事也。僖三十一年夏四月"四卜郊，不從"，《傳》曰"四月不時"，今言可者，方明秋末之不可，故以是爲猶可也。

(成·十七·七)

**晉侯使荀罃來乞師。**[一]

[一] 將伐鄭。

(成·十七·八)

**冬，公會單子、晉侯、宋公、衛侯、曹伯、齊人、邾人伐鄭。**

言公不背柯陵之盟也。

（成·十七·九）

**十有一月，公至自伐鄭。**

（成·十七·十）

**壬申，公孫嬰齊卒于貍蜃。**[一]

十一月無壬申〔一〕，乃十月也，致公而後錄臣子之義也。[二]其地，未踰竟也。

［一］貍蜃，魯地也。

［二］嬰齊實以十月壬申日卒，而公以十一月還，先致公而後錄其卒，故壬申在十一月下也。嬰齊從公伐鄭，致公然後伐鄭之事畢，須公事畢然後書臣卒，先君後臣之義也。

（成·十七·十一）

**十有二月丁巳朔，日有食之。**

（成·十七·十二）

**邾子貜且卒。**

（成·十七·十三）

**晉殺其大夫郤錡、郤犫、郤至。**

自禍於是起矣。[一]

〔一〕十一月無壬申　白文本、十行本、阮刻本、《古逸叢書》本重"壬申"二字，《校勘記》曰："石經、閩、監、毛本同，余本脱'壬申'二字。"

［一］厲公見殺之禍。

（成·十七·十四）

**楚人滅舒庸。**

# 成公十八年

(成·十八·一)

**十有八年春王正月，晉殺其大夫胥童。**

(成·十八·二)

**庚申，晉弑其君州蒲。**

稱國以弑其君，君惡甚矣。

(成·十八·三)

**齊殺其大夫國佐。**

(成·十八·四)

**公如晉。**

(成·十八·五)

**夏，楚子、鄭伯伐宋。**

(成·十八·六)

**宋魚石復入于彭城。**[一]

[一] 彭城，宋邑。魚石十五年奔楚，經稱復入者，明前奔時入彭城以叛也，今楚取彭城以封魚石，故言復入。

(成·十八·七)

**公至自晉。**

（成·十八·八）

**晉侯使士匄來聘。**

（成·十八·九）

**秋，杞伯來朝。**

（成·十八·十）

**八月，邾子來朝。**

（成·十八·十一）

**築鹿囿。**[一]

築不志，此其志，何也？山林藪澤之利所以與民共也，虞之非正也。

［一］築墻爲鹿地之苑。

（成·十八·十二）

**己丑，公薨于路寢。**

路寢，正也。男子不絶婦人之手，以齊終也。

（成·十八·十三）

**冬，楚人、鄭人侵宋。**

（成·十八·十四）

**晉侯使士魴來乞師。**

（成 · 十八 · 十五）

**十有二月，仲孫蔑會晉侯、宋公、衛侯、邾子、齊崔杼同盟于虛朾。**[一]

［一］虛朾，某地。

（成 · 十八 · 十六）

**丁未，葬我君成公。**

# 春秋穀梁傳集解襄公第九

# 春秋穀梁傳集解襄公第九

范　甯　集解

## 襄公元年

（襄·元·一）

**元年春王正月，公即位。**

繼正即位，正也。

（襄·元·二）

**仲孫蔑會晉欒黶、宋華元、衛甯殖、曹人、莒人、邾人、滕人、薛人圍宋彭城。**

繫彭城於宋者，不與魚石正也。[一]

[一] 魚石得罪於宋，成十五年奔楚，十八年復入于彭城，然則彭城已屬魚石。今猶繫宋者，崇君抑叛臣也。

（襄·元·三）

**夏，晉韓厥帥師伐鄭。**

（襄·元·四）

**仲孫蔑會齊崔杼、曹人、邾人、杞人次于鄫。**[一]

［一］鄬，鄭地。鄬或爲合。

（襄·元·五）

**秋，楚公子壬夫帥師侵宋。**

（襄·元·六）

**九月辛酉，天王崩。**

（襄·元·七）

**邾子來朝。**

（襄·元·八）

**冬，衛侯使公孫剽來聘。**

（襄·元·九）

**晉侯使荀罃來聘。**［一］

［一］冬者十月初也，王崩赴未至，皆未聞喪，故各得行朝聘之禮。

## 襄公二年

（襄·二·一）

**二年春王正月，葬簡王。**

（襄·二·二）

**鄭師伐宋。**

（襄·二·三）

**夏五月庚寅，夫人姜氏薨。**

（襄·二·四）

**六月庚辰，鄭伯睔卒。**

（襄·二·五）

**晉師、宋師、衛甯殖侵鄭。**

其曰衛甯殖，如是而稱于前事也。[一]

［一］初，衛侯速卒，鄭人侵之，故舉甯殖之報以明稱其前事。不書晉、宋之將，以慢其伐人之喪。

（襄·二·六）

**秋七月，仲孫蔑會晉荀罃、宋華元、衛孫林父、曹人、邾人于戚。**

（襄·二·七）

**己丑，葬我小君齊姜。**[一]

［一］齊，謚。

（襄·二·八）

**叔孫豹如宋。**

（襄·二·九）

**冬，仲孫蔑會晉荀罃、齊崔杼、宋華元、衛孫林父、曹人、邾人、滕人、薛人、小邾人于戚，遂城虎牢。**

若言中國焉，内鄭也。[一]

［一］虎牢，鄭邑。鄭服罪，内之故爲之城。不繫虎牢於鄭者，如中國之邑也。僖二年城楚丘，《傳》曰："楚丘者何？衛之邑。國曰城，此邑也，其曰城何？封衛也。"然則非魯邑皆不言城。中國猶國中也。

（襄·二·十）

**楚殺其大夫公子申。**

# 襄公三年

（襄·三·一）

**三年春，楚公子嬰齊帥師伐吳。**

（襄·三·二）

**公如晉。**

（襄·三·三）

**夏四月壬戌，公及晉侯盟于長樗。**[一]

［一］晉侯出其國都，與公盟于外地。

（襄·三·四）

**公至自晉。**

（襄·三·五）

**六月，公會單子、晉侯、宋公、衛侯、鄭伯、莒子、邾子、齊世子光。己未，同盟于雞澤。**[一]

同者，有同也，同外楚也。

［一］雞澤，地也。

（襄·三·六）

**陳侯使袁僑如會。**

如會，外乎會也，[一]於會受命也。

[一]外乎會者，明本非會内也，諸侯已會乃至耳。

（襄·三·七）

**戊寅，叔孫豹及諸侯之大夫及陳袁僑盟。**

及，以及與之也。[一]諸侯以爲可與則與之，不可與則釋之。諸侯盟，又大夫相與私盟，是大夫張也。故雞澤之會諸侯始失正矣，大夫執國權。曰袁僑，異之也。[二]

[一]諸侯在會而大夫又盟，是大夫執國之權、亢君之禮。陳君不會，袁僑受使來盟，袁僑之盟得其義也。通言叔孫豹及諸侯之大夫，則無以表袁僑之得禮，故再言及，明獨與袁僑，不與諸侯之大夫。

[二]釋不但摠言及諸侯之大夫，而復别言袁僑者，是異袁僑之得禮。

（襄·三·八）

**秋，公至自晉。**

（襄·三·九）

**冬，晉荀罃帥師伐許。**

# 襄公四年

（襄·四·一）

**四年春王三月己酉，陳侯午卒。**

（襄·四·二）

**夏，叔孫豹如晉。**

（襄·四·三）

**秋七月戊子，夫人姒氏薨。**[一]

［一］成公夫人，襄公母也。姒，杞姓。

（襄·四·四）

**葬陳成公。**

（襄·四·五）

**八月辛亥，葬我小君定姒。**[一]

［一］定，謚。

（襄·四·六）

**冬，公如晉。**

（襄·四·七）

**陳人圍頓。**

## 襄公五年

(襄·五·一)

**五年春，公至自晉。**

(襄·五·二)

**夏，鄭伯使公子發來聘。**

(襄·五·三)

**叔孫豹、繒世子巫如晉。**

外不言如而言如，爲我事往也。[一]

[一] 外相如不書，爲魯事往，故同於内。

(襄·五·四)

**仲孫蔑、衛孫林父會吳于善稻。**[一]

吳謂善伊、謂稻緩，號從中國，名從主人。[二]

[一] 善稻，吳地。

[二] 夷狄所號，地形及物類當從中國言之，以教殊俗，故不言伊緩而言善稻，人名當從其本俗言。

(襄·五·五)

**秋，大雩。**

（襄·五·六）

**楚殺其大夫公子壬夫。**

（襄·五·七）

**公會晉侯、宋公、陳侯、衛侯、鄭伯、曹伯、莒子、邾子、滕子、薛伯、齊世子光、吳人、繒人于戚。**[一]

［一］繒以外甥爲子，曾夷狄之不若，故序吳下。所以不復殊外吳者，以其數會中國故。

（襄·五·八）

**公至自會。**

（襄·五·九）

**冬，戍陳。**

内辭也。[一]

［一］不言諸侯，是魯戍之。

（襄·五·十）

**楚公子貞帥師伐陳。**

（襄·五·十一）

**公會晉侯、宋公、衛侯、鄭伯、曹伯、莒子、邾子、滕子、薛伯、齊世子光救陳。**

（襄·五·十二）

**十有二月，公至自救陳。**

善救陳也。[一]

［一］楚人伐陳，公能救中國而攘夷狄，故善之。善之謂以救陳致。

（襄·五·十三）

**辛未，季孫行父卒。**

# 襄公六年

（襄·六·一）

**六年春王三月壬午，杞伯姑容卒。**

（襄·六·二）

**夏，宋華弱來奔。**

（襄·六·三）

**秋，葬杞桓公。**

（襄·六·四）

**滕子來朝。**

（襄·六·五）

**莒人滅繒。**[一]

非滅也。[二]中國日，卑國月，夷狄時。繒，中國也而時，非滅也。家有既亡，國有既滅，[三]滅而不自知，由别之而不别也。[四]莒人滅繒非滅也，非立異姓以莅祭祀，滅亡之道也。

[一] 莒是繒甥，立以爲後，非其族類，神不歆其祀，故言滅。

[二] 非以兵滅。

[三] 滅猶亡，亡猶滅。家立異姓爲後則亡，國立異姓爲嗣則滅。既，盡也。

［四］繒不達滅亡之義，故國滅而不知。

（襄·六·六）

**冬，叔孫豹如邾。**

（襄·六·七）

**季孫宿如晉。**［一］

［一］宿，行父子。

（襄·六·八）

**十有二月，齊侯滅萊。**

# 襄公七年

（襄·七·一）

**七年春，郯子來朝。**

（襄·七·二）

**夏四月，三卜郊，不從，乃免牲。**

夏四月，不時也。三卜，禮也。乃者，亡乎人之辭也。

（襄·七·三）

**小邾子來朝。**

（襄·七·四）

**城費。**

（襄·七·五）

**秋，季孫宿如衛。**

（襄·七·六）

**八月，螽。**

（襄·七·七）

**冬十月，衛侯使孫林父來聘。**

（襄·七·八）

**壬戌，及孫林父盟。**

（襄·七·九）

**楚公子貞帥師圍陳。**

（襄·七·十）

**十有二月，公會晉侯、宋公、陳侯、衛侯、曹伯、莒子、邾子于鄬。**[一]**鄭伯髡原如會，未見諸侯，丙戌卒于操。**[二]

未見諸侯，其曰如會，何也？致其志也。禮，諸侯不生名，此其生名，何也？卒之名也。卒之名則何爲加之如會之上？見以如會卒也。其見以如會卒，何也？鄭伯將會中國，其臣欲從楚，不勝其臣，弑而死。其不言弑，何也？不使夷狄之民加乎中國之君也。[三]其地，於外也；其日，未踰竟也。日卒時葬，正也。

［一］鄬，鄭地。

［二］操，鄭地。

［三］邵曰："以其臣欲從楚，故謂夷狄之民。不欲使夷狄之臣得弑中國之君，故去弑而言卒，使若正卒然。"

（襄·七·十一）

**陳侯逃歸。**

以其去諸侯，故逃之也。[一]

［一］鄭伯欲從中國而罹其凶禍，諸侯莫有討心，於是懼而去之，皆華即夷，故書逃以抑之。

## 襄公八年

（襄·八·一）

**八年春王正月，公如晉。**

（襄·八·二）

**夏，葬鄭僖公。**

（襄·八·三）

**鄭人侵蔡，獲蔡公子濕。**[一]

人，微者也；侵，淺事也。而獲公子，公子病矣。

［一］獲者，不與之辭。侵者，所以服不義，無相獲之道。

（襄·八·四）

**季孫宿會晉侯、鄭伯、齊人、宋人、衛人、邾人于邢丘。**[一]

見魯之失正也，公在而大夫會也。

［一］邢丘，地。

（襄·八·五）

**公至自晉。**

（襄·八·六）

**莒人伐我東鄙。**

（襄·八·七）

**秋九月，大雩。**

（襄·八·八）

**冬，楚公子貞帥師伐鄭。**

（襄·八·九）

**晉侯使士匄來聘。**

# 襄公九年

（襄·九·一）

**九年春，宋災。**

外災不志，此其志，何也？故宋也。[一]

［一］故猶先也，孔子之先宋人。

（襄·九·二）

**夏，季孫宿如晉。**

（襄·九·三）

**五月辛酉，夫人姜氏薨。**[一]

［一］成公母。

（襄·九·四）

**秋八月癸未，葬我小君穆姜。**

（襄·九·五）

**冬，公會晉侯、宋公、衛侯、曹伯、莒子、邾子、滕子、薛伯、杞伯**[一]**、小邾子、齊世子光伐鄭。十有二月己亥，同盟于戲。**[一]

〔一〕杞伯　十行本、阮刻本無此二字。

不異言鄭，善得鄭也。不致，恥不能據鄭也。[二]

[一] 戲，鄭地。

[二] 戲盟還而楚伐鄭，故恥不能終有鄭。

（襄·九·六）

**楚子伐鄭。**

# 襄公十年

(襄·十·一)

**十年春，公會晉侯、宋公、衛侯、曹伯、莒子、邾子、滕子、薛伯、杞伯、小邾子、齊世子光，會吳于柤。**[一]

會又會，外之也。[二]

[一] 柤，楚地。

[二] 五年會于戚不殊會，今殊會吳者，復夷狄故。

(襄·十·二)

**夏五月甲午，遂滅傅陽。**

遂，直遂也。其曰遂，何也？不以中國從夷狄也。[一]

[一] 言時實吳會諸侯、滅傅陽，恥以中國之君從夷狄之主，故加甲午，使若改日諸侯自滅傅陽。滅卑國月，此日，蓋爲遂耳。

(襄·十·三)

**公至自會。**

會夷狄不致，惡事不致，[一]此其致，何也？[二]存中國也。[三]中國有善事則并焉，[四]無善事則異之，存之也。[五]汲鄭伯，[六]逃歸陳侯，[七]致柤之會，存中國也。

[一] 夷狄不致，恥與同；惡事不致，恥有惡。

［二］會吳，會夷狄也；滅傅陽，惡事也。據不應致。

［三］以中國之君從夷狄之主而滅人之邑也，此即夷狄爾，是無中國也。故加甲午，使若改日諸侯自滅傅陽爾，不以諸侯從夷狄也。滅中國雖惡事，自諸侯之一眚爾；從夷狄而滅人，則中國不復存矣。

［四］若中國有善事則不復言會諸侯，改日遂滅傅陽，如僖四年“諸侯侵蔡，蔡潰，遂伐楚”，是并焉。

［五］諸侯會吳于柤，甲午遂滅傅陽，是則若會與遂異人。

［六］汲猶引也。鄭伯髡原爲臣所弑而不書弑，此引而致於善事。

［七］鄬之會，陳侯不會，以其爲楚，故言逃歸。

（襄·十·四）

**楚公子貞、鄭公孫輒帥師伐宋。**

（襄·十·五）

**晉師伐秦。**

（襄·十·六）

**秋，莒人伐我東鄙。**

（襄·十·七）

**公會晉侯、宋公、衛侯、曹伯、莒子、邾子、齊世子光、滕子、薛伯、杞伯、小邾子伐鄭。**［一］

［一］齊世子光序滕、薛之上，蓋驕蹇。

（襄·十·八）

**冬，盜殺鄭公子斐、公子發、公孫輒。**

稱盜以殺大夫，弗以上下道，惡上也。[一]

［一］兩下相殺不志乎《春秋》，惡鄭伯不能脩政刑，致盜殺大夫也。以上下道當言鄭人殺其大夫。

（襄·十·九）

**戍鄭虎牢。**[一]

其曰鄭虎牢，決鄭乎虎牢也。[二]

［一］不稱其人，則魯戍也，猶戍陳。

［二］二年鄭去楚而從中國，故城虎牢不言鄭，使與中國無異。自爾已來數反覆，無從善之意，故繫之於鄭，決絶而棄外。

（襄·十·十）

**楚公子貞帥師救鄭。**

（襄·十·十一）

**公至自伐鄭。**

# 襄公十一年

（襄·十一·一）

**十有一年春王正月，作三軍。**

作，爲也。古者天子六師，諸侯一軍，作三軍非正也。[一]

［一］《周禮·司馬法》曰："萬有二千五百人爲軍，王六軍，大國三軍，次國二軍，小國一軍，其將皆命卿。二千五百人爲師。"然則，此言天子六師，凡萬有五千人，大國三軍則三萬七千五百人，諸侯制踰天子，非義也。揔云諸侯一軍，又非制也。昭五年經曰"舍中軍"，《傳》曰"貴復正也"。然則，魯有二軍，今云作三軍，增置中軍爾。魯爲次國於此爲明。

（襄·十一·二）

**夏四月，四卜郊，不從，乃不郊。**

夏四月，不時也。四卜，非禮也。

（襄·十一·三）

**鄭公孫舍之帥師侵宋。**

（襄·十一·四）

**公會晉侯、宋公、衛侯、曹伯、齊世子光、莒子、邾子、滕子、薛伯、杞伯、小邾子伐鄭。**

（襄·十一·五）

**秋七月己未，同盟于京城北。**[一]

［一］盟謀更共伐鄭。京城北，鄭地[一]。

（襄·十一·六）

**公至自伐鄭。**

不以後致，盟後復伐鄭也。[一]

［一］《傳》例曰："已伐而盟。復伐者，則以伐致。盟不復伐者，則以會致。"此言不以後致，謂會在伐後。

（襄·十一·七）

**楚子、鄭伯伐宋。**

（襄·十一·八）

**公會晉侯、宋公、衛侯、曹伯、齊世子光、莒子、邾子、滕子、薛伯、杞伯、小邾子伐鄭，會于蕭魚。**[一]

［一］蕭魚，鄭地。

（襄·十一·九）

**公至自會。**

伐而後會，不以伐鄭致，得鄭伯之辭也。[一]

［一］鄭與會而服中國，喜之，故以會致。

---

〔一〕鄭地　"地"，底本作"者"，十行本、阮刻本、《古逸叢書》本作"地"，據改。

（襄·十一·十）

**楚人執鄭行人良宵。**

行人者，挈國之辭也。[一]

［一］行人是傳國之辭命者。

（襄·十一·十一）

**冬，秦人伐晉。**

# 襄公十二年

（襄·十二·一）

**十有二年春王三月，莒人伐我東鄙，圍邰。**[一]

伐國不言圍邑，舉重也。[二]取邑不書圍，安足書也。[三]

[一]蓋攻守之害深，故以危錄其月。

[二]伐國重，圍邑輕，舉重可以包輕。

[三]不足書而今書，蓋爲下事起。

（襄·十二·二）

**季孫宿帥師救邰，遂入鄆。**[一]

遂，繼事也。受命而救邰，不受命而入鄆，惡季孫宿也。

[一]鄆，莒邑。

（襄·十二·三）

**夏，晉侯使士魴來聘。**

（襄·十二·四）

**秋九月，吳子乘卒。**

（襄·十二·五）

**冬，楚公子貞帥師侵宋。**

（襄·十二·六）

**公如晉。**

# 襄公十三年

（襄 · 十三 · 一）

**十有三年春，公至自晋。**

（襄 · 十三 · 二）

**夏，取邿。**

（襄 · 十三 · 三）

**秋九月庚辰，楚子審卒。**[一]

［一］共王。

（襄 · 十三 · 四）

**冬，城防。**

# 襄公十四年

（襄・十四・一）

**十有四年春王正月，季孫宿、叔老會晉士匄、齊人、宋人、衛人、鄭公孫蠆、曹人、莒人、邾人、滕人、薛人、杞人、小邾人，會吳于向。**[一]

［一］向，鄭地。

（襄・十四・二）

**二月乙未朔，日有食之。**

（襄・十四・三）

**夏四月，叔孫豹會晉荀偃、齊人、宋人、衛北宮括、鄭公孫蠆、曹人、莒人、邾人、滕人、薛人、杞人、小邾人伐秦。**

（襄・十四・四）

**己未，衛侯出奔齊。**[一]

［一］諸侯出奔例月，衎結怨于民，自棄於位，君弑而歸，與知逆謀，故出入皆日以著其惡。

（襄・十四・五）

**莒人侵我東鄙。**

（襄·十四·六）

**秋，楚公子貞帥師伐吳。**

（襄·十四·七）

**冬，季孫宿會晉士匄、宋華閱、衛孫林父、鄭公孫蠆、莒人、邾人于戚。**

# 襄公十五年

(襄·十五·一)

**十有五年春，宋公使向戌來聘。**

(襄·十五·二)

**二月己亥，及向戌盟于劉。**

(襄·十五·三)

**劉夏逆王后于齊。**[一]

過我，故志之也。

[一] 劉，采地；夏，名。書名則非卿也。天子無外，所命則成，故不言逆女。

(襄·十五·四)

**夏，齊侯伐我北鄙，圍成。公救成，至遇。**[一]

[一] 至遇而齊師已退也。遇，魯地。

(襄·十五·五)

**季孫宿、叔孫豹帥師城成郛。**[一]

[一] 郛，郭。

（襄·十五·六）

**秋八月丁巳，日有食之。**

（襄·十五·七）

**邾人伐我南鄙。**

（襄·十五·八）

**冬十有一月癸亥，晉侯周卒。**

# 襄公十六年

（襄·十六·一）

**十有六年春王正月，葬晉悼公。**

（襄·十六·二）

**三月，公會晉侯、宋公、衛侯、鄭伯、曹伯、莒子、邾子、薛伯、杞伯、小邾子于溴梁。**[一]**戊寅，大夫盟。**

溴梁之會諸侯失正矣，諸侯會而曰大夫盟，正在大夫也。諸侯在而不曰諸侯之大夫，大夫不臣也。

［一］溴梁，地。

（襄·十六·三）

**晉人執莒子、邾子以歸。**

（襄·十六·四）

**齊侯伐我北鄙。**

（襄·十六·五）

**夏，公至自會。**

（襄·十六·六）

**五月甲子，地震。**

（襄·十六·七）

**叔老會鄭伯、晉荀偃、衛甯殖、宋人伐許。**

（襄·十六·八）

**秋，齊侯伐我北鄙，圍成。**

（襄·十六·九）

**大雩。**

（襄·十六·十）

**冬，叔孫豹如晉。**

# 襄公十七年

（襄·十七·一）

**十有七年春王二月庚午，邾子瞷卒。**

（襄·十七·二）

**宋人伐陳。**

（襄·十七·三）

**夏，衛石買帥師伐曹。**

（襄·十七·四）

**秋，齊侯伐我北鄙，圍桃。**

（襄·十七·五）

**齊高厚帥師伐我北鄙，圍防。**〔一〕

（襄·十七·六）

**九月，大雩。**

（襄·十七·七）

**宋華臣出奔陳。**

（襄·十七·八）

**冬，邾人伐我南鄙。**

---

〔一〕桃齊高厚帥師伐我北鄙圍　此十一字底本脱，據白文本、十行本、阮刻本、《古逸叢書》本補。

# 襄公十八年

（襄·十八·一）

**十有八年春，白狄來。**[一]

［一］不言朝，不能行朝禮。

（襄·十八·二）

**夏，晉人執衛行人石買。**

稱行人，怨接於上也。[一]

［一］怨其君而執其使，稱行人明使人爾，罪在上也。

（襄·十八·三）

**秋，齊侯伐我北鄙。**

（襄·十八·四）

**冬十月，公會晉侯、宋公、衛侯、鄭伯、曹伯、莒子、邾子、滕子、薛伯、杞伯、小邾子同圍齊。**

非圍而曰圍，[一]齊有大焉，亦有病焉。[二]非大而足同與〔一〕？[三]諸侯同罪之也，亦病矣。[四]

［一］據實伐。

〔一〕非大而足同與 "與"，十行本、阮刻本作"焉"。

［二］齊若無罪，諸侯豈得同病之乎？

［三］齊非大國，諸侯豈足同共圍之與？

［四］諸侯同罪大國，是不量力，必爲大國所讎，則亦病矣。

（襄·十八·五）

**曹伯負芻卒于師。**

閔之也。

（襄·十八·六）

**楚公子午帥師伐鄭。**

# 襄公十九年

（襄·十九·一）

**十有九年春王正月，諸侯盟于祝柯。**[一]

［一］前年同圍齊之諸侯也。祝柯，齊地。

（襄·十九·二）

**晉人執邾子。**

（襄·十九·三）

**公至自伐齊。**

《春秋》之義，已伐而盟，復伐者則以伐致，[一]盟不復伐者則以會致。[二]祝柯之盟，盟復伐齊與？[三]曰：非也。[四]然則何爲以伐致也？曰：與人同事，或執其君，或取其地。[五]

［一］京城北之類是。

［二］會于蕭魚之類是。

［三］怪不以會致。

［四］不復伐齊。

［五］同與邾圍齊，而晉執其君，魯取其地，此與盟後復伐無異。

（襄·十九·四）

**取邾田自漷水。**[一]

軋辭也。[二]其不日，惡盟也。

[一] 以漷水爲界。

[二] 軋，委曲隨漷水，言取邾田之多。

（襄·十九·五）

**季孫宿如晉。**

（襄·十九·六）

**葬曹成公。**

（襄·十九·七）

**夏，衛孫林父帥師伐齊。**

（襄·十九·八）

**秋七月辛卯，齊侯環卒。**

（襄·十九·九）

**晉士匄帥師侵齊，至穀，聞齊侯卒，乃還。**

還者，事未畢之辭也。受命而誅生，死無所加其怒。不伐喪，善之也。善之則何爲未畢也？君不尸小事，臣不專大名。善則稱君，過則稱己，則民作讓矣。士匄外專君命，故非之也。然則，爲士匄者宜奈何？宜墠帷而歸命乎介。[一]

[一] 除地爲墠，於墠張帷，反命于介，介歸告君，君命乃還，不敢專也。

（襄·十九·十）

**八月丙辰，仲孫蔑卒。**

（襄·十九·十一）

**齊殺其大夫高厚。**

（襄·十九·十二）

**鄭殺其大夫公子嘉。**

（襄·十九·十三）

**冬，葬齊靈公。**

（襄·十九·十四）

**城西郛。**

（襄·十九·十五）

**叔孫豹會晉士匄于柯。**[一]

［一］柯，地。

（襄·十九·十六）

**城武城。**

# 襄公二十年

（襄·二十·一）

**二十年春王正月辛亥，仲孫速會莒人盟于向。**[一]

［一］向，莒邑。

（襄·二十·二）

**夏六月庚申，公會晉侯、齊侯、宋公、衛侯、鄭伯、曹伯、莒子、邾子、滕子、薛伯、杞伯、小邾子盟于澶淵。**[一]

［一］澶淵，衛地。

（襄·二十·三）

**秋，公至自會。**

（襄·二十·四）

**仲孫速帥師伐邾。**

（襄·二十·五）

**蔡殺其大夫公子濕。**

（襄·二十·六）

**蔡公子履出奔楚。**

（襄·二十·七）

**陳侯之弟光出奔楚。**

諸侯之尊，兄弟不得以屬通〔一〕。其弟云者，親之也。親而奔之，惡也。[一]

［一］顯書“弟”，明其親也。親而奔逐之，所以惡陳侯。

（襄·二十·八）

**叔老如齊。**

（襄·二十·九）

**冬十月丙辰朔，日有食之。**

（襄·二十·十）

**季孫宿如宋。**

〔一〕兄弟不得以屬通　“兄弟”，十行本、阮刻本、《古逸叢書》本作“弟兄”。

# 襄公二十一年

（襄·二十一·一）

**二十有一年春王正月，公如晉。**

（襄·二十一·二）

**邾庶其以漆、閭丘來奔。**

以者，不以者也。[一]來奔者不言出，舉其接我者也。漆、閭丘不言及，小大敵也。

［一］凱曰："人臣無專祿以邑叛之道。"

（襄·二十一·三）

**夏，公至自晉。**

（襄·二十一·四）

**秋，晉欒盈出奔楚。**

（襄·二十一·五）

**九月庚戌朔，日有食之。**

（襄·二十一·六）

**冬十月庚辰朔，日有食之。**

（襄·二十一·七）

**曹伯來朝。**

（襄·二十一·八）

**公會晉侯、齊侯、宋公、衛侯、鄭伯、曹伯、莒子、邾子于商任。**[一]

［一］商任，某地。

（襄·二十一·九）

**庚子，孔子生。**

# 襄公二十二年

（襄·二十二·一）

**二十有二年春王正月，公至自會。**

（襄·二十二·二）

**夏四月。**

（襄·二十二·三）

**秋七月辛酉，叔老卒。**

（襄·二十二·四）

**冬，公會晉侯、齊侯、宋公、衛侯、鄭伯、曹伯、莒子、邾子、滕子、薛伯、杞伯、小邾子于沙隨。**

（襄·二十二·五）

**公至自會。**

（襄·二十二·六）

**楚殺其大夫公子追舒。**

# 襄公二十三年

（襄·二十三·一）

**二十有三年春王二月癸酉朔，日有食之。**

（襄·二十三·二）

**三月己巳，杞伯匄卒。**

（襄·二十三·三）

**夏，邾畀我來奔。**

（襄·二十三·四）

**葬杞孝公。**

（襄·二十三·五）

**陳殺其大夫慶虎及慶寅。**

稱國以殺，罪累上也。及慶寅，慶寅累也。

（襄·二十三·六）

**陳侯之弟光自楚歸于陳。**[一]

［一］光反稱弟言歸，無罪明矣。

（襄·二十三·七）

**晉欒盈復入于晉，入于曲沃。**[一]

［一］曲沃，晉地。

（襄·二十三·八）

**秋，齊侯伐衛，遂伐晉。**

（襄·二十三·九）

**八月，叔孫豹帥師救晉，次于雍渝。**［一］

言救後次，非救也。［二］

［一］雍渝，晉地。

［二］惡其不遂君命而專止次，故先通君命而後言次，尊君抑臣之義。鄭嗣曰："次，止也。凡先書救而後言次，皆非救也。僖元年齊師、宋師、曹師次于聶北救邢，此師本欲止聶北，遥爲之援爾。隨其本意而書，故先言次而後言救。豹本受君命救晉，中道不能，故先言救而後言次。若鄭伯未見諸侯而曰如會，致其本意。"

（襄·二十三·十）

**己卯，仲孫速卒。**

（襄·二十三·十一）

**冬十月乙亥，臧孫紇出奔邾。**

其日，正臧孫紇之出也。［一］蘧伯玉曰："不以道事其君者，其出乎？"［二］

［一］正其有罪。

［二］必不見容。

（襄·二十三·十二）

**晉人殺欒盈。**

惡之，弗有也。[一]

［一］不言殺其大夫，是不有之以爲大夫。

（襄·二十三·十三）

**齊侯襲莒。**[一]

［一］輕行掩其不備曰襲。

# 襄公二十四年

（襄·二十四·一）

**二十有四年春，叔孫豹如晉。**

（襄·二十四·二）

**仲孫羯帥師侵齊。**

（襄·二十四·三）

**夏，楚子伐吳。**

（襄·二十四·四）

**秋七月甲子朔，日有食之既。**

（襄·二十四·五）

**齊崔杼帥師伐莒。**

（襄·二十四·六）

**大水。**

（襄·二十四·七）

**八月癸巳朔，日有食之。**

（襄·二十四·八）

**公會晉侯、宋公、衛侯、鄭伯、曹伯、莒子、邾子、滕子、**

**薛伯、杞伯、小邾子于夷儀**。

（襄·二十四·九）

**冬，楚子、蔡侯、陳侯、許男伐鄭**。

（襄·二十四·十）

**公至自會**。

（襄·二十四·十一）

**陳鍼宜咎出奔楚**。

（襄·二十四·十二）

**叔孫豹如京師**。

（襄·二十四·十三）

**大饑**。

五穀不升爲大饑。[一] 一穀不升謂之嗛，[二] 二穀不升謂之饑，三穀不升謂之饉，四穀不升謂之康，[三] 五穀不升謂之大侵。[四] 大侵之禮，君食不兼味，臺榭不塗，[五] 弛侯、廷道不除，[六] 百官布而不制，[七] 鬼神禱而不祀，[八] 此大侵之禮也。

［一］升，成也。

［二］嗛，不足貌。

［三］康，虚。

［四］侵，傷。

［五］塗，堊飾[一]。

［六］弛，廢也。侯，射侯也。廢侯不燕射，廷内道路不脩除。

［七］官職脩列，不可闕廢，不更有造作。

［八］《周書》曰："大荒有禱無祀。"

---

〔一〕 堊飾 "堊"，阮刻本作"塗"，《校勘記》曰："閩、監、毛本同，何校本下'塗'作'堊'，《釋文》出'堊飾'。"

# 襄公二十五年

（襄·二十五·一）

**二十有五年春，齊崔杼帥師伐我北鄙。**

（襄·二十五·二）

**夏五月乙亥，齊崔杼弑其君光。**

莊公失言淫于崔氏。[一]

［一］放言將淫崔氏，爲此見弑也。邵曰："淫，過也。言莊公言語失漏，有過於崔子，而崔子弑之。故《傳》載其致弑之由以明崔杼之罪甚。"

（襄·二十五·三）

**公會晉侯、宋公、衛侯、鄭伯、曹伯、莒子、邾子、滕子、薛伯、杞伯、小邾子于夷儀。**

（襄·二十五·四）

**六月壬子，鄭公孫舍之帥師入陳。**

（襄·二十五·五）

**秋八月己巳，諸侯同盟于重丘。**[一]

［一］會夷儀之諸侯也。重丘，齊地。

（襄·二十五·六）

**公至自會。**

（襄·二十五·七）

**衛侯入于夷儀。**[一]

［一］夷儀本邢地，衛滅邢而爲衛地。

（襄·二十五·八）

**楚屈建帥師滅舒鳩。**

（襄·二十五·九）

**冬，鄭公孫夏帥師伐陳。**

（襄·二十五·十）

**十有二月，吴子謁伐楚，門于巢，卒。**

以伐楚之事門于巢卒也。[一]于巢者，外乎楚也。[二]門于巢，乃伐楚也。[三]諸侯不生名，取卒之名加之伐楚之上者，見以伐楚卒也。其見以伐楚卒，何也？[四]古者，大國過小邑，小邑必飾城而請罪，禮也。[五]吴子謁伐楚至巢，入其門，門人射吴子，有矢創，反舍而卒。古者，雖有文事，必有武備，非巢之不飾城而請罪，非吴子之自輕也。[六]

［一］所以攻巢之門者，爲其伐楚之事故也。然則，伐楚經巢。

［二］若但言伐楚卒而不言于巢者，則卒在楚也，言于巢則不在楚。

[三] 先攻巢，然後楚乃可得伐。

[四] 據伐楚惡事，無緣致本意。

[五] 飾城者，脩守備。請罪，問所以爲闕，致師之意。

[六] 非，責。

# 襄公二十六年

(襄·二十六·一)

**二十有六年春王二月辛卯，衛甯喜弑其君剽。**

此不正，其日，何也？殖也立之，喜也君之，正也。[一]

[一] 父立以爲君，則子宜君之，以明正也。

(襄·二十六·二)

**衛孫林父入于戚以叛。**

(襄·二十六·三)

**甲午，衛侯衎復歸于衛。**

日歸，見知弑也。[一]

[一] 書喜弑君，衎可言歸。衎實與弑，故錄日以見之。書日所以知其與弑者[一]，言辛卯弑君，甲午便歸，是待弑而入，故得速也。

(襄·二十六·四)

**夏，晉侯使荀吴來聘。**

(襄·二十六·五)

**公會晉人、鄭良霄、宋人、曹人于澶淵。**

〔一〕 故錄日……與弑者　底本脱“以見之書日”五字，據十行本、阮刻本《古逸叢書》本補。

（襄·二十六·六）

**秋，宋公殺其世子座。**

（襄·二十六·七）

**晉人執衛甯喜。**

（襄·二十六·八）

**八月壬午，許男甯卒于楚。**[一]

［一］宣九年九月辛酉晉侯黑臀卒于扈，《傳》曰“其日，未踰竟也”，此乃在楚，何以日邪？隱三年八月庚辰宋公和卒，《傳》曰“日卒，正也”。許男卒于楚則在外已顯，日卒明其正。

（襄·二十六·九）

**冬，楚子、蔡侯、陳侯伐鄭。**

（襄·二十六·十）

**葬許靈公。**

# 襄公二十七年

（襄·二十七·一）

**二十有七年春，齊侯使慶封來聘。**

（襄·二十七·二）

**夏，叔孫豹會晉趙武、楚屈建、蔡公孫歸生、衛石惡、陳孔奂、鄭良霄、許人、曹人于宋。**

（襄·二十七·三）

**衛殺其大夫甯喜。**

稱國以殺，罪累上也。甯喜弒君，其以累上之辭言之，何也？嘗爲大夫，與之涉公事矣。[一]甯喜由君弒君而不以弒君之罪罪之者，惡獻公也。[二]

［一］鄭嗣曰："若獻公以喜有弒君之罪而殺之，則不宜既入以爲大夫而復殺之，明以他故。"

［二］獻公即衎也。鄭嗣曰："書'甯喜弒其君'則喜之罪不嫌不明，今若不言喜之無罪而死，則獻公之惡不彰。"

（襄·二十七·四）

**衛侯之弟專出奔晉。**

專，喜之徒也。專之爲喜之徒，何也？己雖急納其兄，與人之臣謀弒其君，是亦弒君者也。專其曰弟，何也？[一]

專有是信者，[二]君賂不入乎喜而殺喜，是君不直乎喜也。故出奔晉，織絇邯鄲，終身不言衛。[三]專之去，合乎《春秋》。[四]

[一] 據稱弟則無罪。

[二] 言君本使專與喜爲約納君，許以寵賂，今反殺之，獻公使專失信，故稱弟見獻公之惡也。

[三] 恥失信。

[四] 何休曰："甯喜本弑君之家，獻公過而殺之，小負也。專以君之小負自絶，非大義也，何以合乎《春秋》？"鄭君釋之曰："甯喜雖弑君之家，本專與約納獻公爾，公由喜得入，已與喜以君臣從事矣。《春秋》撥亂，重盟約，今獻公背之而殺忠于己者，是獻公惡而難親也。獻公既惡而難親，專又與喜爲黨，懼禍將及。君子見幾而作，不俟終日。微子去紂，孔子以爲上仁〔一〕。專之去衛，其心若此，合于《春秋》，不亦宜乎？"

(襄·二十七·五)

**秋七月辛巳，豹及諸侯之大夫盟于宋。**

湨梁之會，諸侯在而不曰諸侯之大夫，大夫不臣也，晉趙武恥之。豹云者，恭也。[一]諸侯不在而曰諸侯之大夫，大夫臣也，其臣恭也，晉趙武爲之會也。

〔一〕 孔子以爲上仁 《校勘記》："閩、監、毛本'上'作'三'，是也。"

［一］不舉氏姓〔一〕。

(襄·二十七·六)

**冬十有二月乙亥朔，日有食之。**

〔一〕不舉氏姓　“氏姓”，十行本、阮刻本作“姓氏”。

# 襄公二十八年

（襄·二十八·一）

**二十有八年春，無冰。**

（襄·二十八·二）

**夏，衛石惡出奔晉。**

（襄·二十八·三）

**邾子來朝。**

（襄·二十八·四）

**秋八月，大雩。**

（襄·二十八·五）

**仲孫羯如晉。**

（襄·二十八·六）

**冬，齊慶封來奔。**

（襄·二十八·七）

**十有一月，公如楚。**

（襄·二十八·八）

**十有二月甲寅，天王崩。**［一］

［一］灵王。

（襄·二十八·九）

**乙未，楚子昭卒。**

# 襄公二十九年

（襄·二十九·一）

**二十有九年春王正月，公在楚。**

閔公也。[一]

［一］閔公爲楚所制，故存錄。

（襄·二十九·二）

**夏五月，公至自楚。**

喜之也。[一]致君者，殆其往而喜其反，[二]此致君之意義也。

［一］凱曰："遠之蠻國，喜得全歸。"

［二］殆，危。

（襄·二十九·三）

**庚午，衛侯衎卒。**

（襄·二十九·四）

**閽弑吳子餘祭。**

閽，門者也，寺人也。不稱名姓，閽不得齊於人。不稱其君，閽不得君其君也。禮，君不使無恥，不近刑人，[一]不狎敵，不邇怨。賤人非所貴也，貴人非所刑也，刑人非所近也。舉至賤而加之吳子，吳子近刑人也。閽弑

吴子餘祭，仇之也。[二]

［一］無恥不知臧否。

［二］怨仇餘祭，故弑之。

（襄·二十九·五）

**仲孫羯會晉荀盈、齊高止、宋華定、衛世叔儀、鄭公孫段、曹人、莒人、邾人、滕人、薛人、小邾人城杞。**

古者，天子封諸侯，其地足以容其民，其民足以滿城以自守也。杞危而不能自守，故諸侯之大夫相帥以城之，此變之正也。[一]

［一］諸侯微弱，政由大夫，大夫能同恤災危，故曰變之正。

（襄·二十九·六）

**晉侯使士鞅來聘。**

（襄·二十九·七）

**杞子來盟。**[一]

［一］杞復稱子，蓋時王所黜。

（襄·二十九·八）

**吴子使札來聘。**[一]

吴其稱子，何也？善使延陵季子，故進之也。身賢賢也，使賢亦賢也。延陵季子之賢，尊君也。[二]其名，成尊

於上也。[三]

[一] 杜預曰:“吴子餘祭既遣札聘上國而後死，札以六月到魯，未聞喪也。不稱公子，其禮未同於上國。”

[二] 以季札之賢，吴子得進稱子，是尊君也。

[三]《春秋》賢者不名，而札名者，許夷狄不一而足，唯成吴之尊稱，直稱吴則不得有大夫。

(襄·二十九·九)

**秋九月，葬衛獻公。**

(襄·二十九·十)

**齊高止出奔北燕。**

其曰北燕，從史文也。[一]

[一] 南燕姞姓，在鄭、衛之間；北燕姬姓，在晉之北。史曰北燕，據時然，故不改也。《傳》所言，解時但有言有燕者[一]。

(襄·二十九·十一)

**冬，仲孫羯如晉。**

---

〔一〕 解時但有言有燕者　十行本、阮刻本無後一“有”字。

## 襄公三十年

（襄·三十·一）

**三十年春王正月，楚子使薳罷來聘。**[一]

［一］聘例時，此聘月之，何也？泰曰："桓二年宋督弑其君與夷，《傳》曰'書王以正與夷之卒'，然則義有所明[一]，皆須王以正之。書王必上繫于春，下統于月，此書王以治蔡般弑父之罪爾，非以錄薳罷之聘。"

（襄·三十·二）

**夏四月，蔡世子般弑其君固。**

其不日，子奪父政，是謂夷之。[一]

［一］比之夷狄，故不日也。丁未楚世子商臣弑其父[二]，《傳》曰"日髡之卒，所以謹商臣之弑也"。楚公子比弑其君，《傳》曰"不日，比不弑"。般弑不日而曰夷之，何也？徐乾曰："凡中國君正卒皆書日以錄之，夷狄君卒皆不日以略之，所以別中國與夷狄。夷狄弑君而日者，閔其爲惡之甚，謹而錄之。中國君卒例日，不以弑與不弑也。至於卒而不日者，乃所以略之，與夷狄同例。"

---

〔一〕然則義有所明　"義"，十行本、阮刻本作"善"，《校勘記》曰："閩、監、毛本同，余本'善'作'義'。"

〔二〕丁未楚世子商臣弑其父　"弑"，十行本、阮刻本作"殺"。

（襄·三十·三）

**五月甲午，宋災，伯姬卒。**

取卒之日加之災上者，見以災卒也。其見以災卒奈何？伯姬之舍失火，左右曰："夫人少辟火乎？"伯姬曰："婦人之義，傅母不在，宵不下堂。"[一]左右又曰："夫人少辟火乎？"伯姬曰："婦人之義，保母不在，宵不下堂。"遂逮乎火而死。婦人以貞爲行者也，伯姬之婦道盡矣。詳其事，賢伯姬也。

［一］宵，夜。

（襄·三十·四）

**天王殺其弟佞夫。**

《傳》曰：諸侯且不首惡，況於天子乎？君無忍親之義，天子、諸侯所親者唯長子、母弟耳，天王殺其弟佞夫，甚之也。

（襄·三十·五）

**王子瑕奔晉。**[一]

［一］不言出，周無外。

（襄·三十·六）

**秋七月，叔弓如宋葬共姬。**[一]

外夫人不書葬，此其言葬，何也？吾女也，卒災，故隱而葬之也。

［一］共姬，從夫之謚。

（襄・三十・七）

**鄭良霄出奔許，自許入于鄭，鄭人殺良霄。**

不言大夫，惡之也。

（襄・三十・八）

**冬十月，葬蔡景公。**

不日卒而月葬，不葬者也。卒而葬之，不忍使父失民於子也。[一]

［一］鄭嗣曰："夫葬者，臣子之事也。景公無子，不可謂無民，無民則景公有失於民，有民則罪歸於子。若不書葬，則嫌亦失民，故曰不忍使父失民於子。"

（襄・三十・九）

**晉人、齊人、宋人、衛人、鄭人、曹人、莒人、邾人、滕人、薛人、杞人、小邾人會于澶淵，宋災故。**

會不言其所爲，其曰宋災故，何也？不言災故則無以見其善也。其曰人，何也？救災以衆。何救焉？更宋之所喪財也。[一] 澶淵之會，中國不侵伐夷狄，夷狄不入中國，無侵伐八年，善之也，晉趙武、楚屈建之力也。

［一］償其所喪財，故雖不及災時而猶曰救災。

# 襄公三十一年

(襄·三十一·一)

**三十有一年春王正月。**

(襄·三十一·二)

**夏六月辛巳，公薨于楚宮。**

楚宮非正也。[一]

［一］楚宮，别宮名，非路寢。

(襄·三十一·三)

**秋九月癸巳，子野卒。**[一]

子卒日，正也。

［一］襄公大子。

(襄·三十一·四)

**己亥，仲孫羯卒。**

(襄·三十一·五)

**冬十月，滕子來會葬。**[一]

［一］書非禮。

（襄·三十一·六）

**癸酉，葬我君襄公。**

（襄·三十一·七）

**十有一月，莒人弑其君密州。**

# 春秋穀梁傳集解昭公第十

# 春秋穀梁傳集解昭公第十

范　甯　集解

## 昭公元年

（昭·元·一）

**元年春王正月，公即位。**

繼正即位，正也。

（昭·元·二）

**叔孫豹會晉趙武、楚公子圍、齊國弱、宋向戌、衛齊惡、陳公子招、蔡公孫歸生、鄭罕虎、許人、曹人于郭。**

（昭·元·三）

**三月，取鄆。**[一]

［一］鄆，魯邑。言取者，叛戾不服。

（昭·元·四）

**夏，秦伯之弟鍼出奔晉。**

諸侯之尊，弟兄不得以屬通，其弟云者，親之也。親而奔之，惡也。

（昭·元·五）

**六月丁巳，邾子華卒。**

(昭·元·六)

**晉荀吳帥師敗狄于大原。**[一]

《傳》曰：中國曰大原，夷狄曰大鹵，號從中國，名從主人。[二]

［一］大原，地。

［二］襄五年注詳矣。

(昭·元·七)

**秋，莒去疾自齊入于莒，莒展出奔吳。**

(昭·元·八)

**叔弓帥師疆鄆田。**

疆之爲言猶竟也。[一]

［一］爲之境界。

(昭·元·九)

**葬邾悼公。**

(昭·元·十)

**冬十有一月己酉，楚子卷卒。**

(昭·元·十一)

**楚公子比出奔晉。**

# 昭公二年

(昭·二·一)

**二年春，晉侯使韓起來聘。**

(昭·二·二)

**夏，叔弓如晉。**

(昭·二·三)

**秋，鄭殺其大夫公孫黑。**

(昭·二·四)

**冬，公如晉，至河乃復。**[一]

恥如晉，故著有疾也。[二]

[一] 乃者，亡乎人之辭，刺公弱劣，受制彊臣。

[二] 公凡四如晉，季氏訴公于晉侯，使不見公。公懼不利于己，故公託至河有疾而反以殺恥也。十二年《傳》曰"季氏不使遂乎晉"，與此《傳》互文以見義。然則，十三年、二十一年如晉與此義同。二十三年經曰"至河有疾乃復[一]"，是微有疾而反，嫌與上四如晉同，故明之。

〔一〕至河有疾乃復　"有疾"，底本無，十行本、阮刻本、《古逸叢書》本作"至河有疾乃復"，昭公二十三年經曰"冬，公如晉，至河，公有疾乃復"，據補。

（昭·二·五）

**季孫宿如晉。**

公如晉而不得入，季孫宿如晉而得入，惡季孫宿也。[一]

［一］明晉之不見公，季孫宿之所爲。

# 昭公三年

（昭·三·一）

**三年春王正月丁未，滕子原卒。**

（昭·三·二）

**夏，叔弓如滕。**

（昭·三·三）

**五月，葬滕成公。**

（昭·三·四）

**秋，小邾子來朝。**

（昭·三·五）

**八月，大雩。**

（昭·三·六）

**冬，大雨雹。**

（昭·三·七）

**北燕伯款出奔齊。**

其曰北燕，從史文也。

## 昭公四年

(昭·四·一)

**四年春王正月，大雨雪。**[一]

［一］雪或爲雹。

(昭·四·二)

**夏，楚子、蔡侯、陳侯、鄭伯、許男、徐子、滕子、頓子、胡子、沈子、小邾子、宋世子佐、淮夷會于申。**[一]

［一］楚靈王始會諸侯也。

(昭·四·三)

**楚人執徐子。**[一]

［一］稱人以執，執有罪。

(昭·四·四)

**秋七月，楚子、蔡侯、陳侯、許男、頓子、胡子、沈子、淮夷伐吳。**[一] **執齊慶封殺之。**

此入而殺，其不言入，何也？慶封封乎吳鍾離。[二]其不言伐鍾離，何也？不與吳封也。慶封其以齊氏，何也？[三]爲齊討也。靈王使人以慶封令于軍中曰："有若齊慶封弒其君者乎？"[四]慶封曰："子一息，我亦且一言，曰：‘有若楚公子圍弑其兄之子而代之爲君者乎？’”軍人粲然皆笑。[五]慶封弑其君而不以弑君之罪罪之者，慶封不爲靈王服也，不與楚討也。[六]《春秋》之義，用貴治賤，用賢治不肖，不以亂治亂也。孔子曰：“懷惡而討，雖死不服。”其斯之謂與？

[一] 衆國之君傾衆悉力以伐彊敵，内外之害重，故謹而月之。定四年伐楚亦月，此其例也。

[二] 言時殺慶封自于鍾離，實不入吴。

[三] 據已絶于齊。

[四] 謂與崔杼共弑莊公光。

[五] 粲然，盛笑貌。

[六]《傳》例曰：“稱人以殺大夫，爲殺有罪。”今殺慶封經不稱人，故曰不以弑君之罪罪之。

(昭·四·五)

**遂滅厲。**

遂，繼事也。

(昭·四·六)

**九月，取鄫。**

(昭·四·七)

**冬十有二月乙卯，叔孫豹卒。**

# 昭公五年

(昭 · 五 · 一)

**五年春王正月，舍中軍。**

貴復正也。[一]

［一］魯，次國，舊二軍，襄十一年立三軍，今毀之，故曰復正。

(昭 · 五 · 二)

**楚殺其大夫屈申。**

(昭 · 五 · 三)

**公如晉。**

(昭 · 五 · 四)

**夏，莒牟夷以牟婁及防、兹來奔。**

以者，不以者也。來奔者，不言出。[一]及防、兹，以大及小也。莒無大夫，其曰牟夷，何也？以其地來也。以地來則何以書也？重地也。[二]

［一］以其方向内也。

［二］竊地之罪重，故不得不錄其人。

(昭 · 五 · 五)

**秋七月，公至自晉。**

（昭·五·六）

**戊辰，叔弓帥師敗莒師于賁泉。**[一]

狄人謂賁泉"失台"，號從中國，名從主人。

［一］賁泉，魯地。

（昭·五·七）

**秦伯卒。**

（昭·五·八）

**冬，楚子、蔡侯、陳侯、許男、頓子、沈子、徐人、越人伐吳。**

## 昭公六年

（昭·六·一）

**六年春王正月，杞伯益姑卒。**

（昭·六·二）

**葬秦景公。**

（昭·六·三）

**夏，季孫宿如晉。**

（昭·六·四）

**葬杞文公。**

（昭·六·五）

**宋華合比出奔衛。**

（昭·六·六）

**秋九月，大雩。**

（昭·六·七）

**楚薳罷帥師伐吴。**

（昭·六·八）

**冬，叔弓如楚。**

（昭·六·九）

**齊侯伐北燕。**

# 昭公七年

（昭·七·一）

**七年春王正月，暨齊平。**

暨猶暨暨也[一]，暨者不得已也，以外及内曰暨。

（昭·七·二）

**三月，公如楚。**

（昭·七·三）

**叔孫婼如齊莅盟。**

莅，位也，内之前定之辭謂之莅，外之前定之辭謂之來。

（昭·七·四）

**夏四月甲辰朔，日有食之。**

（昭·七·五）

**秋八月戊辰，衛侯惡卒。**

鄉曰衛齊惡，[一]今曰衛侯惡，此何爲君臣同名也？君子不奪人名。不奪人親之所名，重其所以來也，王父名子也。[二]

〔一〕暨猶暨暨也　十行本、阮刻本《古逸叢書》本"暨猶暨暨也"上有"平者成也"四字。

［一］在元年。

［二］不奪人名，謂親之所名，明臣雖欲改，君不當聽也。君不聽臣易名者，欲使人重父命也〔一〕。父受名于王父〔二〕，王父卒則稱王父之命名之。

(昭·七·六)

**九月，公至自楚。**

(昭·七·七)

**冬十有一月癸未，季孫宿卒。**

(昭·七·八)

**十有二月癸亥，葬衛襄公。**

〔一〕欲使人重父命也　“人”，十行本、阮刻本無。

〔二〕父受名于王父　十行本、阮刻本“受”下有“命”字。

## 昭公八年

(昭·八·一)

**八年春，陳侯之弟招殺陳世子偃師。**

鄉曰陳公子招，[一] 今曰陳侯之弟招，何也？曰：盡其親所以惡招也。[二] 兩下相殺不志乎《春秋》，此其志，何也？世子云者，唯君之貳也，云可以重之存焉志之也。諸侯之尊，弟兄不得以屬通〔一〕，其弟云者親之也，親而殺之惡也。[三]

［一］在元年。

［二］盡其親，謂既稱公子又稱弟。招，先君之公子，今君之母弟。

［三］惡招。

(昭·八·二)

**夏四月辛丑，陳侯溺卒。**

(昭·八·三)

**叔弓如晉。**

(昭·八·四)

**楚人執陳行人干徵師殺之。**[一]

稱人以執大夫，執有罪也。稱行人，怨接於上也。

---

〔一〕弟兄不得以屬通　“弟兄”，十行本、阮刻本作“兄弟”。

［一］干，姓；徵師，名。

(昭·八·五)

**陳公子留出奔鄭。**

(昭·八·六)

**秋，蒐于紅。**［一］

正也，［二］因蒐狩以習用武事，禮之大者也。艾蘭以爲防，［三］置旃以爲轅門，［四］以葛覆質以爲槷，［五］流旁握，御轚者不得入，［六］車軌塵，［七］馬候蹄，［八］揜禽旅，［九］御者不失其馳，然後射者能中。［一〇］過防弗逐，不從奔之道也。［一一］面傷不獻，［一二］不成禽不獻。［一三］禽雖多，天子取三十焉，其餘與士衆，以習射於射宮。［一四］射而中，田不得禽則得禽；田得禽而射不中則不得禽。是以知古之貴仁義而賤勇力也。［一五］

［一］紅，魯地。

［二］常事不書，而此書者，以後比年大蒐，失禮，因此以見正。

［三］蘭，香草也。防爲田之大限。

［四］旃，旌旗之名。《周禮》："通帛爲旃。"轅門，卬車以其轅表門。

［五］質，椹也。槷，門中臬。葛或爲褐。

［六］流旁握謂車兩轊頭各去門邊容握［一］。握，四寸也。轚挂則不得入門。

［一］容握 "容"，十行本、阮刻本作"空"。

［七］塵不出轍。

［八］發足相應，遲疾相投。

［九］揜取衆禽。

［一〇］不失馳騁之節。

［一一］戰不逐奔之義。

［一二］嫌誅降。

［一三］惡虐幼少。

［一四］取三十以共乾豆、賓客之庖。射宫，擇宫。

［一五］射以不争爲仁，揖讓爲義。

（昭·八·七）

**陳人殺其大夫公子過。**

（昭·八·八）

**大雩。**

（昭·八·九）

**冬十月壬午，楚師滅陳，執陳公子招放之于越，殺陳孔奂。**

惡楚子也。[一]

［一］惡其滅人之國，放有罪之人，反殺無辜之臣，故實是楚子而言師。

（昭·八·十）

**葬陳哀公。**

不與楚滅，閔之也〔一〕。[一]

[一]滅國不葬，閔楚夷狄以無道滅之，故書葬以存陳。

〔一〕閔之也　"之"，十行本、阮刻本作"公"，《校勘記》曰："閩、監、毛本同，石經、余本'公'作'之'。"

## 昭公九年

(昭 · 九 · 一)

**九年春，叔弓會楚子于陳。**

(昭 · 九 · 二)

**許遷于夷。**[一]

［一］以自遷爲文而地者，許復見也。夷，許地。徐邈曰："許十八年又遷于白羽，許比遷徙，所都無常，居處淺薄如一邑之移，故略而不月，不得從國遷常例。"

(昭 · 九 · 三)

**夏四月，陳火。**

國曰災，邑曰火。火不志，此何以志？閔陳而存之也。[一]

［一］陳已滅矣，猶書火者，不與楚滅也。不可以方全國，故不云災。何休曰："月者，閔之。"

(昭 · 九 · 四)

**秋，仲孫貜如齊。**

(昭 · 九 · 五)

**冬，築郎囿。**

# 昭公十年

（昭·十·一）

**十年春王正月。**

（昭·十·二）

**夏，齊欒施來奔。**

（昭·十·三）

**秋七月，季孫意如、叔弓、仲孫貜帥師伐莒。**

（昭·十·四）

**戊子，晉侯彪卒。**

（昭·十·五）

**九月，叔孫婼如晉。**[一]

［一］月者，爲下葬晉平公起。

（昭·十·六）

**葬晉平公。**

（昭·十·七）

**十有二月甲子，宋公成卒。**[一]

［一］不書冬，甯所未詳。

## 昭公十一年

（昭·十一·一）

**十有一年春王二月，叔弓如宋。**

（昭·十一·二）

**葬宋平公。**[一]

［一］晉獻公以殺世子申生故不書葬，宋平公殺世子座而書葬〔一〕，何乎？何休曰："座有罪故也。"座之罪甯所未聞。鄭莊公殺弟而書葬，以段不弟也，何氏將以理例推之。然則段不弟也故不書弟，座若不子亦不應書世子，書世子則座之罪非不子明矣。

（昭·十一·三）

**夏四月丁巳，楚子虔誘蔡侯般殺之于申。**

何爲名之也？[一]夷狄之君誘中國之君而殺之，故謹而名之也。稱時、稱月、稱日、稱地，謹之也。[二]

［一］據諸侯不生名。

［二］蔡侯般弒父之賊，此人倫之所不容，王誅之所必加。禮，凡在官者殺無赦，豈得惡楚子殺般乎？若謂夷狄之君不得行禮于中國者，理既不通，事又不然。宣十一年楚人殺陳夏徵舒不言入，《傳》曰"明楚之討有罪也"，似若上下違反，不兩

〔一〕宋平公殺世子座而書葬　"座"，底本作"痤"，《古逸叢書》本同，《左傳》《公羊》"座"皆作"痤"。據昭公二十六年"宋公殺其世子座"條，則《穀梁》本似以作"座"爲是。此據十行本、元十行本、阮刻本改。下同。

立之説。嘗試論之曰："夫罰不及嗣，先王之令典；懷惡而討，丈夫之醜行。楚虔滅人之國、殺人之子，伐不以罪，亦已明矣。莊王之討徵舒則異於是矣。凡罰當其理，雖夷必申；苟違斯道，雖華必抑。故莊王得爲伯討，齊侯不得滅紀；趙盾救陳則稱師以大之，靈王誘蔡則書名以惡之。所以情禮俱暢〔一〕，善惡兩顯，豈直惡夷狄之君討中國之亂哉？夫楚靈王之殺蔡般，亦猶晉惠之戮里克，雖伐弑逆之國、誅有罪之人，不獲討賊之美而有累謹之名者，良有以也。"

（昭·十一·四）

**楚公子棄疾帥師圍蔡。**

（昭·十一·五）

**五月甲申，夫人歸氏薨。**[一]

［一］昭公母，胡女，歸姓。

（昭·十一·六）

**大蒐于比蒲。**[一]

［一］夏而言蒐，蓋用秋蒐之禮。八年秋蒐于紅，《傳》曰"正也"；此月大蒐，人衆、器械有踰常禮。時有小君之喪，不譏喪蒐者，重守國之衛，安不忘危。

（昭·十一·七）

**仲孫貜會邾子盟于祲祥。**[一]

〔一〕所以情禮俱暢　"禮"，十行本、阮刻本作"理"。

［一］祲祥，地也。

（昭·十一·八）

**秋，季孫意如會晉韓起、齊國弱、宋華亥、衛北宮佗、鄭罕虎、曹人、杞人于厥憖。**［一］

［一］厥憖，地也。

（昭·十一·九）

**九月己亥，葬我小君齊歸。**［一］

［一］齊，謚。

（昭·十一·十）

**冬十有一月丁酉，楚師滅蔡，執蔡世子友以歸，用之。**［一］

此子也，［二］其曰世子，何也？不與楚殺也。一事注乎志，所以惡楚子也。［三］

［一］僖十九年邾人執繒子用之，《傳》曰“用之者，叩其鼻以衈血，惡之故謹而日之”。

［二］諸侯在喪稱子。

［三］一事輒注而志之也。何休曰：“即不與楚殺，當貶楚爾，何故反貶蔡稱世子邪？”鄭君釋之曰：“滅蔡者楚子也而稱師，固已貶矣。楚子思啟封疆而貪蔡，誘殺蔡侯般，冬而滅蔡殺友。惡其淫、放其志，殺一國二君以取其國，故變子言世子，使若不得其君終〔一〕。”

〔一〕使若不得其君終　“若”，底本作“君”，十行本、阮刻本、《古逸叢書》本作“若”，據改。

# 昭公十二年

(昭·十二·一)

**十有二年春，齊高偃帥師納北燕伯于陽。**[一]

納者，内不受也。燕伯之不名，何也？[二]不以高偃挈燕伯也。[三]

[一] 三年所奔齊者，高傒玄孫，齊大夫也。陽，燕别邑。不言于燕，未得國都也。

[二] 據義不可受則應名以絶之[一]。

[三] 邵曰："公子遂以去公子爲挈、燕伯以書名爲挈者，臣宜書名，故須去公子乃爲挈；君不可名而以臣名君者，不待去燕伯則爲挈也。是以目燕伯而不書名，所以不與高偃挈之。"

(昭·十二·二)

**三月壬申，鄭伯嘉卒。**

(昭·十二·三)

**夏，宋公使華定來聘。**

(昭·十二·四)

**公如晉，至河乃復。**

季孫氏不使遂乎晉也。

〔一〕 應名以絶之 "以"，十行本、阮刻本作"而"。

（昭 · 十二 · 五）

**五月，葬鄭簡公。**

（昭 · 十二 · 六）

**楚殺其大夫成虎。**

（昭 · 十二 · 七）

**秋七月。**

（昭 · 十二 · 八）

**冬十月，公子慭出奔齊。**

（昭 · 十二 · 九）

**楚子伐徐。**

（昭 · 十二 · 十）

**晉伐鮮虞。**

其曰晉，狄之也。其狄之，何也？不正其與夷狄交伐中國，故狄稱之也。[一]

［一］鮮虞，姬姓，白狄也，地居中山，故曰中國。夷狄謂楚也。何休曰："《春秋》多與夷狄並伐者，何以不狄也？"鄭君釋之曰："晉不見因會以綏諸夏而伐同姓，貶之可也。狄之大重，晉爲厥慭之會，實謀救蔡，以八國之師而不能救，楚終滅蔡。今又伐徐，晉不糾合諸侯以遂前志，舍而伐鮮虞，是楚而不如也，故狄稱之焉。"厥慭之會，《穀梁》無傳，鄭君之説似依《左氏》，甯所未詳是《穀梁》意非？

# 昭公十三年

（昭·十三·一）

**十有三年春，叔弓帥師圍費。**

（昭·十三·二）

**夏四月，楚公子比自晉歸于楚，弒其君虔于乾溪。**[一]

自晉，晉有奉焉爾。歸而弒不言歸，言歸非弒也。[二]歸一事也，弒一事也，而遂言之，以比之歸弒，比不弒也。[三]弒君者日，不日，比不弒也。[四]

［一］乾溪，楚地。

［二］《傳》例曰："歸爲善自某歸次之。"然則，弒君不得言歸，比不弒之一驗也。

［三］歸、弒其事各異，自宜別書之，而今連言之，是比之歸遇君弒爾，比不弒之二驗也。

［四］據文元年丁未楚世子商臣弒其君髡日，此不日，比不弒之三驗也。

（昭·十三·三）

**楚公子棄疾殺公子比。**

當上之辭也。當上之辭者，謂不稱人以殺，乃以君殺之也。[一]討賊以當上之辭，殺非弒也。[二]比之不弒有四：[三]取國者稱國以弒，[四]楚公子棄疾殺公子比，比不嫌也。[五]《春秋》不以嫌代嫌，[六]棄疾主其事，故嫌也。[七]

［一］稱人以殺，謂若衛人殺祝吁于濮是也。今比實不弒，故以君殺大夫之辭言之。

［二］實有弒君之罪則人人皆欲殺，宜稱人以殺之。今言楚公子棄疾殺公子比，明棄疾所殺非弒君之人。比之不弒四驗也。

［三］上四事。

［四］若比欲取國而弒君者〔一〕，當直云楚比弒其君虔，不應言公子也，若衛祝吁弒其君完、齊無知弒其君諸兒之類是也。

［五］今棄疾殺之，又言殺公子比，不言弒其君，是比無欲爲君之嫌。

［六］不以亂治亂之義。

［七］比實無弒君之罪，而主殺之者，是棄疾欲爲君之嫌。

(昭·十三·四)

**秋，公會劉子、晉侯、齊侯、宋公、衛侯、鄭伯、曹伯、莒子、邾子、滕子、薛伯、杞伯、小邾子于平丘。**［一］

［一］平丘，地也。

(昭·十三·五)

**八月甲戌，同盟于平丘，公不與盟。**［一］

同者，有同也，同外楚也。公不與盟者，可以與而不與，譏在公也。其日，善是盟也。［二］

［一］公以再如晉不得入，故不肯與盟。

〔一〕若比欲取國而弒君者　“弒”，十行本、阮刻本作“殺”。

［二］公不與盟，當從外盟不日，今日之，善其會盟因楚有難而反陳、蔡之君。

（昭 · 十三 · 六）

**晉人執季孫意如以歸。**[一]

［一］以公不與盟故〔一〕。

（昭 · 十三 · 七）

**公至自會。**

（昭 · 十三 · 八）

**蔡侯廬歸于蔡。陳侯吳歸于陳。**[一]

善其成之會而歸之，故謹而日之。[二] 此未嘗有國也，使如失國辭然者，不與楚滅也。

［一］八年楚滅陳，十一年楚滅蔡，諸侯會而復之，故言歸。

［二］二國獲復，此盟之功也，故於其歸追訢前盟謹日之意，以美諸侯存亡繼絶，非謹陳、蔡歸國之日也。於盟則發謹日之美，於歸則論致美之義。

（昭 · 十三 · 九）

**冬十月，葬蔡靈公。**

變之不葬有三：[一] 失德不葬，[二] 弒君不葬，[三] 滅國不葬。[四] 然且葬之，不與楚滅，且成諸侯之事也。[五]

〔一〕 以公不與盟故 "盟"，十行本、阮刻本作"名"。

［一］變之謂改常禮。《春秋》之常，小國、夷狄不葬。

［二］無君道。

［三］謂不討賊，如無臣子。

［四］無臣子也。

［五］蔡靈公弑逆無道，以至身死國滅，不宜書葬。書葬者，不令夷狄加乎中國，且成諸侯興滅繼絶之善，故葬之。

(昭 · 十三 · 十)

**公如晉，至河乃復。**

(昭 · 十三 · 十一)

**吳滅州來。**

# 昭公十四年

(昭·十四·一)

**十有四年春，意如至自晉。**

大夫執則致，致則名。意如惡，然而致，見君臣之禮也。[一]

[一] 大夫有罪則宜廢之，既不能廢，不得不盡爲君臣之恩，故曰見君臣之禮。

(昭·十四·二)

**三月，曹伯滕卒。**

(昭·十四·三)

**夏四月。**

(昭·十四·四)

**秋，葬曹武公。**

(昭·十四·五)

**八月，莒子去疾卒。**

(昭·十四·六)

**冬，莒殺其公子意恢。**

言公子而不言大夫，莒無大夫也。莒無大夫而曰公子

意恢，意恢賢也。曹、莒皆無大夫，其所以無大夫者，其義異也。[一]

［一］曹叔振鐸，文王之子，武王封之于曹，在甸服之内，後削小爾。莒，己姓，東夷，本微國。

# 昭公十五年

(昭 · 十五 · 一)

**十有五年春王正月，吳子夷末卒。**

(昭 · 十五 · 二)

**二月癸酉，有事于武宮，籥入，叔弓卒，去樂卒事。**

君在祭樂之中，聞大夫之喪則去樂卒事，禮也。[一]君在祭樂之中，大夫有變以聞，可乎？[二]大夫，國體也。[三]古之人重死，君命無所不通。[四]

[一] 祭樂者，君在廟中祭作樂。

[二] 變謂死喪。

[三] 君之卿佐，是謂股肱，故曰國體。

[四] 死者不可復生，重莫大焉，是以君雖在祭樂之中，大夫死以聞可也。

(昭 · 十五 · 三)

**夏，蔡朝吳出奔鄭。**[一]

[一] 朝吳，蔡大夫。

(昭 · 十五 · 四)

**六月丁巳朔，日有食之。**

（昭・十五・五）

**秋，晉荀吳帥師伐鮮虞。**

（昭・十五・六）

**冬，公如晉。**

# 昭公十六年

（昭·十六·一）

**十有六年春，齊侯伐徐。**

（昭·十六·二）

**楚子誘戎蠻子殺之。**[一]

［一］楚子不名。戎蠻子，非中國故。

（昭·十六·三）

**夏，公至自晉。**

（昭·十六·四）

**秋八月己亥，晉侯夷卒。**

（昭·十六·五）

**九月，大雩。**

（昭·十六·六）

**季孫意如如晉。**

（昭·十六·七）

**冬十月，葬晉昭公。**

# 昭公十七年

（昭·十七·一）

**十有七年春，小邾子來朝。**

（昭·十七·二）

**夏六月甲戌朔，日有食之。**

（昭·十七·三）

**秋，郯子來朝。**

（昭·十七·四）

**八月，晉荀吳帥師滅陸渾戎。**[一]

［一］滅夷狄時，潞子嬰兒賢則日，此月者，蓋亦有殊于常戎。

（昭·十七·五）

**冬，有星孛于大辰。**

一有一亡曰有。于大辰者，濫于大辰也。[一]

［一］劉向曰："大辰者，大火也。不曰孛于大火而曰大辰者，謂濫于蒼龍之體，不獨加大火。"

（昭·十七·六）

**楚人及吳戰于長岸。**[一]

兩夷狄曰敗，[二]中國與夷狄亦曰敗。[三]楚人及吳戰于長岸，進楚子，故曰戰。

[一]長岸，楚地。

[二]夷狄不能結日成陣，故曰敗，"於越敗吳于檇李"是也。

[三]"晉荀吳敗狄于大鹵"是也。

# 昭公十八年

（昭·十八·一）

**十有八年春王三月，曹伯須卒。**

（昭·十八·二）

**夏五月壬午，宋、衛、陳、鄭災。**

其志，以同日也。其日，亦以同日也。或曰：人有謂鄭子産曰："某日有災。"子産曰："天者神，子惡知之，是人也。"同日爲四國災也。

（昭·十八·三）

**六月，邾人入鄅。**

（昭·十八·四）

**秋，葬曹平公。**

（昭·十八·五）

**冬，許遷于白羽。**[一]

［一］白羽，許也。

# 昭公十九年

(昭 · 十九 · 一)

**十有九年春，宋公伐邾。**

(昭 · 十九 · 二)

**夏五月戊辰，許世子止弑其君買。**

曰弑，正卒也。[一] 正卒則止不弑也，不弑而曰弑，責止也。[二] 止曰："我與夫弑者，不立乎其位。"以與其弟虺。[三] 哭泣歠飦粥，嗌不容粒，[四] 未踰年而死。故君子即止自責而責之也。[五]

［一］蔡世子般實弑父，故以比夷狄而不書日〔一〕。止弑而日，知其不弑。止不弑則買正卒也。

［二］責止不嘗藥。

［三］止自責曰我與弑君之人同罪，於是致君位於弟。

［四］嗌，喉也。

［五］就其有自責心，故以備禮責之。

(昭 · 十九 · 三)

**己卯，地震。**

(昭 · 十九 · 四)

**秋，齊高發帥師伐莒。**

---

〔一〕故以比夷狄而不書日　十行本、阮刻本"比"下有"之"字。

（昭·十九·五）

**冬，葬許悼公。**

日卒時葬，不使止爲弒父也。曰：子既生，不免乎水火，母之罪也。羈貫成童，不就師傅，父之罪也。[一]就師學問無方，心志不通，身之罪也。心志既通而名譽不聞，友之罪也。名譽既聞，有司不舉，有司之罪也。有司舉之，王者不用，王者之過也。[二]許世子止不知嘗藥〔一〕，累及許君也。[三]

［一］羈貫，謂交午翦髮以爲飾。成童，八歲以上。

［二］不敢罪上，故言過。

［三］許君不授子以師傅，使不識嘗藥之義，故累及之。

〔一〕許世子止不知嘗藥　“止”，十行本、阮刻本無。

# 昭公二十年

(昭·二十·一)

**二十年春王正月。**

(昭·二十·二)

**夏，曹公孫會自夢出奔宋。**

自夢者，專乎夢也。[一]曹無大夫，其曰公孫，何也？言其以貴取之，而不以叛也。[二]

[一]能專制夢。

[二]會以公孫之貴而得夢，既而不以之叛，明曹君無道，致令其奔，非會之罪，故書“公孫”以善之。

(昭·二十·三)

**秋，盜殺衛侯之兄輒。**

盜，賤也。其曰兄，母兄也。目衛侯，衛侯累也。[一]然則何爲不爲君也？[二]曰：有天疾者不得入乎宗廟。輒者何也？曰：兩足不能相過，齊謂之綦，楚謂之踂，衛謂之輒。

[一]凱曰：“諸侯之尊，弟兄不得以屬通。經不書‘衛公子’而斥言‘衛侯之兄’者，惡其不能保護其兄，乃爲盜所殺，故稱至賤殺至貴。”

[二]嫡兄宜爲君。

(昭·二十·四)

**冬十月，宋華亥、向寧、華定出奔陳。**[一]

［一］徐邈曰："月者，蓋三卿同出，爲禍害重也。君以臣爲體，民以君爲命，凡爲憂者大、害民處甚，《春秋》皆變常文而示所謹，非徒足以見時事之實，亦知安危監戒云耳。"

(昭·二十·五)

**十有一月辛卯，蔡侯廬卒。**

# 昭公二十一年

（昭·二十一·一）

**二十有一年春王三月，葬蔡平公。**

（昭·二十一·二）

**夏，晉侯使士鞅來聘。**

（昭·二十一·三）

**宋華亥、向寧、華定自陳入于宋南里以叛。**

自陳，陳有奉焉爾。入者，内弗受也。其曰宋南里，宋之南鄙也。以者，不以者也。叛，直叛也。[一]

［一］言不作亂。

（昭·二十一·四）

**秋七月壬午朔，日有食之。**

（昭·二十一·五）

**八月乙亥，叔輒卒。**[一]

［一］叔弓之子。

（昭·二十一·六）

**冬，蔡侯東出奔楚。**

東者，東國也，何爲謂之東也？王父誘而殺焉，[一]父執而用焉，[二]奔而又奔之，曰東，惡之而貶之也。[三]

［一］楚子虔誘蔡侯般殺之于申。

［二］"執蔡世子友以歸，用之"是也。

［三］奔既罪矣，又奔讎國，惡莫大焉。

(昭·二十一·七)

**公如晉，至河乃復。**

# 昭公二十二年

(昭·二十二·一)

**二十有二年春，齊侯伐莒。**

(昭·二十二·二)

**宋華亥、向寧、華定自宋南里出奔楚。**

自宋南里者，專也。[一]

[一] 專制南里。

(昭·二十二·三)

**大蒐于昌間。**

秋而曰蒐，此春也，其曰蒐，何也？以蒐事也。

(昭·二十二·四)

**夏四月乙丑，天王崩。**

(昭·二十二·五)

**六月，叔鞅如京師，葬景王。**[一]

[一] 叔鞅，叔弓子。天子志崩不志葬，志葬危不得以禮葬也。月者，亦爲葬景王起。

(昭·二十二·六)

**王室亂。**

亂之爲言，事未有所成也。[一]

［一］尹氏立子朝，劉氏、單氏立王猛，俱夫定也〔一〕。

（昭·二十二·七）

**劉子、單子以王猛居于皇。**[一]

以者，不以者也，王猛嫌也。[二]

［一］皇，地。

［二］直言王猛，不言王子，是有當國之嫌。

（昭·二十二·八）

**秋，劉子、單子以王猛入于王城。**

以者，不以者也。入者，内弗受也。[一]

［一］猛非正也。

（昭·二十二·九）

**冬十月，王子猛卒。**

此不卒者也，[一]其曰卒，失嫌也。[二]

［一］未成君也。

［二］猛本有當國之嫌，其卒則失嫌，故錄之。

〔一〕俱夫定也　“夫”，十行本、元十行本、阮刻本同，《古逸叢書》本作“未”，似以“未”爲是。

（昭 · 二十二 · 十）

**十有二月癸酉朔，日有食之。**

# 昭公二十三年

(昭·二十三·一)

**二十有三年春王正月，叔孫婼如晉。**

(昭·二十三·二)

**癸丑，叔鞅卒。**

(昭·二十三·三)

**晉人執我行人叔孫婼。**

(昭·二十三·四)

**晉人圍郊。**[一]

[一]郊，周邑也。

(昭·二十三·五)

**夏六月，蔡侯東國卒于楚。**[一]

[一]不日，在外也。以罪出奔，又奔讎國，故不葬。

(昭·二十三·六)

**秋七月，莒子庚輿來奔。**

(昭·二十三·七)

**戊辰，吳敗頓、胡、沈、蔡、陳、許之師于雞甫。**[一]**胡**

**子髡、沈子盈滅。**[二]

中國不言敗，此其言敗，何也？[三]中國不敗，胡子髡、沈子盈其滅乎？其言敗，釋其滅也。[四]

**獲陳夏齧。**

獲者，非與之辭也，[五]上下之稱也。[六]

［一］雞甫，楚地。

［二］國雖存，君死曰滅。

［三］據宣十二年"晉荀林父及楚子戰于邲，晉師敗績"不言楚敗晉師。

［四］若師不敗則君無由滅也，賢胡、沈之君死社稷。

［五］賢夏齧，雖獲不病，以其得衆也，義與華元同。

［六］君死曰滅，臣得曰獲，君臣之稱。

（昭·二十三·八）

**天王居于狄泉。**[一]

始王也，其曰天王，因其居而王之也。[二]

［一］敬王辟子朝。狄泉，周地。

［二］天子踰年即位稱王，敬王踰年而出，故曰始王。雖不在國行即位之禮，王者以天下爲家，故居于狄泉稱王。

（昭·二十三·九）

**尹氏立王子朝。**[一]

立者，不宜立者也。朝之不名，何也？[二]别嫌乎尹氏

之朝也。[三]

［一］隱四年衛人立晉，《傳》曰“稱人以立，得衆也”，此言尹氏立，明唯尹氏欲立之。

［二］據晉之名惡，今朝亦惡，怪不直名而言王子。

［三］若但言尹氏立朝，則嫌朝是尹氏之子，故言王子以别之。

(昭·二十三·十)

**八月乙未，地震。**

(昭·二十三·十一)

**冬，公如晉，至河，公有疾，乃復。**

疾不志，此其志，何也？釋不得入乎晉也。

# 昭公二十四年

（昭·二十四·一）

**二十有四年春王二月丙戌，仲孫貜卒。**

（昭·二十四·二）

**婼至自晉。**

大夫執則致，致則挈，由上致之也。[一]

［一］上謂宗廟也。致臣于廟則直名而已，所謂君前臣名。

（昭·二十四·三）

**夏五月乙未朔，日有食之。**

（昭·二十四·四）

**秋八月，大雩。**

（昭·二十四·五）

**丁酉，杞伯郁釐卒。**

（昭·二十四·六）

**冬，吳滅巢。**

（昭·二十四·七）

**葬杞平公。**

# 昭公二十五年

(昭·二十五·一)

**二十有五年春，叔孫婼如宋。**

(昭·二十五·二)

**夏，叔倪會晉趙鞅、宋樂大心、衛北宫喜、鄭游吉、曹人、邾人、滕人、薛人、小邾人于黄父。**

(昭·二十五·三)

**有鸜鵒來巢。**

一有一亡曰有。來者，來中國也。[一] 鸜鵒穴者而曰巢，[二] 或曰增之也。[三]

［一］鸜鵒不渡濟，非中國之禽，故曰來。

［二］劉向曰："去穴而巢，此陰居陽位，臣逐君之象也。"

［三］如增言巢爾，其實不巢也。雍曰："凡《春秋》記災異，未有妄加之文，或説非也。"

(昭·二十五·四)

**秋七月上辛，大雩。季辛，又雩。**

季者，有中之辭也。[一] 又，有繼之辭也。[二]

［一］不言中辛，中辛無事。

［二］緣有上辛大雩，故言又也。

（昭·二十五·五）

**九月乙亥，公孫于齊，**

孫之爲言猶孫也，諱奔也。

**次于陽州。**

次，止也。[一]

［一］陽州，齊竟上之地，未敢直前，故止竟也。

（昭·二十五·六）

**齊侯唁公于野井。**[一]

弔失國曰唁，唁公不得入於魯也。

［一］野井，齊地。齊侯來唁公，公逆之至野井。

（昭·二十五·七）

**冬十月戊辰，叔孫婼卒。**

（昭·二十五·八）

**十有一月己亥，宋公佐卒于曲棘。**[一]

邡公也。[二]

［一］曲棘，宋地。

［二］邡當爲訪，訪謀也。言宋公所以卒于曲棘者，欲謀納公。

（昭・二十五・九）

**十有二月，齊侯取鄆。**［一］

取，易辭也。内不言取，以其爲公取之，故易言之也。

［一］取鄆以居公。

# 昭公二十六年

(昭·二十六·一)

**二十有六年春王正月，葬宋元公。**

(昭·二十六·二)

**三月，公至自齊，居于鄆。**

公次于陽州，其曰至自齊，何也？[一] 以齊侯之見公，可以言至自齊也。[二] 居于鄆者，公在外也。[三] 至自齊，道義不外公也。[四]

[一] 據公但至陽州，未至齊。

[二] 齊侯唁公于野井，以親見齊侯爲重，故可言至自齊。

[三] 若但言公至自齊而不言居于鄆，則公得歸國；欲明公實在外，故言居于鄆。

[四] 至自齊者，臣子喜君父得反，致宗廟之辭爾。今君雖在外，猶以在國之禮錄之，是崇君之道。

(昭·二十六·三)

**夏，公圍成。**[一]

非國不言圍，所以言圍者，以大公也。[二]

[一] 成，孟氏邑。

[二] 崇大其事。

(昭·二十六·四)

**秋，公會齊侯、莒子、邾子、杞伯盟于鄟陵。**[一]

[一] 鄟陵，某地。

(昭·二十六·五)

**公至自會，居于鄆。**

公在外也。至自會，道義不外公也。

(昭·二十六·六)

**九月庚申，楚子居卒。**

(昭·二十六·七)

**冬十月，天王入于成周。**

周有入無出也。[一]

[一] 始即位非其所，今得還復，據宗廟是内，故可言入。若即位在廟，則王者無外，不可言出。

(昭·二十六·八)

**尹氏、召伯、毛伯以王子朝奔楚。**

遠矣，非也。[一] 奔，直奔也。

[一] 雍曰："奔簒君之賊，其責遠矣。"

# 昭公二十七年

(昭·二十七·一)

**二十有七年春，公如齊。**[一] **公至自齊，居于鄆。**

公在外也。

［一］自鄆行。

(昭·二十七·二)

**夏四月，吳弑其君僚。**

(昭·二十七·三)

**楚殺其大夫郤宛。**

(昭·二十七·四)

**秋，晉士鞅、宋樂祁犁、衛北宫喜、曹人、邾人、滕人會于扈。**

(昭·二十七·五)

**冬十月，曹伯午卒。**

(昭·二十七·六)

**邾快來奔。**[一]

［一］徐邈曰："自此已前邾畀我、庶其並來奔，今邾快又至，三

叛之人俱以魯爲主。邾、魯鄰國而聚其逋逃，爲過之甚，故悉書之以示譏也。小國無大夫，故但舉名而略其氏。”

（昭·二十七·七）

**公如齊。**

（昭·二十七·八）

**公至自齊，居于鄆。**

# 昭公二十八年

（昭·二十八·一）

**二十有八年春王三月，葬曹悼公。**

（昭·二十八·二）

**公如晉，次于乾侯。**[一]

公在外也。

［一］不得入于晉。乾侯，晉地。

（昭·二十八·三）

**夏四月丙戌，鄭伯寧卒。**

（昭·二十八·四）

**六月，葬鄭定公。**

（昭·二十八·五）

**秋七月癸巳，滕子寧卒。**

（昭·二十八·六）

**冬，葬滕悼公。**

# 昭公二十九年

（昭·二十九·一）

**二十有九年春，公至自乾侯，居于鄆。**[一]

［一］以乾侯致，不得見晉侯故。

（昭·二十九·二）

**齊侯使高張來唁公。**

唁公不得入於魯也。

（昭·二十九·三）

**公如晉，次于乾侯。**

（昭·二十九·四）

**夏四月庚子，叔倪卒。**

季孫意如曰："叔倪無病而死，此皆無公也，是天命也，非我罪也。"[一]

［一］言叔倪欲納公，無病而死，此皆天命使魯無君爾，魯公之出非我罪。

（昭·二十九·五）

**秋七月。**

（昭·二十九·六）

**冬十月，鄆潰。**

潰之爲言上下不相得也，上下不相得則惡矣，亦譏公也。[一] 昭公出奔，民如釋重負。[二]

［一］公既出奔，不能改德脩行，居鄆小邑復使潰亂，德之不建如此之甚。

［二］《傳》明昭公有過，非但季氏之罪。

## 昭公三十年

（昭·三十·一）

**三十年春王正月，公在乾侯。**

中國不存公，存公故也。[一]

［一］中國猶國中也。

（昭·三十·二）

**夏六月庚辰，晉侯去疾卒。**

（昭·三十·三）

**秋八月，葬晉頃公。**

（昭·三十·四）

**冬十有二月，吳滅徐。**[一]

［一］滅夷狄時，月者爲下奔起。

（昭·三十·五）

**徐子章羽奔楚。**[一]

［一］奔而名者，有罪惡也。

# 昭公三十一年

（昭·三十一·一）

**三十有一年春王正月，公在乾侯。**

（昭·三十一·二）

**季孫意如會晉荀櫟于適歷。**[一]

［一］適歷，晉地。

（昭·三十一·三）

**夏四月丁巳，薛伯穀卒。**

（昭·三十一·四）

**晉侯使荀櫟唁公于乾侯。**

唁公不得入于魯也。曰："既爲君言之矣，不可者，意如也。"[一]

［一］言己已告魯求納君，唯意如不肯。

（昭·三十一·五）

**秋，葬薛獻公。**

（昭·三十一·六）

**冬，黑肱以濫來奔。**

其不言邾黑肱，何也？[一]別乎邾也。[二]其不言濫子，何也？[三]非天子所封也。來奔，內不言叛也。

[一]據襄二十一年邾庶其以漆閭丘來奔言邾。

[二]邾以濫邑封黑肱，故別之若國。

[三]據既別之爲國，則應書其爵。

(昭·三十一·七)

**十有二月辛亥朔，日有食之。**

# 昭公三十二年

(昭 · 三十二 · 一)

**三十有二年春王正月，公在乾侯。**

(昭 · 三十二 · 二)

**取闞。**

(昭 · 三十二 · 三)

**夏，吳伐越。**

(昭 · 三十二 · 四)

**秋七月。**

(昭 · 三十二 · 五)

**冬，仲孫何忌會晉韓不信、齊高張、宋仲幾、衛大叔申、鄭國參、曹人、莒人、邾人、薛人、杞人、小邾人城成周。**

天子微，諸侯不享覲，[一] 天子之在者惟祭與號，[二] 故諸侯之大夫相帥以城之，此變之正也。

[一] 享，獻也；覲，見也。言天子微弱，四方諸侯不復貢獻，又無朝見之禮[一]。

---

〔一〕 又無朝見之禮 "見"，十行本、阮刻本作"覲"。

［二］祭謂郊上帝，號謂稱王。

（昭·三十二·六）

**十有二月己未，公薨于乾侯。**

# 春秋穀梁傳集解定公第十一

# 春秋穀梁傳集解定公第十一

范甯 集解

## 定公元年

(定·元·一)

**元年春王。**

不言正月，定無正也。定之無正，何也？昭公之終非正終也，[一]定之始非正始也。昭無正終，故定無正始。不言即位，喪在外也。

[一] 死在外故。

(定·元·二)

**三月，晉人執宋仲幾于京師**[一]。[一]

此大夫，其曰人，何也？微之也。何爲微之？不正其執人於尊者之所也，不與大夫之伯討也。

[一] 晉執人於尊者之側而不以歸京師，故但言其執，不書所歸。徐邈曰："案《傳》定元年不書正月，言定無正也，然則改元即位在于此年，故不可以不書'王'，書'王'必有月以承之，故因其執月以表年首爾，不以謹仲幾也。"

〔一〕 各本"元年春王"與"三月"皆作二條，范甯引徐邈注則以"元年春王三月"連書作一條。

（定·元·三）

**夏六月癸亥，公之喪至自乾侯。**

（定·元·四）

**戊辰，公即位。**

殯然後即位也。[一]定無正，見無以正也。踰年不言即位，是有故公也。[二]言即位，是無故公也。即位，授受之道也。[三]先君無正終則後君無正始也，先君有正終則後君有正始也。戊辰公即位，謹之也，定之即位不可不察也。公即位何以日也？[四]戊辰之日然後即位也。癸亥公之喪至自乾侯，何爲戊辰之日然後即位也？[五]正君乎國，然後即位也。[六]沈子曰："正棺乎兩楹之間，然後即位也。"[七]内之大事日，即位，君之大事也，其不日，何也？以年決者不以日決也。此則其日，何也？著之也。[八]何著焉？踰年即位厲也，[九]於厲之中又有義也。[一〇]未殯，雖有天子之命猶不敢，況臨諸臣乎？[一一]周人有喪，魯人有喪，周人弔，魯人不弔。周人曰："固吾臣也，使人可也。"魯人曰："吾君也，親之者也，使大夫則不可也。"故周人弔，魯人不弔，以其下成、康爲未久也。[一二]君，至尊也，去父之殯而往弔猶不敢，況未殯而臨諸臣乎？

［一］周人殯于西階之上。

［二］謂昭公在外故。

［三］先君見授，後君乃受，故須棺在殯乃言即位。

［四］據未有日者。

［五］癸亥去戊辰六日，怪不即位。

［六］諸侯五日而殯，今以君始死之禮治之，故須殯而後言即位。

［七］兩楹之間，南面之君聽治之處。

［八］欲有所見。

［九］厲，危也。公喪在外，踰年六月乃得即位，危故日之。

［一〇］先君未殯則後君不得即位。

［一一］以輕喻重也。雖爲天子所召，不敢背殯而往，况君喪未殯而行即位之禮以臨諸臣乎。

［一二］周道尚明，無愧于不往。

（定·元·五）

**秋七月癸巳，葬我君昭公。**

（定·元·六）

**九月，大雩。**

雩月，雩之正也。秋大雩非正也，冬大雩非正也〔一〕。秋大雩之爲非正，何也？[一] 毛澤未盡，人力未竭，未可以雩也。[二] 雩月，雩之正也。月之爲雩之正，何也？其時窮人力盡，然後雩，雩之正也。何謂其時窮人力盡？是月不雨則無及矣，是年不艾則無食矣，是謂其時窮人力盡也。雩之必待其時窮人力盡，何也？雩者，爲旱求者也。求者，請也，古之人重請。何重乎請？人之所以爲人者讓也，請道去讓也，則是舍其所以爲人也，是以重之。焉請哉？請乎應上公。古之神人有應上公者，通乎陰陽，君親帥諸大夫道之而以請焉。[三] 夫請者，非可詒託而往也，必親之者

〔一〕冬大雩非正也　此六字底本脱，據十行本、阮刻本、《古逸叢書》本補。

也，是以重之。[四]

［一］冬禾稼既成猶雩[一]，則非禮可知；秋禾稼始苗，嫌當須雨，故問也。

［二］邵曰："凡地之所生謂之毛，《公羊傳》曰'錫之不毛之地'是也。言秋百穀之潤澤未盡也。人力未盡，謂耕耘之功未畢。"

［三］道之謂君必爲先也，其禱辭曰："方今大旱，野無生稼，寡人當死，百姓何謗。不敢煩民請命，願撫萬民，以身塞無狀。"禱亦請也，此即請辭也。

［四］詒託猶假寄。

(定·元·七)

**立煬宫。**[一]

立者，不宜立者也。

［一］煬宫，伯禽子廟，毁已久。

(定·元·八)

**冬十月，隕霜殺菽。**[一]

未可以殺而殺，舉重；[二]可殺而不殺，舉輕。[三]其曰菽，舉重也。

［一］建酉之月，隕霜殺菽，非常之災。

［二］舉殺豆則殺草可知。

［三］不殺草則不殺菽亦顯。僖三十三年"隕霜不殺草"是也。

---

〔一〕冬禾稼既成猶雩　"冬"，底本作"各"，十行本、阮刻本作"冬"，形近而誤，據改。

# 定公二年

(定·二·一)

**二年春王正月。**

(定·二·二)

**夏五月壬辰，雉門及兩觀災。**[一]

其不曰雉門災及兩觀，何也？[二]災自兩觀始也，不以尊者親災也。[三]先言雉門，尊尊也。[四]

[一] 雉門，公宫之南門。兩觀，闕也。

[二] 據先書“雉門”則應言“雉門災及兩觀”。鄭嗣曰：“據災實從雉門起，應言雉門災及兩觀。”

[三] 始災者兩觀也。鄭嗣曰：“今以災在兩觀下，使若兩觀始災者，不以雉門親災。”

[四] 欲言兩觀災及雉門，則卑不可以及尊。災不從雉門起，故不得言雉門災及兩觀。兩觀始災，故災在兩觀下也。鄭嗣曰：“欲以兩觀親災，則經宜言兩觀災及雉門，雉門尊、兩觀卑，卑不可以及尊，故不得不先言雉門而後言兩觀。欲令兩觀始災，故災在兩觀下爾[一]。”

(定·二·三)

**秋，楚人伐吴。**

[一] 故災在兩觀下爾　“爾”，十行本、阮刻本作“矣”。

（定·二·四）

**冬十月，新作雉門及兩觀。**

言新，有舊也。作，爲也，有加其度也。此不正，其以尊者親之，何也？[一] 雖不正也，於美猶可也。[二]

[一] 不正謂更廣大之，不合法度也。據當諱而以雉門親新作之下。

[二] 改舊雖不合正，脩飾美好之事，差可以雉門親之。

# 定公三年

（定・三・一）

**三年春王正月，公如晉，至河乃復。**

（定・三・二）

**三月辛卯，邾子穿卒。**

（定・三・三）

**夏四月。**

（定・三・四）

**秋，葬邾莊公。**

（定・三・五）

**冬，仲孫何忌及邾子盟于拔。**[一]

［一］拔，地名。

# 定公四年

（定·四·一）

**四年春王二月癸巳，陳侯吳卒。**

（定·四·二）

**三月，公會劉子、晉侯、宋公、蔡侯、衛侯、陳子、鄭伯、許男、曹伯、莒子、邾子、頓子、胡子、滕子、薛伯、杞伯、小邾子、齊國夏于召陵侵楚。**

（定·四·三）

**夏四月庚辰，蔡公孫姓帥師滅沈，以沈子嘉歸，殺之。**

（定·四·四）

**五月，公及諸侯盟于皋鼬。**[一]

一事而再會〔一〕，公志於後會也。後志，疑也。[二]

［一］召陵會劉子諸侯，摠言之也。皋鼬，地名。

［二］公畏楚強，疑於侵之，故復會更謀也。不日者，後楚伐蔡不能救故。

（定·四·五）

**杞伯成卒于會。**

---

〔一〕一事而再會　“一事”，十行本、阮刻本作“後”，《校勘記》曰：“閩、監、毛本同，石經、余本作‘一事’兩字。”

(定·四·六)

**六月，葬陳惠公。**

(定·四·七)

**許遷于容城。**

(定·四·八)

**秋七月，公至自會。**

(定·四·九)

**劉卷卒。**[一]

此不卒而卒者，賢之也。寰内諸侯也，非列土諸侯，此何以卒也？[二]天王崩，爲諸侯主也。[三]

[一] 劉，采地。

[二] 天子畿内大夫有采地者謂之寰内諸侯。非列土之諸侯，雖賢猶不當卒。

[三] 昭二十二年景王崩，嘗以賓主之禮相接，能爲諸侯主，所以爲賢。

(定·四·十)

**葬杞悼公。**

(定·四·十一)

**楚人圍蔡。**

（定·四·十二）

**晉士鞅、衛孔圉帥師伐鮮虞。**

（定·四·十三）

**葬劉文公。**

（定·四·十四）

**冬十有一月庚午，蔡侯以吳子及楚人戰于伯舉，楚師敗績。**

吳其稱子，何也？以蔡侯之以之，舉其貴者也。[一]蔡侯之以之則其舉貴者，何也？吳信中國而攘夷狄，吳進矣。其信中國而攘夷狄，奈何？子胥父誅于楚也，[二]挾弓持矢而干闔廬，[三]闔廬曰："大之甚！勇之甚！"[四]爲是欲興師而伐楚。子胥諫曰："臣聞之，君不爲匹夫興師，且事君猶事父也，虧君之義、復父之讎，臣弗爲也。"於是止。蔡昭公朝於楚，有美裘，正是日囊瓦求之，[五]昭公不與。爲是拘昭公於南郢，[六]數年然後得歸。乃用事乎漢，[七]曰："苟諸侯有欲伐楚者，寡人請爲前列焉。"楚人聞之而怒，爲是興師而伐蔡，蔡請救于吳。子胥曰："蔡非有罪，楚無道也，君若有憂中國之心，則若此時可矣。"爲是興師而伐楚。何以不言救也？[八]救大也。[九]

［一］貴謂子也。

［二］子胥父伍奢也，爲楚平王所殺。

［三］見不以禮曰干。欲因闔廬復父之讎。

［四］子胥匹夫，乃欲復讎於國君，其孝甚大、其心甚勇。

［五］正是日謂昭公始朝楚之日。

［六］南郢，楚都。

［七］用事者，禱漢水神。

［八］據實救蔡。

［九］夷狄漸進，未同於中國。

（定·四·十五）

**楚囊瓦出奔鄭。**［一］

［一］知見伐由己，故懼而出奔。

（定·四·十六）

**庚辰，吳入楚。**

日入，易無楚也。易無楚者，壞宗廟，徙陳器，撻平王之墓。［一］何以不言滅也？［二］欲存楚也。其欲存楚奈何？昭王之軍敗而逃，父老送之，曰："寡人不肖，亡先君之邑，父老反矣，何憂無君，寡人且用此入海矣。"父老曰："有君如此其賢也，以衆不如吳，以必死不如楚。"［三］相與擊之，一夜三敗吳人，復立。［四］何以謂之吳也？［五］狄之也。何謂狄之也？君居其君之寢而妻其君之妻，大夫居其大夫之寢而妻其大夫之妻，蓋有欲妻楚王之母者。不正乘敗人之績而深爲利，居人之國，故反其狄道也。

［一］鄭嗣曰："陳器，樂縣也。禮，諸侯軒縣。言吳人壞楚宗廟，徙其樂器，鞭其君之尸，楚無能亢御之者，若曰無人也。"

［二］據宗廟既毀，樂器已徙，則是滅也。

［三］雍曰："吴勝而驕，楚敗而奮。"

［四］楚復立也。

［五］據戰稱子。

# 定公五年

（定·五·一）

**五年春王三月辛亥朔，日有食之。**

（定·五·二）

**夏，歸粟于蔡。**[一]

諸侯無粟，諸侯相歸粟，正也。孰歸之？諸侯也。不言歸之者，專辭也，[二]義邇也。[三]

［一］蔡侯比年在楚，又爲楚所伐，飢故諸侯歸之粟。

［二］不言歸之者主名，若獨是魯也。

［三］言此是邇近之事，故不足具列諸侯。

（定·五·三）

**於越入吳。**[一]

［一］舊說於越夷言也，《春秋》即其所以自稱者書之，見其不能慕中國，故以本俗名自通。

（定·五·四）

**六月丙申，季孫意如卒。**[一]

［一］《傳》例曰："大夫不日卒，惡也。"意如逐昭公而日卒者，明定之得立由于意如。《春秋》因定之不惡而書日以示譏，亦猶公子翬非桓之罪人，故於桓不貶。

（定·五·五）

**秋七月壬子，叔孫不敢卒。**

（定·五·六）

**冬，晉士鞅帥師圍鮮虞。**

## 定公六年

(定·六·一)

**六年春王正月癸亥，鄭游速帥師滅許，以許男斯歸。**

(定·六·二)

**二月，公侵鄭。**

(定·六·三)

**公至自侵鄭。**

(定·六·四)

**夏，季孫斯、仲孫何忌如晉。**[一]

[一] 仲孫忌而曰仲孫何忌，甯所未詳。《公羊傳》曰："譏二名。"

(定·六·五)

**秋，晉人執宋行人樂祁犁。**

(定·六·六)

**冬，城中城。**

城中城者，三家張也。[一]或曰：非外民也。

[一] 大夫稱家。三家，仲孫、叔孫、季孫也。三家侈張，故公懼

而脩内城，譏公不務德政，恃城以自固。

（定·六·七）

**季孫斯、仲孫忌帥師圍鄆。**

# 定公七年

（定·七·一）

**七年春王正月。**

（定·七·二）

**夏四月。**

（定·七·三）

**秋，齊侯、鄭伯盟于鹹。**

（定·七·四）

**齊人執衛行人北宮結以侵衛。**

以，重辭也，衛人重北宮結。[一]

［一］齊以衛重結，故執以侵之，若楚執宋公以伐宋。凡言以，皆非所宜以。

（定·七·五）

**齊侯、衛侯盟于沙。**[一]

［一］沙，地。

（定·七·六）

**大雩。**

（定·七·七）

**齊國夏帥師伐我西鄙。**

（定·七·八）

**九月，大雩。**

（定·七·九）

**冬十月。**

# 定公八年

（定·八·一）

**八年春王正月，公侵齊。**

（定·八·二）

**公至自侵齊。**

（定·八·三）

**二月，公侵齊。**[一]

［一］未得志故。

（定·八·四）

**三月，公至自侵齊。**

公如，往時致月，危致也；往月致時，危往也；往月致月，惡之也。

（定·八·五）

**曹伯露卒。**

（定·八·六）

**夏，齊國夏帥師伐我西鄙。**

（定·八·七）

**公會晉師于瓦。**[一]

［一］瓦，衛地也。

（定·八·八）

**公至自瓦。**

（定·八·九）

**秋七月戊辰，陳侯柳卒。**

（定·八·十）

**晉士鞅帥師侵鄭，遂侵衛。**

（定·八·十一）

**葬曹靖公。**

（定·八·十二）

**九月，葬陳懷公。**

（定·八·十三）

**季孫斯、仲孫何忌帥師侵衛。**

（定·八·十四）

**冬，衛侯、鄭伯盟于曲濮。**[一]

［一］曲濮，衛地。

（定·八·十五）

**從祀先公。**

貴復正也。[一]

[一] 文公逆祀，今還順。

（定·八·十六）

**盜竊寶玉、大弓。**

寶玉者封圭也，[一]大弓者武王之戎弓也，[二]周公受賜，藏之魯。[三]非其所以與人而與人謂之亡，[四]非其所取而取之謂之盜。

[一] 始封之圭。

[二] 是武王征伐之弓。

[三] 周公受賜於周，藏之魯者，欲世世子孫無忘周德也。

[四] 亡，失也。

# 定公九年

（定·九·一）

**九年春王正月。**

（定·九·二）

**夏四月戊申，鄭伯蠆卒。**

（定·九·三）

**得寶玉、大弓。**[一]

其不地，何也？寶玉、大弓在家則羞，不目羞也。[二]惡得之？[三]得之堤下。或曰：陽虎以解衆也。

［一］杜預曰："弓，王國之分器也，得之足以爲榮，失之足以爲辱，故重而書之。"

［二］國之大寶在家則羞也，況陪臣專之乎？恥甚而不目其地。

［三］惡，於何也。

（定·九·四）

**六月，葬鄭獻公。**

（定·九·五）

**秋，齊侯、衛侯次于五氏。**[一]

［一］五氏，晉地。

（定·九·六）

**秦伯卒。**

（定·九·七）

**冬，葬秦哀公。**

# 定公十年

（定·十·一）

**十年春王三月，及齊平。**[一]

［一］平前八年再侵齊之怨。

（定·十·二）

**夏，公會齊侯于頰谷。公至自頰谷。**

離會不致，[一]何爲致也？危之也。危之則以地致，何也？爲危之也。其危奈何？曰：頰谷之會，孔子相焉。兩君就壇，兩相相揖。[二]齊人鼓譟而起，欲以執魯君。[三]孔子歷階而上，不盡一等，而視歸乎齊侯，[四]曰："兩君合好，夷狄之民何爲來爲？"命司馬止之。[五]齊侯逡巡而謝曰："寡人之過也。"退而屬其二三大夫曰："夫人率其君與之行古人之道，二三子獨率我而入夷狄之俗，何爲？"[六]罷會，齊人使優施舞於魯君之幕下，[七]孔子曰："笑君者罪當死。"使司馬行法焉，首足異門而出。齊人來歸鄆、讙、龜陰之田者，蓋爲此也。[八]因是以見，雖有文事，必有武備，孔子於頰谷之會見之矣。

［一］雍曰："二國會曰離。各是其所是、非其所非，然則所是之是未必是、所非之非未必非，未必非者不能非人之真非、未必是者不能是人之真是，是非紛錯則未有是。是非不同故曰離，離則善惡無在，善惡無在則不足致之于宗廟。"

［二］將欲行盟會之禮。

［三］群呼曰譟。

［四］階，會壇之階。

［五］兩君合會以結親好，而齊人欲執魯君，此無禮之甚，故謂之夷狄之民。司馬，主兵之官，使禦止之。

［六］屬，語也。夫人謂孔子也。齊人欲執魯君，是夷狄之行。

［七］優，俳；施，其名也。幕，帳。欲嗤笑魯君。

［八］何休曰："齊侯自頰谷歸，謂晏子曰：'寡人獲過於魯侯，如之何？'晏子曰：'君子謝過以質，小人謝過以文。齊嘗侵魯四邑，請皆還之。'"

(定·十·三)

**晉趙鞅帥師圍衛。**

(定·十·四)

**齊人來歸鄆、讙、龜陰之田。**

(定·十·五)

**叔孫州仇、仲孫何忌帥師圍郈。**［一］

［一］郈，叔孫氏邑。

(定·十·六)

**秋，叔孫州仇、仲孫何忌帥師圍郈。**

(定·十·七)

**宋樂大心出奔曹。**

（定·十·八）

**宋公子地出奔陳。**

（定·十·九）

**冬，齊侯、衛侯、鄭游速會于安甫。**[一]

[一] 安甫，地名。

（定·十·十）

**叔孫州仇如齊。**

（定·十·十一）

**宋公之弟辰暨宋仲佗、石彄出奔陳。**[一]

[一] 辰爲佗所強，故曰暨。

# 定公十一年

（定·十一·一）

**十有一年春，宋公之弟辰，**

未失其弟也。[一]

**及仲佗、石彄、公子地，**

以尊及卑也。

**自陳，**

陳有奉焉爾。

**入于蕭以叛。**[二]

入者，内弗受也。以者，不以也。叛，直叛也。

［一］言辰未有失其爲弟之道，故書弟以罪宋公。

［二］蕭，宋邑。

（定·十一·二）

**夏四月。**

（定·十一·三）

**秋，宋樂大心自曹入于蕭。**[一]

［一］入蕭，從叛人叛可知，故不書叛。

（定·十一·四）

**冬，及鄭平。**[一]

［一］平六年侵鄭之怨。《傳》例曰："盟不日者，渝盟，惡之也。"取夫詳略之義，則平不日者亦有惡矣，蓋不能相結以信。

（定·十一·五）

**叔還如鄭莅盟。**

# 定公十二年

（定·十二·一）

**十有二年春，薛伯定卒。**

（定·十二·二）

**夏，葬薛襄公。**

（定·十二·三）

**叔孫州仇帥師墮郈。**

墮猶取也。[一]

［一］陪臣專強，違背公室，恃城爲固，是以叔孫墮其城，若新得之，故云墮。墮猶取也，墮非訓取，言今但毀其城，則郈永屬己，若更取邑於他然。

（定·十二·四）

**衛公孟彄帥師伐曹。**

（定·十二·五）

**季孫斯、仲孫何忌帥師墮費。**

（定·十二·六）

**秋，大雩。**

（定·十二·七）

**冬十月癸亥，公會齊侯盟于黄。**

（定·十二·八）

**十有一月丙寅朔，日有食之。**

（定·十二·九）

**公至自黄。**

（定·十二·十）

**十有二月，公圍成。**

非國不言圍，圍成，大公也。[一]

［一］以公之重而伐小邑，則爲恥深矣，故大公之事而言圍，使若成是國然。

（定·十二·十一）

**公至自圍成。**

何以致？危之也。何危爾？邊乎齊也〔一〕。[一]

［一］邊謂相接。

〔一〕邊乎齊也　“邊”，底本誤作“造”，據十行本、阮刻本、《古逸叢書》本改。

# 定公十三年

（定·十三·一）

**十有三年春，齊侯次于垂葭。**

（定·十三·二）

**夏，築蛇淵囿。**[一]

［一］蛇淵，地名。

（定·十三·三）

**大蒐於比蒲。**

（定·十三·四）

**衛公孟彄帥師伐曹。**

（定·十三·五）

**秋，晉趙鞅入于晉陽以叛。**

以者，不以者也。叛，直叛也。

（定·十三·六）

**冬，晉荀寅、士吉射入于朝歌以叛。**

（定·十三·七）

**晉趙鞅歸于晉。**

此叛也，其以歸言之，何也？[一]貴其以地反也。貴其以地反則是大利也？非大利也，許悔過也。許悔過則何以言叛也？以地正國也。[二]以地正國則何以言叛？[三]其入無君命也。[四]

[一] 據叛惡而歸善。

[二] 地謂晉陽也，蓋以晉陽之兵還正國也。《公羊傳》曰："逐君側之惡人。"

[三] 據是善事。

[四] 凱曰："專入晉陽以興甲兵[一]，故不得不言叛。實以驅惡而安君，則釋兵不得不言歸。《春秋》善惡必著之義。"

(定·十三·八)

**薛弒其君比。**

〔一〕 專入晉陽以興甲兵 "甲兵"，十行本、阮刻本作"兵甲"。

# 定公十四年

（定·十四·一）

**十有四年春，衛公叔戍來奔。**

（定·十四·二）

**晉趙陽出奔宋。**

（定·十四·三）

**二月辛巳，楚公子結、陳公孫佗人帥師滅頓，以頓子牂歸。**

（定·十四·四）

**夏，衛北宮結來奔。**

（定·十四·五）

**五月，於越敗吴于檇李。**[一]

［一］檇李，吴地。

（定·十四·六）

**吴子光卒**〔一〕。

（定·十四·七）

**公會齊侯、衛侯于牽。**[一]

---

〔一〕 吴子光卒　此四字底本脱，據白文本、十行本、阮刻本、《古逸叢書》本補。

［一］牽，地。

（定·十四·八）

**公至自會。**

（定·十四·九）

**秋，齊侯、宋公會于洮。**

（定·十四·十）

**天王使石尚來歸脤。**［一］

脤者何也？俎實也，祭肉也。生曰脤，熟曰膰。其辭，石尚士也。［二］何以知其士也？天子之大夫不名，石尚欲書《春秋》，［三］諫曰："久矣，周之不行禮於魯也，請行脤。"貴復正也。

［一］脤，祭肉。天子祭畢，以之賜同姓諸侯，親兄弟之國，與之共福。

［二］辭猶書也。

［三］欲著名于《春秋》。

（定·十四·十一）

**衛世子蒯聵出奔宋。**

（定·十四·十二）

**衛公孟彄出奔鄭。**

(定 · 十四 · 十三)

**宋公之弟辰自蕭來奔。**[一]

［一］稱弟猶未失爲弟之行。

(定 · 十四 · 十四)

**大蒐于比蒲。**

(定 · 十四 · 十五)

**邾子來會公。**[一]

［一］會公于比蒲。

(定 · 十四 · 十六)

**城莒父及霄。**[一]

［一］無冬，甯所未詳。

# 定公十五年

（定·十五·一）

**十有五年春王正月，邾子來朝。**

（定·十五·二）

**鼷鼠食郊牛，牛死，改卜牛。**[一]

不敬莫大焉。[二]

[一] 不言所食，食非一處以至死。

[二] 定公不敬最大，故天災最甚。

（定·十五·三）

**二月辛丑，楚子滅胡，以胡子豹歸。**

（定·十五·四）

**夏五月辛亥，郊。**[一]

[一] 譏不時也。

（定·十五·五）

**壬申，公薨于高寢。**[一]

高寢，非正也。

[一] 高寢，宮名。

(定·十五·六)

**鄭罕達帥師伐宋。**

(定·十五·七)

**齊侯、衛侯次于渠蒢。**[一]

[一]渠蒢，地也。

(定·十五·八)

**邾子來奔喪。**

喪急，故以奔言之。

(定·十五·九)

**秋七月壬申，弋氏卒。**

妾辭也，[一]哀公之母也。

[一]不言夫人薨。

(定·十五·十)

**八月庚辰朔，日有食之。**

(定·十五·十一)

**九月，滕子來會葬。**[一]

[一]邾、滕，魯之屬國，近則來奔喪，遠則來會葬。於長帥之喪同之王者，書非禮。

（定·十五·十二）

**丁巳，葬我君定公，雨不克葬。**

葬既有日，不爲雨止，禮也。雨不克葬，喪不以制也。

（定·十五·十三）

**戊午，日下稷，乃克葬。**[一]

乃，急辭也，不足乎日之辭也。[二]

［一］稷，昃也。下昃謂晡時。

［二］宣八年注詳矣。

（定·十五·十四）

**辛巳，葬定弋。**

（定·十五·十五）

**冬，城漆。**

# 春秋穀梁傳集解哀公第十二

# 春秋穀梁傳集解哀公第十二

范甯 集解

## 哀公元年

(哀·元·一)

**元年春王正月，公即位。**

(哀·元·二)

**楚子、陳侯、隨侯、許男圍蔡。**[一]

[一] 隨久不見者，衰微也。稱侯者，本爵俱侯。土地見侵削，故微爾。定六年鄭滅許，今復見者，自復也。

(哀·元·三)

**鼷鼠食郊牛角，改卜牛。**

(哀·元·四)

**夏四月辛巳，郊。**

此該郊之變而道之也[一]，[一]於變之中又有言焉。[二]鼷

〔一〕此該郊之變而道之也 "郊"，十行本、阮刻本無，《校勘記》曰："閩、監、毛本同，石經、余本'之'上有'郊'字，與《儀禮》經傳合。顧炎武曰：'石經"該"誤作"郊"。'錢大昕曰：'石刻止存"郊之變而"四字，以字數計之，"郊"上當有"該"字，炎武非也。'"

鼠食郊牛角，改卜牛，志不敬也。郊牛日展斛角而知傷，展道盡矣。[三]郊，自正月至于三月，郊之時也。夏四月郊，不時也。五月郊，不時也。夏之始不可以承春，以秋之末承春之始，蓋不可也〔一〕。[四]九月用郊，用者，不宜用者也。[五]郊三卜，禮也，[六]四卜非禮也，[七]五卜強也。[八]卜免牲者，吉則免之，不吉則否。牛傷不言傷之者，傷自牛作也，故其辭緩。[九]全曰牲，傷曰牛，未牲曰牛，其牛一也，其所以爲牛者異。[一〇]有變而不郊，故卜免牛也。已牛矣，其尚卜免之，何也？[一一]禮，與其亡也，寧有。[一二]嘗置之上帝矣，故卜而後免之，不敢專也。[一三]卜之不吉則如之何？不免，安置之，繫而待六月上甲始庀牲，然後左右之。[一四]子之所言者，牲之變也，而曰我一該郊之變而道之，何也？我以六月上甲始庀牲，十月上甲始繫牲，十一月、十二月牲雖有變不道也，[一五]待正月然後言牲之變，此乃所以該郊。[一六]郊，享道也，貴其時、大其禮，其養牲雖小不備可也。[一七]子不志三月卜郊〔二〕，何也？[一八]郊自正月至于三月，郊之時也。[一九]我以十二月下辛卜正月上辛；如不從，則以正月下辛卜二月上辛；如不從，則以二月下辛卜三月上辛；如不從，則不郊矣。[二〇]

［一］該，備也。《春秋》書郊終於此，故於此備説郊之變。變謂郊非其時，或牲被災害。

［二］於災變之中又有可善而言者。

〔一〕蓋不可也　“也”，十行本、阮刻本、《古逸叢書》本作“矣”。

〔二〕子不志三月卜郊　“志”，十行本、阮刻本作“忘”，《校勘記》曰：“閩、監、毛本同，石經、余本‘忘’作‘志’。”

［三］展道雖盡，所以備災之道不盡，譏哀公不敬，故致天變。

［四］凱曰："不時之中有差劇也，夏始承春，方秋之末，猶爲可也。"

［五］在成十七年。

［六］以十二月下辛卜正月上辛；如不從，則以正月下辛卜二月上辛；如不從，則以二月下辛卜三月上辛：所謂三卜也。鄭嗣曰："謂卜一辛而三也，求吉之道三，故曰禮也。"

［七］僖三十一年、襄十一年皆四卜。

［八］成十年五卜。

［九］宣三年郊牛之口傷，以牛自傷，故加之言緩辭。

［一〇］已卜日成牲而傷之曰牛，未卜日未成牲之牛，二者不同。

［一一］災傷，不復以郊，怪復卜免之。

［一二］於禮有卜之與無卜，寧當有卜。

［一三］嘗置之滌宫，名之爲上帝牲矣，故不敢擅施也。

［一四］庀，具也。待具後牲，然後左右前牛，在我用之〔一〕，不復須卜，已有新牲故也。《周禮》曰："司門掌授管鍵以啟閉國門，祭祀之牛牲繫焉。"然則，未左右時監門者養之。

［一五］牲有變則改卜牛，以不妨郊事，故不言其變。

［一六］至郊時然後言其變，重其妨郊也。十二月不道，自前可知也。至正月然後道，則二月、三月亦可知也。此所以該郊，言其變道盡。

［一七］享者，飲食之道。牲有變則改卜牛，郊日已逼，庀、繫之禮雖小不備，合時得禮，用之可也。

［一八］三月謂十二月、正月、二月也。

〔一〕在我用之 "在"，十行本、阮刻本作"皆"。

［一九］有變乃志，常事不書。

［二〇］意欲郊而卜不吉，故曰不從。郊必用上辛者，取其新絜莫先也。

（哀·元·五）

**秋，齊侯、衛侯伐晉。**

（哀·元·六）

**冬，仲孫何忌帥師伐邾。**

# 哀公二年

（哀·二·一）

**二年春王二月，季孫斯、叔孫州仇、仲孫何忌帥師伐邾，取漷東田，**

漷東未盡也。

**及沂西田。**

沂西未盡也。[一]

［一］漷、沂皆水名。邵曰："以其言東西，則知其未盡也。"

（哀·二·二）

**癸巳，叔孫州仇、仲孫何忌及邾子盟于句繹。**[一]

三人伐而二人盟，何也？各盟其得也。[二]

［一］句繹，邾地。

［二］季孫不得田，故不與盟。

（哀·二·三）

**夏四月丙子，衛侯元卒。**

（哀·二·四）

**滕子來朝。**

(哀·二·五)

**晉趙鞅帥師納衛世子蒯聵于戚。**[一]

納者，内弗受也。帥師而後納者，有伐也。何用弗受也？以輒不受父之命[一]，受之王父也。信父而辭王父，則是不尊王父也，其弗受以尊王父也。[二]

［一］鄭君曰："蒯聵欲殺母，靈公廢之是也。若君薨有反國之道，當稱子某，如齊子糾也。今稱世子，如君存，是《春秋》不與蒯聵得反立明矣。"江熙曰："鄭世子忽反正有明文，子糾但於公子爲貴，非世子也。"

［二］甯不達此義。江熙曰："齊景公廢世子，世子還國書簒。若靈公廢蒯聵立輒，則蒯聵不得復稱曩日世子也。稱蒯聵爲世子，則靈公不命輒審矣。"此矛楯之喻也，然則從王父之言，《傳》似失矣。經云"納衛世子","鄭世子忽復歸于鄭"[二]稱世子明正也，明正則拒之者非邪？

(哀·二·六)

**秋八月甲戌，晉趙鞅帥師及鄭罕達帥師戰于鐵，[一]鄭師敗績。**

［一］鐵，衛地。

〔一〕以輒不受父之命　十行本、阮刻本、《古逸叢書》本"以輒不受父之命"上有"以輒不受也"五字。《校勘記》曰："閩、監、毛本同，余本脱此五字。"

〔二〕納衛世子鄭世子忽復歸于鄭　此十二字底本作"納衛世子忽復歸于鄭"，脱"鄭世子"三字，據十行本、阮刻本、《古逸叢書》本補。

(哀·二·七)

**冬十月，葬衛靈公。**[一]

［一］七月葬，蒯聵之亂故也。

(哀·二·八)

**十有一月，蔡遷于州來。**

(哀·二·九)

**蔡殺其大夫公子駟。**

# 哀公三年

（哀·三·一）

**三年春，齊國夏、衛石曼姑帥師圍戚。**

此衛事也，其先國夏，何也？子不圍父也。不繫戚於衛者，子不有父也。[一]

［一］江熙曰："國夏首兵則應言衛戚，今不言者，辟子有父也。子有父者，戚繫衛則爲大夫，屬於衛。子圍父者，謂人倫之道絶，故以齊首之。"

（哀·三·二）

**夏四月甲午，地震。**

（哀·三·三）

**五月辛卯，桓宫、僖宫災。**

言及則祖有尊卑，[一]由我言之則一也。[二]

［一］解經不言及僖。

［二］遠祖恩無差降如一，故不言及。

（哀·三·四）

**季孫斯、叔孫州仇帥師城啟陽。**[一]

［一］稱帥師，有難。

（哀·三·五）

**宋樂髡帥師伐曹。**

（哀·三·六）

**秋七月丙子，季孫斯卒。**

（哀·三·七）

**蔡人放其大夫公孫獵于吳。**[一]

［一］宣元年晉放其大夫胥甲父于衛，《傳》曰："稱國以放，放無罪也。"然則，稱人以放，放有罪也。

（哀·三·八）

**冬十月癸卯，秦伯卒。**

（哀·三·九）

**叔孫州仇、仲孫何忌帥師圍邾。**

# 哀公四年

（哀·四·一）

**四年春王二月庚戌，盗弑蔡侯申。**

稱盜以弑君，不以上下道道也。[一]内其君而外弑者，不以弑道道也。[二]《春秋》有三盜：微殺大夫謂之盜，[三]非所取而取之謂之盜，[四]辟中國之正道以襲利謂之盜。[五]

［一］以上下道道者，若"衛祝吁弑其君完"之類是〔一〕，直稱盜不在人倫之序。

［二］襄七年鄭伯將會中國，其臣欲從楚，不勝其臣，弑而死。不使夷狄之民加乎中國之君，故曰"鄭伯髡原如會，未見諸侯，丙戌卒于操"。是不以弑道道也。

［三］十三年冬"盜殺陳夏區夫"是。

［四］定八年"陽貨取寶玉、大弓"是。

［五］即殺蔡侯申者是。非微者也。

（哀·四·二）

**蔡公孫辰出奔吴。**

（哀·四·三）

**葬秦惠公。**

〔一〕若衛祝吁弑其君完　"弑"，底本作"稱"，形近而誤，據十行本、阮刻本、《古逸叢書》本改。

（哀·四·四）

**宋人執小邾子。**

（哀·四·五）

**夏，蔡殺其大夫公孫姓、公孫霍。**

（哀·四·六）

**晉人執戎蠻子赤歸于楚。**

（哀·四·七）

**城西郛。**[一]

[一] 郛，郭也。

（哀·四·八）

**六月辛丑，亳社災。**[一]

亳社者，亳之社也。亳，亡國也。[二] 亡國之社以爲廟屏，戒也。[三] 其屋，亡國之社不得達上也。[四]

[一] 殷都于亳，武王克紂而班列其社于諸侯，以爲亡國之戒。劉向曰："災亳社，戒人君縱恣、不能警戒之象。"

[二] 亳即殷也，殷都于亳，故因謂之亳社。

[三] 立亳之社於廟之外以爲屏蔽，取其不得通天人，君瞻之而致戒心。

[四] 必爲之作屋，不使上通天也。緣有屋，故言災。

（哀·四·九）

**秋八月甲寅，滕子結卒。**

（哀·四·十）

**冬十有二月，葬蔡昭公。**[一]

［一］不書弒君之賊而昭公書葬，既謂之盜，若殺微賤小人，不足錄也。

（哀·四·十一）

**葬滕頃公。**

# 哀公五年

（哀·五·一）

**五年春，城毗。**

（哀·五·二）

**夏，齊侯伐宋。**

（哀·五·三）

**晉趙鞅帥師伐衛。**

（哀·五·四）

**秋九月癸酉，齊侯杵臼卒。**

（哀·五·五）

**冬，叔還如齊。**

（哀·五·六）

**閏月，葬齊景公。**

不正其閏也。[一]

［一］閏月，附月之餘日，喪事不數。

# 哀公六年

（哀·六·一）

**六年春，城邾瑕。**

（哀·六·二）

**晉趙鞅帥師伐鮮虞。**

（哀·六·三）

**吴伐陳。**

（哀·六·四）

**夏，齊國夏及高張來奔。**

（哀·六·五）

**叔還會吴于柤。**

（哀·六·六）

**秋七月庚寅，楚子軫卒。**

（哀·六·七）

**齊陽生入于齊。**

（哀·六·八）

**齊陳乞弑其君荼。**[一]

陽生入而弒其君，以陳乞主之，何也？不以陽生君荼也。其不以陽生君荼，何也？陽生正，荼不正。不正則曰君，何也？荼雖不正，已受命矣。[二] 入者内弗受也，荼不正，何用弗受？以其受命，可以言弗受也。[三] 陽生其以國氏，何也？取國于荼也。[四]

［一］不日，荼不正也。

［二］已受命于景公而立，故可言君。

［三］先君已命立之，於義可以拒之。

［四］何休曰："即不使陽生以荼爲君，不當去公子見當國也。又《穀梁》以爲國氏者，取國于荼，齊小白又不取國于子糾，無乃近自相反乎？"鄭君釋之曰："陽生篡國，故不言公子。不使君荼，謂書陳乞弒君爾。荼與小白其事相似，荼弒乃後立，小白立乃後殺，雖然，俱篡國而受國焉爾。《傳》曰'齊小白入于齊，惡之也'，'陽生其以國氏何？取國于荼也'，義適互相足，又何自反乎？子糾宜立而小白篡之，非受國于子糾，則將誰乎？"

(哀·六·九)

**冬，仲孫何忌帥師伐邾。**

(哀·六·十)

**宋向巢帥師伐曹。**

# 哀公七年

(哀·七·一)

**七年春，宋皇瑗帥師侵鄭。**

(哀·七·二)

**晉魏曼多帥師侵衛。**

(哀·七·三)

**夏，公會吳于繒。**

(哀·七·四)

**秋，公伐邾。**

(哀·七·五)

**八月己酉，入邾，以邾子益來。**

以者，不以者也。[一]益之名，惡也。[二]《春秋》有臨天下之言焉，[三]有臨一國之言焉，[四]有臨一家之言焉。[五]其言來者，有外魯之辭焉。[六]

[一]夫諸侯有罪，伯者雖執，猶以歸于京師。魯非霸主而擅相執錄，故日入以表惡之。

[二]惡其不能死社稷。

[三]徐乾曰："臨者，撫有之也。王者無外，以天下爲家，盡其有也。"

［四］諸侯之臨國，亦得有之，如王於天下。

［五］大夫臨家猶諸侯臨國。

［六］非己內有，從外來者曰來。今魯侯身自以歸而曰來，是外之也。

（哀·七·六）

**宋人圍曹。**

（哀·七·七）

**冬，鄭駟弘帥師救曹。**

# 哀公八年

（哀·八·一）

**八年春王正月，宋公入曹，以曹伯陽歸。**

（哀·八·二）

**吳伐我。**

（哀·八·三）

**夏，齊人取讙及闡。**[一]

惡内也。

［一］宣元年《傳》曰："内不言取，言取，授之也，以是爲賂齊。"此言取，蓋亦賂也。魯前年伐邾，以邾子益來。益，齊之甥也，畏齊，故賂之。

（哀·八·四）

**歸邾子益于邾。**[一]

益之名，失國也。[二]

［一］侵齊故也。

［二］於王法當絶故。

（哀·八·五）

**秋七月。**

（哀・八・六）

**冬十有二月癸亥，杞伯過卒。**

（哀・八・七）

**齊人歸讙及闡。**[一]

［一］凱曰："歸邾子，故亦還其賂。"

## 哀公九年

（哀·九·一）

**九年春王二月，葬杞僖公。**

（哀·九·二）

**宋皇瑗帥師取鄭師于雍丘。**[一]

取，易辭也，以師而易取，鄭病矣。[二]

［一］雍丘，地也。

［二］以師之重而宋以易得之辭言之，則鄭師將劣矣。

（哀·九·三）

**夏，楚人伐陳。**

（哀·九·四）

**秋，宋公伐鄭。**

（哀·九·五）

**冬十月。**

# 哀公十年

（哀·十·一）

**十年春王二月，邾子益來奔。**

（哀·十·二）

**公會吴伐齊。**

（哀·十·三）

**三月戊戌，齊侯陽生卒。**

（哀·十·四）

**夏，宋人伐鄭。**

（哀·十·五）

**晉趙鞅帥師侵齊。**

（哀·十·六）

**五月，公至自伐齊。**[一]

[一]《傳》例曰："惡事不致。"公會夷狄伐齊之喪而致之，何也？莊六年公至自伐衛，《傳》曰"不致則無以見公惡事之成也"，將宜從此之例。

（哀·十·七）

**葬齊悼公。**

（哀·十·八）

**衛公孟彄自齊歸于衛。**

（哀·十·九）

**薛伯夷卒。**

（哀·十·十）

**秋，葬薛惠公。**

（哀·十·十一）

**冬，楚公子結帥師伐陳。**

（哀·十·十二）

**吴救陳。**

# 哀公十一年

（哀·十一·一）

**十有一年春，齊國書帥師伐我。**

（哀·十一·二）

**夏，陳轅頗出奔鄭。**

（哀·十一·三）

**五月，公會吴伐齊。**

（哀·十一·四）

**甲戌，齊國書帥師及吴戰于艾陵，齊師敗績，獲齊國書。**[一]

［一］與華元同義。艾陵，齊地。

（哀·十一·五）

**秋七月辛酉，滕子虞母卒。**

（哀·十一·六）

**冬十有一月，葬滕隱公。**

（哀·十一·七）

**衛世叔齊出奔宋。**

# 哀公十二年

（哀·十二·一）

**十有二年春，用田賦。**[一]

古者，公田什一；用田賦，非正也。[二]

［一］古者，九夫爲井，十六井爲丘。丘賦之法，因其田財，通共出馬一匹、牛三頭。今别其田及家財，各出此賦。言用者，非所宜用。

［二］古者，五口之家受田百畝，爲官田十畝，是爲私得其什而官税其一，故曰什一。周謂之徹，殷謂之助，夏謂之貢，其實一也，皆通法也。今乃棄中平之法而田財並賦，言其賦民甚矣。

（哀·十二·二）

**夏五月甲辰，孟子卒。**

孟子者何也？昭公夫人也。其不言夫人，何也？諱取同姓也。[一]

［一］葬當書姓，諱故亦不書葬。

（哀·十二·三）

**公會吳于橐皋。**[一]

［一］橐皋，某地。

(哀·十二·四)

**秋，公會衛侯、宋皇瑗于鄖。**[一]

[一]鄖，某地。

(哀·十二·五)

**宋向巢帥師伐鄭。**

(哀·十二·六)

**冬十有二月，螽。**

## 哀公十三年

（哀·十三·一）

**十有三年春，鄭罕達帥師取宋師于嵒。**

取，易辭也。以師而易取，宋病矣。

（哀·十三·二）

**夏，許男成卒。**

（哀·十三·三）

**公會晉侯及吳子于黄池。**[一]

黄池之會，吳子進乎哉，遂子矣。[二]吳，夷狄之國也，祝髮文身，[三]欲因魯之禮、因晉之權而請冠端而襲。[四]其藉于成周，[五]以尊天王，吳進矣。吳，東方之大國也，累累致小國，以會諸侯，以合乎中國，[六]吳能爲之，則不臣乎？[七]吳進矣。王，尊稱也；子，卑稱也。辭尊稱而居卑稱，以會乎諸侯，以尊天王。吳王夫差曰："好冠來。"孔子曰："大矣哉，夫差未能言冠而欲冠也。"[八]

［一］及者，書尊及卑也。黄池，某地。

［二］進遂稱子。

［三］祝，斷也。文身，刻畫其身以爲文也。必自殘毁者，以辟蛟龍之害。

［四］襲，衣。冠端，玄端。

［五］藉謂貢獻。

［六］累累，猶數數也。

［七］言其臣也。

［八］不知冠有差等[一]，唯欲好冠。

（哀·十三·四）

**楚公子申帥師伐陳。**

（哀·十三·五）

**於越入吳。**

（哀·十三·六）

**秋，公至自會。**[一]

［一］吳進稱子，又會晉侯，故致也。

（哀·十三·七）

**晉魏曼多帥師侵衛。**

（哀·十三·八）

**葬許元公**[二]**。**

〔一〕不知冠有差等 "知"，底本作"如"，十行本似有改刻，據元十行本、《古逸叢書》本、阮刻本改。

〔二〕葬許元公 "元"，底本脱，據十行本、阮刻本、《古逸叢書》本及《左傳》《公羊》經文補。

（哀·十三·九）

**九月，螽。**

（哀·十三·十）

**冬十有一月，有星孛于東方。**[一]

［一］不書所孛之星而曰東方者，旦方見孛，衆星皆没故。

（哀·十三·十一）

**盜殺陳夏區夫。**[一]

［一］《傳》例曰："微殺大夫謂之盜。"

（哀·十三·十二）

**十有二月，螽。**

# 哀公十四年

（哀 · 十四 · 一）

**十有四年春，西狩獲麟。**[一]

引取之也。[二]狩，地；不地，不狩也。非狩而曰狩，大獲麟，故大其適也。[三]其不言來，不外麟於中國也；其不言有，不使麟不恒於中國也。[四]

［一］杜預曰："孔子曰：'文王既没，文不在兹乎？'此制作之本旨。又曰：'鳳鳥不至，河不出圖，吾已矣夫。'斯不王之明文矣。夫《關雎》之化，王者之風；《麟之趾》，《關雎》之應也。然則，斯麟之來歸於王德者矣。《春秋》之文廣大悉備，義始於隱公，道終於獲麟。"

［二］言引取之者，解經言獲也。《傳》例曰："諸獲者皆不與也。"今言獲麟，自爲孔子來。魯引而取之，亦不與魯之辭也。

［三］適猶如也、之也。非狩而言狩，大得麟，故以大所如者名之也。且實狩當言冬，不當言春。

［四］雍曰："中國者，蓋禮義之鄉、聖賢之宅，軌儀表於遐荒，道風扇於不朽。麒麟步郊，不爲暫有；鸞鳳栖林，非爲權來。雖時道喪，猶若不喪。雖麟一降，猶若有恒。鸜鵒非魯之常禽，蜚蜮非祥瑞之嘉虫，故經書其有以非常有。此所以取貴于中國，《春秋》之意義也。"

**圖書在版編目(CIP)數據**

春秋穀梁傳集解 /(東晉)范甯集解;許超傑整理. —
北京:商務印書館,2023
(十三經漢魏古注叢書)
ISBN 978 - 7 - 100 - 20815 - 4

Ⅰ.①春… Ⅱ.①范… ②許… Ⅲ.①中國歷史—
春秋時代—編年體 ②《春秋穀梁傳》— 注釋
Ⅳ.① K225.04

中國版本圖書館 CIP 數據核字(2022)第 035552 號



封面題簽 陳建勝
特約審讀 李夢生

**春秋穀梁傳集解**
〔東晉〕范 甯 集解
許超傑 整理

商 務 印 書 館 出 版
(北京王府井大街 36 號 郵政編碼 100710)
商 務 印 書 館 發 行
蘇州市越洋印刷有限公司印刷
ISBN 978 - 7 - 100 - 20815 - 4

2023 年 3 月第 1 版　　開本 890 × 1240 1/32
2023 年 3 月第 1 次印刷　　印張 19.375

定價:108.00 元